〔韩国〕孔元国 著

高文丽 译

第八卷 合纵连横

春秋战国

上海三联书店

苏秦（？—前284）

东周出身的外交战略家，提出六国联合以孤立秦国的合纵策略。公元前318年，他率领六国联军攻打秦国的函谷关，但最终失败，而后回到最初出仕的燕国，负责燕齐关系，在齐国被政敌派来的刺客刺杀。

张仪（？—前309）

魏国出身的外交战略家、军事家，曾在故国魏国攻城略地，提出了连横策略并破坏了苏秦的合纵策略。他挑拨楚怀王、帮助秦国攻打楚国，成就了不朽的功勋。他依靠秦国的军事力量，周游列国，逐个击破了诸侯之间的联合。

楚怀王（？—前296）

张仪提出将秦国的商於之地还给楚国，楚怀王被张仪的花言巧语所蒙骗，与齐国断交，但楚国反而被孤立，遭到秦国的攻击并失去了汉中。后来，张仪再次表示秦国会归还汉中，楚怀王再次相信了张仪，没有理会正在受秦国攻击的韩国。楚国在秦、齐之间摇摆不定，最终祸及己身，楚怀王最终被秦国欺骗滞留咸阳，迎来悲惨的结局。

甘茂（生卒年不详）

楚国下蔡人，以军人的身份在秦国大施拳脚。公元前307年，甘茂在秦武王的全面支持下攻下了韩国在崤山之外的据点——宜阳。秦国获得宜阳之后，加快了攻打东方诸国的脚步。

赵武灵王（？—前295）

赵国改革图强的君主，提出并贯彻了"胡服骑射"的政策。他支持苏秦的合纵策略，集中力量攻打北方。他趁着诸侯与秦国对峙之时攻下了中山国，将赵国的领土开拓至胡地。他提出用骑兵绕开函谷关、攻打秦国的战略，但却成了政变的牺牲品。

齐湣（闵）王（？—前284）

意图兼并宋国成为东方霸主，继而成为统一天下的帝王。他任用孟尝君和苏代，联合各诸侯国牵制秦国，并趁机兼并了宋国。但他无德又傲慢，最终各诸侯联合起来抵制并攻打了齐国，就连孟尝君也背叛了他，最后被吊死在房梁上。

孟尝君（？—前279？）

齐国的宰相，因为封地在薛，因此也被称为薛公。继苏秦之后，孟尝君再次率领联军攻打秦国，因此名声大噪。他拥有"三千食客"并以此闻名。很长时间以来，他的能力在齐国都是首屈一指的。后来，他与齐湣王关系破裂，被逐出齐国后选择背叛祖国。

燕昭王（？—前279）

燕国曾差点被齐国灭国，燕昭王对此怀恨在心，立志报仇。燕国表面上对齐国很忠诚，私底下却招募了大批人才准备攻打齐国。燕昭王与外交家苏代、军事家乐毅等大臣一直在等待机会攻打齐国，好不容易抓住机会攻打了临淄，却在灭亡齐国之际撒手人寰。

乐毅（生卒年不详）

乐毅出身赵国，是杰出的军事战略家，帮助燕昭王攻打齐国。燕国为攻打齐国，采取了联合赵国的政策，后来攻打齐国占领了齐国70多座城池，并打算开展持久战。但燕昭王死后乐毅立刻被召回燕国，他害怕被诬陷便亡命赵国。他的《报燕王书》可谓一代名篇，是诸葛亮《出师表》的前身。

目　录

前　言

1. 战国的风云人物——诡辩家抑或战略家？

"我的舌头还在吧？在就够了。"

有一天，出身于魏国的游说家张仪被人诬陷为小偷，并且被人狠狠地揍了一顿，妻子很担心他，而他却对妻子说出了这句话。战国时代中后期，有这样一群人，他们仅凭一条三寸不烂之舌向天下发起挑战。既然能凭着一张嘴颠倒黑白，这样的人必然善辩。可是，我们能将善辩之人称为雄辩家吗？绝对不可以。就算有一万条舌头将黑的说成白的，可黑的就是黑的。雄辩不同于善辩。雄辩不仅要解除人们的疑虑，更要提出解决问题的良策。而且雄辩应当同时具备条理和气势这两个条件，因此雄辩在效果上来讲也极具威力。

战国中期的雄辩家灿若繁星，本书将为读者讲述他们的故事。文中会提到许多善辩之人，但提到雄辩，苏秦和张仪当之无愧名列前茅。当时及后世的一些士子都对苏秦和张仪持批判态度，认为他们喜欢玩弄口舌，甚至连太史公司马迁都认为他们是"倾危之士"。但是，张仪"倾危"的并非秦国，而是余下的六国；苏秦所束缚的并非燕国，而是秦国。他们各自为自己的国家尽职尽责。大体上讲，张仪为秦国提出了连横（连衡）的策略，苏秦则为六国图谋合纵。合纵连横组合变化万千，但因连横而获得最大利益的国家是秦国，而合纵则让六国受益。战国时代或有朝秦暮楚的游说家，但至少苏秦和张仪是有忠有信的，重要的是弄清楚他们忠诚效命的对象是谁。

假设我们是战国时代某国的君主。有这样一个人，他可以驾驭一辆战车冲进敌阵，以三寸不烂之舌不战而屈人之兵，在敌国君主面前大义凛然地与一群辩士舌战而不露怯，回国之后又可以提出解决问题的良策，对于这样的人，我们难道会给他贴上诡辩家的标签，并将其从国内逐出吗？他只要一出面，就可以左右数十尺高的城池和方圆数十里的城邑的去向，对于这种人，我们能仅仅称为善辩吗？他们就像宝剑之刃，如果握住用厚铁做成的剑柄舞动，便可以威胁到对方，发挥军队一般的威力，但如果徒手抓刃，只会伤到自己。因此，问题并不在于游说家，而在于任用他们的君主。

> 臣贵于齐，燕大夫将不信臣；臣贱，将轻臣；臣用，将多望于臣；齐有不善，将归罪于臣；天下不功齐，将曰：善为齐谋；天下功齐，将与齐兼弃臣。臣之所处者，重卵也。
>
> ——《战国纵横家书》

苏代曾为燕国在齐国做双重间谍，这段文字倾诉了他内心的苦恼。他在燕国和齐国都树敌不少，每说一句话都可能会有性命之忧，这就是游说家的生活。甘茂曾为秦国攻下宜阳，这为秦国攻打山东诸国打下了良好基础，而他也曾说过"我以宜阳饵王"。但这些漂泊者如果信口开河说一些虚假的盟约，失败之日就是死亡之时。

对于毫无根基的士子来说，风云变幻的战国时代也是充满机遇的舞台。列国之间的争夺日益激烈，只要是正常的君主，都会动员所有可以动员的力量。要想在征战之中取得胜利，必须有生产能力和战斗能力作为基础，但更需要擅于利用这些基础条件的人才。因此，只要胸怀才华，就能得到任用。士子们顺应了君主的这种要求，蜂拥而至。苏秦佩六国相印回到故乡时曾经说："假使我当初在洛阳近郊有二顷良田，如今我还佩戴得上六个国家的相印吗？"

游说家来自社会最底层，而他们从最底层登上巅峰依靠的仅仅是自己的能力。如果有一天江郎才尽，他们就会被赶走，或者成为王族和豪族竞争的替罪羊。即便如此，他们中的一些人依然生存了下来，并成功地实施了自己的战略。

当然也有一些诡辩之人，为了自己的利益抛弃故国、友邦，背叛培养了自己的君主与朋友，像小妾一般仅为争宠而存在；也有许多人本来主张合纵，可唾沫还没干就又主张连横，他们就像狡猾的狐狸，在不同的国家都给自己留下了后路。有时候，宝剑的主人刚想挥舞宝剑，却发现剑柄脱落，即便侥幸刺中敌人，却也因为不够锋利而无法伤害到敌人，最终伤害的不过是自己的手而已，像这样敌我不明的刀剑比比皆是，公孙衍、楼缓等人的举动就是如此。但至少以苏秦和张仪为代表的杰出游说家却不是这样。当然，他们当初的确离开了故国，希望能在别的地方飞黄腾达。但战国时代，贫穷的士人最初的背井离乡，并不能称为背叛，而应当视为一种积极的选择，以求在乱世之中觅得适合自己的君主和国家。

那么，他们能称得上是战略家吗？他们并不像荀子或墨子这样的哲学家，具备逻辑性并一以贯之。他们会见风使舵，以欺诈为常事，但他们的确是外交军事战略家。从他们的言论和实际行动来看，他们绝非单纯的游说家。在名声和实力之间，他们总是强调实力。何为"实力"呢？简单来说就是一个国家承受战争的能力。国家的生产力、百姓的数量、地形地势、内部的团结程度、王权的巩固、制度的有效性、诸侯之间的亲疏关系等，都是他们分析的因素，他们会列举所有可能的情况，建议实行最有利的方法和策略。

当然，对于有才华的人来说，要做到这一点并不难，可他们还有另外一项重要的财富，即擅长实地调查，而这是公族或高门巨族所不具备的。他们被称为"客卿"，也就是说，他们并非该国人，却在该国担任了高级官职。他们会首先观察故国的地形和形势，然后将这些情报出卖给自己游说的对象，他们标榜自己是最了解该地区、该国家的人，然后依靠自己掌握的确切情报实现成功的第一步。张仪到秦国以后，自任将军率领秦军攻打自己的祖国魏国就是典型的例子。然后，他们会在君主的支持下周游天下，出行时有数十辆金碧辉煌的马车跟随，随意驱使随行人员，并携带武器和金钱，而在当时，这些武器和金钱的威力正与日俱增。他们挥金如土，搜集各方面的情报。他们在当地获得这些情报时已经耗资千金，所以意欲购买这些情报的君主不在少数。而这些游说者清楚这些情报就是自己的身价，所以他们为了独占这些情报不惜拼上性命。他们自信满满的同时，还会狡猾地双重售卖这些情报。

彼此对立的苏秦和张仪虽然追求自己的飞黄腾达，却并不是情报贩子，他们因此获得了君主的信任，成为国际政局的谋士并留在了君主的身边，参与了许多外交、军事战略的制定。当史书中提到"秦国与客卿某某攻打某地"时，该客卿往往就是出身于攻打目的地的人。甘茂是楚国人，也在秦国获得了官职，受到了"自殽塞及至鬼谷，其地形险易皆明知之"的评价。这样的人如果被敌国任用，其后果会如何呢？

《三国演义》并非正统史书，但其中诸葛亮对苏秦、张仪的评价大抵上是正确的。当诸葛亮试图联合孙权对抗曹操时，吴国的大臣并不欢迎他。当他在吴国舌战群儒之时，吴国步骘问道："孔明欲效仪、秦之舌，游说东吴耶？"

诸葛亮回答说："步子山以苏秦、张仪为辩士，不知苏秦、张仪亦豪杰也。苏秦佩六国相印，张仪两次相秦，皆有匡扶人国之谋，非比畏强凌弱，惧刀避剑之人也。君等闻曹操虚发诈伪之词，便畏惧请降，敢笑苏秦、张仪乎？"

诚如诸葛亮所说，苏秦、张仪皆留下了丰功伟绩。包括弱势的燕国在内的六国，都受苏秦之恩泽，而秦国也受到了张仪的恩泽。虽然张仪以欺诈为家常便饭，但秦国的史书《吕氏春秋》在评价张仪时，却认为"张仪所德于天下者"，站在秦国的立场上来说，这都是有一定道理的。

希望读者在阅读后面的故事时，自行判断究竟谁是一流的战略家，而谁是玩弄口舌的游说家。本书除了要讲述纵横家苏秦和张仪的故事以外，还会涉及孟尝君、赵武灵王、燕昭王、乐毅、齐湣王和屈原等人物。孟尝君是齐国伟大的政治家，如果他身处王位，齐国的情况会好许多；赵武灵王和燕昭王则为了实现富国强兵的远大理想而呕心沥血；乐毅作为一名军事战略家，为弱小的燕国带来了称霸的希望；屈原则是楚国绝世的爱国文学家。通过诸位辩士的游说，我们会了解整个历史流向，而这些人物使故事更加复杂、丰满。

秦国最终在与各国不停的征战中胜出，这是不可改变的历史事实。那么，为什么只有秦国强大起来了呢？本文将致力于回答这一问题。在理解了这一时期的政治家、战略家决定性的选择之后，我们就会发现现代国际政治理论看起来很幼稚。笔者将尽可能地还原当时游说家游说的情况，等待读者的判断。另外，本书是《春秋战国》第7卷的后续故事，但单独阅读也会让大家收获一点小智慧，让大家学到在乱世之中保全自我、乘风破浪的方法。

2.《史记》与《战国纵横家书》

最后，笔者想向大家倾诉写作过程中所经历的各种困难。要写作本书，必须整理《战国策》，但《战国策》里的素材鱼龙混杂，既有一流的史料，也有各种传说，要将《战国策》中的矛盾之处一一列举，估计需要另外再写几本书才行。

而且，近来在中国长沙马王堆遗址中发现的帛书《战国纵横家书》进一步增加了《战国策》的矛盾之处。因此，就连国学大师钱穆先生都说："所谓苏秦、张仪一纵一横，其说皆子虚，由后之好事者附会为之也。"《史记》虽系统地描写了这一时代，但《史记》也几乎是在《战国策》的基础上写作而成的。《史记》大幅度地修正了《战国策》中出现的谬误，但内容方面却没有什么大的变化。而且通过与后世发现的魏国史书《竹书纪年》进行对比，人们发现《史记》对齐国的描写存在很大的错误，甚至连君王的世系都错了，那么具体的细节如何能够让人信服呢？但我们不能因为一块美玉有瑕疵就将其摔碎，研究历史的人更不能犯抉瑕掩瑜的错误。幸运的是，《史记》的《秦本纪》和《六国年表》是以秦国的史书《秦纪》为基础的，所以其中关于秦国的记载值得信赖。尤其是睡虎地秦墓竹简中的纪年证明了《史记》中关于秦国的记载是非常准确的。而且《战国纵横家书》的出现让我们了解了燕国和齐国之间的具体矛盾，尤其是里面的书信，记载了许多隐秘的故事，这是在任何史书中都无法觅得的，通过这些书信我们可以更加准确地感知当时的历史氛围。

　　《史记》曾经大量援引《战国策》中的记载，笔者全部翻译并重新排列了这些记载，还译出了《战国纵横家书》中的相关记录，而在此之前，这些文字从未被译成韩语。虽然这个方法有些笨拙，但我想除此以外没有更好的捷径去了解这一时代了。当我结束枯燥的翻译工作之时，战国时代模糊不清的外交轮廓像清晨的太阳一般，慢慢地露出了脸庞，这种快感完全弥补了我为翻译所耗费的心血。

　　本文中，笔者会对《史记》中的许多记载提出反驳意见，但这本书理应献给太史公，在既没有电脑也没有纸张的时代，太史公从堆积如山的资料中，找到了历史发展的脉络。如果没有前辈灯塔的照耀，笔者绝对找不到前行的路径。谨以本书献给太史公，聊以表达后学的无限怀念。

第 1 章

合纵的诞生
——苏秦出仕

吴起之死，让绝代风云人物苏秦登上了历史的舞台。吴起守卫西河之时，秦国虽然强大，却无力图谋山东诸国。然而，当吴起的战略失败，魏国变弱以后，秦国几乎于当年就派出军队来到崤山之外，并一发不可收拾，它以燕、魏为友邦攻打赵国，以赵为友邦攻打魏国，以楚为友邦攻打韩国，又以韩国为友邦攻打楚国，如同连锁反应。

　　但战争的范围并不仅限于此。国家的支出是固定的，失去了土地之后，仓库就会空虚。因此，失之东隅，收之桑榆，也就在情理之中了。擅长耍小花招的魏惠王在西边受到秦国的欺凌以后，就想向东攻打赵国；齐国在秦国攻打魏国之时，伺机攻打魏国的后方；楚国则在此期间盯上了韩国。秦国如果战胜魏国，就会一鼓作气继续攻打赵国，甚至进一步攻打燕国和齐国。总之，秦国攻打魏国就像多米诺骨牌一样产生了连锁效应，战争不断向东蔓延。

　　随着这种状况的持续，中原诸国才意识到战争的根源在于秦国，共同对抗秦国攻击的认识才逐渐清晰起来。就在此时，游说家们登上了历史的舞台，他们主张当一国受到秦国的攻击时，山东诸国应当联合起来共同应对，将秦国再次困在崤山之中，这些人被称为"合纵论者"，其中的佼佼者就是大名鼎鼎的苏秦。现在，我们就通过苏秦波澜壮阔的人生，了解一下"合纵"这一杰出的外交理论。

1. 东周的布衣士子踏上游说的征程

《史记·苏秦列传》①里记载了这样一段传奇的故事。苏秦是东周洛阳人，他曾向东到齐国拜师求学，在鬼谷子先生门下学习。虽然苏秦家中穷困潦倒，但他却拥有远大的抱负，他的理想是凭借战略，说服君王，匡扶天下。然而，现实是残酷的，他学习了游说之术，筹措了盘缠，周游列国却没有成功。当他狼狈地回到家里时，家里人都私下讥笑他说："周国人的习俗，人们都治理产业，努力从事工商，追求那十分之二的盈利。如今，您丢掉本行而去干要嘴皮子的事，穷困潦倒不也应该嘛！"

苏秦听了这些话，暗自惭愧、伤感，于是闭门不出，把自己的藏书全部阅读了一遍，叹息说："一个读书人既然已经从师受教，埋头读书，却又不能凭借它获得荣华富贵，即使读书再多，又有什么用呢？"

---

① 《史记·苏秦列传》具有浓郁的传奇色彩，但苏秦出身微贱确为事实。

他找到一本《周书阴符》，伏案钻研，下了一整年的功夫，发现了"揣摩法"，于是激动地说："就凭这些，足以游说当代的国君了。"

这里所谓的"揣摩"，指的是揣摩别人心理的技术，他凭借这门技术去游说周显王。可是周显王身边的臣子一向了解苏秦的为人，都瞧不起他，因而周显王也不信任他。于是，他向西到了秦国，恰巧秦孝公已死，秦惠王刚刚即位[①]。

他就游说惠王："大王的国家西面有富饶的巴蜀和汉中这样的有利条件，北面有胡地的貉皮和代地的良马可供使用，南面有巫山、黔中的险阻[②]，东面有崤山、函谷关的坚固。田地肥美、百姓众多、丰衣足食、战车上万、勇士百万、沃野千里，贮存的物资极其丰富，地理环境又便于攻守，真称得上是天然的宝库，天下最强大的国家。大王您十分贤明，百姓众多，将士听命效劳，兵法熟习，凭借这些尽可以兼并诸侯，吞并天下，称帝王而统治诸侯了。请大王稍微留

---

① 上文是《史记·苏秦列传》的内容，后文苏秦游说时的言辞出自《战国策·秦策》。《秦策》中说，苏秦在游说秦国失败以后，又回去努力读书。《秦策》中对苏秦的描写如下：

苏秦游说秦王的奏章一连上了十多次，游说还是没有成功。弄得他黑貂皮袄也破了，百两金币也用光了，费用也没有了，只好离开秦国回家去。他腿上打着裹腿，脚上穿着草鞋，背上背着一些破书，挑着自己的行囊，形容枯槁、神情憔悴，面孔又黄又黑，显得很失意。他回到家里以后，正在织布的妻子不理他，嫂子也不肯给他做饭吃。

② 根据《史记·六国年表》的记载，当时巴蜀尚未纳入秦国的版图，而秦国取得汉中则是在公元前312年，白起攻陷巫山和黔中则是在公元前277年。从这三点来看，《战国策·秦策》中苏秦游说秦惠王的故事肯定是后世杜撰的。那么，苏秦是否的确游说过秦王，后人只是添加上了部分内容呢？还是说他从未到秦国游说过呢？这段文字的风格类似于《韩非子·五蠹》中对上古时代的分析，也与《吴子·图国》很相像。最后一段，苏秦甚至让秦王将辩士们打发走，苏秦究竟有没有说过这样的话令人怀疑，笔者很确信这是后人借苏秦的名义杜撰的。不过，杜撰之人具有相当高超的文字水平和敏锐的眼光，对当时政治情况的分析几乎是准确的。

意我的话，让我陈说秦国地利兵强的功效。"

但秦惠王的反应却并不积极，他说："寡人听说，鸟儿的羽毛还没长丰满，不可能凌空飞翔；法令还不完备的，不可以用刑罚；道德不厚重的，不可以驱使百姓；政治教化不顺的，不可以烦劳大臣。现在先生不远千里来到朝廷上郑重地指教寡人，请把这件事情推迟到以后再议吧。"

可是苏秦又使尽浑身解数，再次游说秦惠王，他的主旨是劝说秦王积极进军山东诸国。苏秦说："我本来就怀疑大王不会采纳我的主张。以前神农攻打补遂，黄帝讨伐涿鹿擒获蚩尤，唐尧放逐欢兜、虞舜攻打三苗，夏禹王攻打共工，商汤王灭夏桀，周文王攻打崇侯，周武王灭商纣，齐桓公用战争雄霸天下，都说明一个国家要想称霸天下，哪有不用战争的呢？古代，使者车辆相互挤碰，来往奔驰，各国互相缔结口头盟约，谋求天下统一，后来，合纵连横、相互对抗，却使战争不息；文人辩士花言巧语竞相游说，使诸侯慌乱疑惑，各种矛盾和事端因此产生，天下纷乱到了无法处理的地步。"

奇怪的是，日后以合纵论说服六国的苏秦在这里竟宣称，所谓的盟约是没有任何用处的，接下来苏秦会继续煽动秦国发动攻击。

"章程和法律都制定了，老百姓却不能信守，多是虚假应付；文书、籍策杂乱烦琐，百姓反而生活贫困不足；君臣上下都愁眉不展，百姓无所依赖；越是讲那些冠冕堂皇的道理，战争就越多；身着盛装的说客越是能言善辩，战争就越发不能停息。无论什么事情，如果不顾根本而专门讲求文辞末节，天下就越发得不太平。因此，（说客的）舌头说焦了，（听的人）耳朵都听聋了，却不见什么成效；做事即使讲义气守信用，也没办法使天下和平安乐。因此，就废除文治而使用武力，召集并且礼遇敢死之士，制作好各种甲胄，磨光各种刀枪，决胜于战场。

"如果白白待着就想得到好处，安坐不动却想使国土扩大，即使是古代三王、五帝和明主贤君，只想坐而得利，那也是办不到的啊！

所以，只有战争才是达到目的的手段，两军距离远时就用战车互相攻伐，距离近时就短兵相杀只有如此才能建立伟大功业。"

然后，苏秦就像忘了自己的处境似的，建议秦王强军重兵，远离说客。他说："所以，军队如果能得胜于其他诸侯国，那么国内民众的义气就会高涨，君王的威权就会增强，人们就会自然地服从统治。现在，假如您想要并吞天下，超过那些拥有兵车万辆的诸侯，让敌国屈服，辖制海内，以百姓为子，使诸侯称臣，那就非用武力不可。可是如今继承社稷的君主，却都忽略了用兵这一至关重要的道理，被政教所混乱，被花言巧语所迷惑，沉溺在辩论和辞令之中。照这样的情形来看，大王一定不能实现大业。"[①]

虽然苏秦使出浑身解数游说秦王，但秦王对苏秦的态度依然冷冰冰的。秦王如果不满意苏秦的言辞，只要拒绝他就好，但对于苏秦来说，这却是事关生计的大事。他继续向东来到了赵国，但赵国君主肃侯的弟弟奉阳君不喜欢苏秦，苏秦只好去了燕国。根据《史记·六国年表》的记载，苏秦游说燕国是在公元前334年。

在具体讲述苏秦游说燕国的故事之前，我们先来讨论两个很重要的问题。

首先，杰出的合纵论者苏秦真的去过秦国吗？《战国策·秦策》和《史记·苏秦列传》中都记载苏秦先去游说了秦惠王。但秦惠王后来既然任用了张仪，怎会不任用苏秦呢？苏秦游说秦惠王时，不顾自己说客的身份，反而劝说秦惠王要远离说客，他为什么要这么做呢？《战国策》中年代和人名的错误是很严重的，文章也很驳杂，而《史记·苏秦列传》则是以《战国策》为基础写成的。不过，目前还没有什么明确的证据证明苏秦没有去过秦国，既然这几份史料中都表示苏秦先去了秦国，我们姑且只能这样接受。

---

① 最后一句如下："今之嗣主，忽于至道，皆惛于教，乱于治，迷于言，惑于语，沉于辩，溺于辞。以此论之，王固不能行也。"这里"皆惛于教"的意思不明确，笔者推测是否当为"废于教"。

其次，苏秦正式开始合纵游说的时间真的是在公元前334年前后吗？笔者认为，苏秦开始游说应当是大约十年之后的事情，也就是公元前325年赵武灵王即位之后[①]。其原因如下：

首先，历史上，山东诸国真正联合起来封锁秦国是在公元前318年，而秦国开始攻打韩国和赵国，是在公元前325年以后，之前秦国主要以魏国为打击对象。因此，从时间上来说，公元前330年之前提出合纵太早了。而且苏秦是接受了赵国的爵位，用赵国赠予的资金进行游说的，那么比较合理的是，赵国应当是在受到秦国的直接威胁之后任用了苏秦。

另外，还有一种根据比上一种更为合理。根据《史记·赵世家》的记载，公元前333年（肃侯十七年），赵国攻打魏国的黄邑，而这一年恰逢秦国猛攻魏国，赵国必定是趁魏国在西线被拖住了，才伺机攻打了魏国的大后方。第二年，魏国和齐国联手攻打赵国，赵国利用黄河之水击退了魏国和齐国联军。四年之后（前328），赵国受到了秦国的攻击，损失了蔺地和离石。次年（前327），齐国和魏国再次联手，此次它们攻打的是韩国。根据《史记·赵世家》的说法，齐、魏攻打韩国大约是因为赵国支援了韩国。

如果苏秦游说合纵发生在公元前334年，那么游说为什么没有发挥任何作用呢？既然苏秦合纵游说成功了，为什么合纵的核心国家赵国会向东面的齐国发动战争呢？之前赵国从未遭到过秦国的直接攻击，现在它反而要建立合纵的联盟，引得秦国攻击自己吗？这样来看，合纵在此之前应该是没有实体的。

---

① 《史记·六国年表》必然是根据《战国策·燕策》中"苏秦将为从，北说燕文侯"的记载，提出苏秦游说燕国是在公元前334年，这是无稽之谈。《战国策》的人名和年代实际上有许多错误，如果我们相信《战国策》里出现的人名，那么苏秦这一人物自公元前337年登场，要一直活动到公元前280年前后。可苏秦不可能持续活动六十多年。由于《战国策》本身的矛盾，我们无法通过《战国策》把握苏秦活动的年代。因此笔者认为，与其有鉴别性地接受冲突的记载，不如根据历史情况进行判断。

虽然苏秦的确切活动年代我们无法知晓，但综合各种历史状况来看，苏秦的活动年代应该比公元前334年晚十年，因此后文我们把苏秦的活动年代设定为了公元前325年。

2. 苏秦说燕——燕国应亲近赵国

苏秦到了燕国。对于苏秦来说，地处东北的燕国是一片崭新的土地，他的合纵策略终于显现出了它的轮廓。苏秦化身地缘政治学家，滔滔不绝地陈述自己作为一名合纵论者的意见。苏秦在燕国等了一年多才得到了游说燕王的机会，他开场便陈述燕国的种种优势[①]，并且强调燕国和赵国应当合为一体。下面我们就来分析苏秦游说的言辞，他先从燕国的富饶开始谈起：

> 贵国东有朝鲜和辽东，北有林胡和楼烦，西有云中和九原，南有滹沱河和易水。国土纵横两千多里，军队有几十万，战车有六百多辆，战马有六千匹，粮食够支用十年。南边有碣石和雁门的丰饶物产，北边有枣和栗子的获利收成，老百姓即使不耕作，仅靠枣、栗也够吃的了，这就是所谓的天府之国。

那么燕国为什么能够享受到这些丰饶产物呢？苏秦指出，原因就在于燕国南面的屏障赵国。

> 国家安乐无事，遭受不到军队覆灭、将领被杀这样的

---

① 下文是《战国策·燕策》中的内容。据《燕策》的记载，苏秦游说的对象是燕文侯，但正如笔者在前文所指出的年代问题，苏秦游说的对象应当是燕易王。

忧患，这么多有利条件，没有哪个国家比贵国更好。大王知道为什么会这样吗？贵国之所以没有遭受贼寇的进犯和战乱祸患，是因为有赵国在南面作屏障。秦国和赵国发生了五次战争，秦国两胜而赵三胜。秦、赵互相削弱，而大王却保全了贵国，控制住这个大后方，这不正是贵国不受侵犯的缘故吗？况且，秦国攻打贵国，要越过云中和九原，经过代郡和上谷，长途跋涉几千里，即使能够攻下贵国的城邑，秦国也会考虑根本守不住，因此秦国不能侵犯贵国的道理是很明显的。

但如果燕国疏远赵国，结果会怎么样呢？按照苏秦的说法，就是"秦远赵近"：

> 现在，假如赵国要攻打贵国，只要一声令下，不出十天，数十万军队就能进驻东垣。再渡过滹沱河和易水，不用四五天就可以到达贵国国都。因此，秦攻打贵国，须得在千里之外开战；而赵攻打贵国，是在百里之内开战。不忧虑近在百里的祸患，却重视千里以外的远忧，没有比这更失误的计策了。因此希望大王和赵国合纵亲善，天下诸侯联合一体，那么贵国就一定没有忧患了。

苏秦的这番论述比较单纯，无非就是，燕国只要和赵国亲善，就可保存国家社稷。不过，燕国和赵国友好其实另有隐情。赵国受秦国的威胁，不会轻易攻打燕国，但齐国却随时都可以攻打燕国。燕国潜在的敌人是齐国，而赵国也感到了齐国的威胁，在这一点上，燕国和赵国的利害是一致的。虽然不一定要防止遥远的秦国的威胁，但如果同赵国亲善，防御齐国，那是再好不过了。燕王听了苏秦的游说之后，是这样回答他的：

寡人的国家弱小，西面迫近强大的秦国，南面接近齐国、赵国。齐、赵两国都是强国，现在承蒙先生的教导，用合纵的策略来安定敝国，寡人愿倾国相从。

　　于是，燕王供给苏秦车马和金银布帛，将他送到赵国。

3. 苏秦说赵——东方更加强大

　　燕国没有主导政局的力量，因此，合纵要发挥作用，必须以中原的赵国为核心。苏秦便以燕国使臣的身份到赵国向赵武灵王游说合纵。《史记·苏秦列传》里记载苏秦游说的对象为赵肃侯，但基于前文所提出的证据，笔者将苏秦游说的对象设定为赵武灵王，且笔者的这番推测还另有根据。赵武灵王登基以后，十年多的时间里，赵国成为三晋联合的核心，连续攻击秦国。他与韩国会盟，以韩女为夫人，在位九年的时间里与三晋联手，先发制人攻击秦国。自赵武灵王以后，三晋再没有能够像这样一以贯之地应对秦国。

　　赵武灵王幼时登基，是一位野心勃勃的君主。他与韩国联手，但韩国在三晋之中势力最弱，且情势危急，是继魏国之后秦国的下一个攻击目标。韩国和赵国一同攻打秦国，目的在于提前化解危机。赵武灵王登基八年以后，就连比赵国更加弱小的燕国和韩国的国君都已经称王，但赵武灵王认为不需要没有实际意义的称号，并拒绝称王。他注重实用，后来进行了一场名为"胡服骑射"的军事改革，要求赵人穿胡人的衣服骑马射箭。

　　下面我们来看一下苏秦是如何说服赵武灵王的，这段文字出自《战国策·赵策》。苏秦在赵国的开场白比在燕国的时候要精练得多：

天下的卿相大臣，乃至于普通的老百姓，没有一个不称许大王施行仁义的，长久以来都愿接受大王的教诲，向大王进献忠心。然而，奉阳君①妒忌贤能，使得大王不能亲自管理政事，以致宾客疏远，游说之士都不敢前来敬献忠言。现在奉阳君死了，大王才能够和各方面的人士亲近，所以臣才敢来敬献一点愚忠以报效大王。

苏秦首先强调外交中机密的重要性：

臣为大王谋划，没有比让百姓安居乐业，国家平安无事更好的了，且不必劳烦百姓。安定百姓的根本措施在于选择邦交，选择邦交得当，百姓就安定；选择邦交不得当，百姓就终身不得安定。请让臣再说说外面的祸患：如果秦、齐两国做了贵国的两个敌人，那么贵国百姓就不得安定；依仗秦国攻打齐国，百姓也不得安定；依仗齐国攻打秦国，百姓同样不能安定。所以，那谋划别人国家的君主，进攻别人国家的人，常常冥思苦想创造出动听的言辞来断绝别人的邦交，希望大王谨慎，这些话不要从大王的嘴里说出来。请大王让左右侍臣退避，让我说明各种言辞不同的原因，

---

① 《史记·苏秦列传》中记载赵武灵王的叔父赵成是奉阳君，《史记·张仪列传》中也有赵武灵王说"奉阳君专权"的内容。然而，《史记·赵世家》里在赵武灵王进行胡服骑射的改革阶段，虽然也出现了叔父成，但他却是"安平君"。如今学界一般认为赵武灵王死后专权的李兑为奉阳君。而李兑和赵成完全是不同时期的两个人物，这里所说的奉阳君很明显不是李兑，而是赵武灵王的叔父。或是《战国策·赵策》中"奉阳君捐馆舍"等部分错了，或是《赵世家》中胡服骑射的部分错了。《赵世家》胡服骑射的改革部分也是出自《赵策》，因此，《赵世家》应当是沿袭了《赵策》里的矛盾。但是，在《战国策·燕策》中曾出现"李兑因为苏秦谓奉阳君"的内容，将李兑和奉阳君描写成了不同的人，情况更加混乱。

是因为阴阳各不相同。[①]

接着，苏秦又谈起了实行合纵对赵国产生的实际利益。他认为通过合纵，赵国会成为天下的中心：

> 大王果真能听从臣的忠言，燕国一定进献盛产毡裘狗马的土地，齐国一定进献盛产鱼盐的海隅之地，楚国一定进献盛产橘柚的云梦之地，韩国、魏国也必然献出很多城池，供大王洗盥的费用，大王的父兄外戚都可以得到封侯的尊贵。割取别国土地，得到别国财货，乃是五霸不惜军队覆灭、将领被擒所追求的；封赏王侯使外戚尊贵，这是从前商汤放逐夏桀、周武王讨伐殷纣王才争取到的。如今大王可以垂衣拱手得到这两个好处，这是臣希望大王得到的利益。

接下来的这段话非常切合当时的状况。苏秦说赵国无论亲近齐国还是秦国，都对赵国有害无益。如果韩国、魏国势力遭到削弱，赵国就会直接受到秦国的攻击，楚国和赵国不接壤，没有相互攻打的必要，如果楚国遭到削弱，那么等赵国危急之时，就无法获得援助了。

> 大王如果亲附秦国，秦国必然去削弱韩国、魏国；大王如果亲附齐国，齐国必然削弱楚国、魏国。魏国衰弱了就会割河外之地（给秦国）；韩国削弱了就会献出宜阳的土地（给秦国）。宜阳献出去以后，则通往上郡（韩国的南阳和上党）的交通就会阻断；河外割让了，道路就会不通；楚国

---

① 原文是"日言所以异阴阳而已矣"，意思似乎是"各种言辞相互不同，原因就在于显现哪一部分，隐藏哪一部分"。《史记》中将这一句话改成了"请别白黑所以异阴阳而已矣"。

衰弱，贵国就孤立无援。这三个方面，是不能不慎重考虑的。

秦国的战略是怎样的呢？秦国必定会切断赵国的南方，然后攻打赵国。

> 秦国攻下轵道，南阳就危在旦夕；再劫持韩国包围周室，那么贵国就会自行削弱；秦国如果再占领卫地、夺取淇水，那么齐国必然会对秦国称臣。假如秦国的想法能在山东实施，必然就会举兵进攻贵国。秦军渡过黄河，越过漳水，占据番吾，那么两军必将交战于邯郸城下。这就是臣为大王担忧的地方啊！

苏秦认为不可以削弱赵国南方的屏障：

> 如今之时，山东各国中没有再比贵国更强大的了。贵国土地方圆两千里，精兵几十万，战车几千辆，战马上万匹，粮食可以支撑十年；西边有常山，南边有黄河、漳水，东边有清河（济水），北边有燕国。燕国本是弱小国家，不足畏惧。秦国在诸侯国中最害怕的莫过于贵国。然而，秦国不敢发兵讨伐贵国的原因是什么呢？就是因为担心韩、魏两国在后边算计自己。这样看来，韩、魏两国就是贵国南边的屏障。如果秦国攻打韩、魏两国，情况就不一样了。韩、魏两国没有名山大川的阻隔，秦国只要一点点地蚕食，一直到靠近国都了才停止就可以了。韩、魏两国不能抗拒秦国，必然会向秦称臣。韩、魏两国臣服于秦后，秦国就没有韩、魏两国的障碍了，战祸就将降临到贵国头上。这也是臣为大王忧虑的地方。

然后苏秦又指出，东方诸国联合起来要比秦国强大得多。苏秦提出"东方中心论"，指出东方的规模很大，不能坐等祸患的降临，而是要主动出击，避免祸患。由此可见苏秦的进取心。

> 臣听说尧过去连三百亩这么大的地盘都没有，舜没有一尺那么大的地盘，而他们竟然拥有了天下；禹只有一个不满百人的部落，竟成为诸侯的共主；商汤、周武王的兵士不满三千，战车不过三百辆，最后却成为天子。这的确是因为他们获得了正道。所以英明的国君，对外要估计敌国的强弱，对内要视察士卒的多寡优劣，不必等到两军相拼，胜败存亡的关键早已心中有数，哪里还会受众人之言所蒙蔽，而凭一时的糊涂决定事情呢！

> 臣私下查看天下地图，六国诸侯的土地相当于秦国的五倍，兵力相当于秦国的十倍。假如六国能够团结一致，合力西去攻打秦国，秦国必定灭亡。可现在，各国却将要被秦国灭亡，面朝西方共同侍奉秦国，向秦国称臣。灭掉别国或被别国灭掉，让别国臣服或臣服于别国，两者难道可以相提并论吗？

苏秦说那些主张连横的人，都是为了一己的荣华富贵而出卖国家的人：

> 那些主张连横的人，都想割让诸侯的土地送给秦国来讲和。一旦能和秦国讲和，他们就可以高筑台榭，美化宫室，听竽瑟演奏动听的音乐，品尝调和适宜的美味，前面摆着车辆，后面排列着体态修长的美人，倾听美女娇笑。然而，一旦秦国制造祸患，他们却不与诸侯共同承担。因此，主张连横的人日夜寻求靠秦国的权势来恐吓诸侯，以求割

得诸侯的土地。请大王深思熟虑。①

接下来，苏秦将六国联合共同封锁秦国的战略全部展示给赵王：

　　臣听说，贤明的君主会排除疑惑，消除谗言，摒弃一切流言蜚语的滋生，杜绝朋党为私利相互勾结的门径，这就是能够使得君主尊贵、疆地广大、兵强马壮的策略，臣才能有机会在大王面前尽心效力、陈述忠心。所以臣私下为大王谋划，没有什么能赶得上团结韩、魏、齐、楚、燕，使六国合纵，互相亲近，以此抗拒秦国的。通令天下的将相，一齐到洹水之畔集会，交换人质，杀白马缔结盟约。盟约可以这样写："假如秦国攻打楚国，齐、魏两国都要派出精锐的军队帮助楚国作战，韩国负责切断秦国的粮道，赵国渡过黄河、漳水逼近秦军，燕国则派大军固守常山以北；假如秦国攻打韩、魏两国，楚国就切断秦国的后路，齐国派出精锐的部队支援韩、魏两国，赵国则渡过黄河、漳水进逼秦军，至于燕国则派兵固守云中；秦国如果攻打齐国，楚国就负责切断秦国的后路，韩国派兵守住成皋，魏国则封锁午道，赵国越过黄河、漳水，兵出博关，燕国则派出精锐部队援助齐国；假如秦兵攻打燕国，那么赵国就守住常山，楚国进兵武关，齐军渡过渤海，韩、魏两国派出精锐部队援救；秦国如果攻打赵国，那韩国就要镇守宜阳，楚军

----

① 《战国策·赵策》的原文是："夫横人者，皆欲割诸侯之地以与秦成。与秦成，则高台，美宫室……，卒有秦患，而不与其忧。"而《史记·苏秦列传》的原文则是："夫衡人者，皆欲割诸侯之地以奉秦。秦成，则高台榭，美宫室……，国被秦患而不与其忧。"二者相较可以看出《史记》有较大的改动。在这一段中，苏秦辛辣地揭露了那些主张连横的人士的行为，他们主张割地给秦国并与秦国结盟，然后就像在太平盛世一样，尽情地享受各种奢侈的生活，等秦国攻来的时候，他们却不管不顾了。

列阵武关，魏军则驻扎在河外，齐军渡过渤海，燕国则发精兵救赵。六个诸侯国中有先背弃盟约的，那其他五国就共同出兵讨伐它。"只要六国形成合纵，亲密合作来抵抗秦国，秦国就不敢出兵函谷关侵略山东六国了。这样大王的霸业就可以顺利完成了。

年轻却野心勃勃的赵武灵王同意了苏秦的建议。实际上，赵武灵王年幼继位，登基以后才成婚，正是血气方刚的年纪。他回答说：

寡人年轻，即位的时间又短，还没有听到过治国的长远大计。现在尊贵的客人有意拯救天下、安定诸侯，寡人的整个国家都听从先生的指示。

于是赵武灵王就封苏秦为武安君，拨给他战车一百辆，黄金千镒，白璧百双，锦绣一千匹，请他用这些财物去与诸侯缔结合纵之约。苏秦获得如此丰厚的资助以后，下一个目的地将是哪里呢？答案是中原。

4. 苏秦说中原——宁为鸡口，毋为牛后

当时中原地区有一个国家情势令人悲悯：它自称晋国，铭刻着当年无比强大的记忆，却总是避免不了祸患，每年都受到秦国的攻击。一些有能力的人动辄就跑到西方去服务秦国，甚至反过头来祸害它，这个国家就是魏国。笔者根据《史记·六国年表》的记载，按照时间顺序简单地整理了魏国遭受秦国攻打的经历，具体如下：

·公元前 333 年：在雕阴大败于秦国，死亡 4.5 万人。

·公元前332年：献阴晋之地向秦国乞和。魏国人公孙衍（犀首）攻打魏国。

·公元前330年：将河西之地献给秦国。

·公元前329年：被秦国夺去汾阴和皮氏两处土地，再次向秦国乞和。

·公元前328年：将上郡献给秦国。

·公元前324年：被秦国夺去陕地，而且是被魏国人张仪夺走的。

·公元前323年：和同秦国达成默契的楚国在襄陵展开战争，大败。

·公元前322年：被秦国夺去曲沃和平周。

　　当时没有任何国家像魏国这样战乱频繁，魏惠王曾经有过一段辉煌的时期，但也要忍受这悲惨的时期。魏国与秦国相邻，即便心中一万个不愿意，也不得不与秦国作战。然而在吴起死后，先发制人地攻打秦国，那是魏国想都不敢想的，魏国只能忙于守卫城邑，可是却还是没有摆脱屡战屡败的厄运。就这样，忽然有一天，一个人出现在魏王面前，他对魏王说，自己有克敌制胜的办法。此人正是苏秦。那么苏秦给魏惠王提出了怎样的对策呢？他提出了以赵国为核心进行合纵的策略[1]。

　　苏秦首先刺激了魏惠王，扰乱了魏惠王的心神。他说："贵国不

---

[1]　根据《史记·苏秦列传》的记载，苏秦首先去了韩国，然后又去了魏国，但笔者认为这样排列不过是为了一时便宜。从苏秦游说韩国的内容来看，很多语句与现实太不相符，有后人杜撰了整段章节的嫌疑；而且和《战国策·魏策》里苏秦游说魏国的很多句子是一样的。因此，笔者怀疑苏秦游说韩国的内容极有可能是后人根据苏秦游说魏国的内容杜撰的。而且当时魏国遭受秦国的打击比韩国多得多，所以笔者在此将魏国放在了前面。另外，《史记》里记载当时苏秦去魏国游说时在位的国王为魏襄王，然而根据魏国史书《竹书纪年》记载，魏惠王统治时间截止到公元前319年，这是学界目前公认的。后面的文章出自《战国策·魏策》。

在楚国之下，然而大王竟然要面西服事秦国吗？贵国是要成为秦国的附属国吗？"实际上，当时的魏国只能靠割地的方式来避免同秦国发生战争。

　　大王的国土，南有鸿沟、陈地、汝南（中略）；西有长城边界；北有河外（中略），土地纵横千里。国土名义上虽小，但房屋田舍十分密集，甚至没有放牧牛马的地方。百姓之众，车马之多，昼夜奔驰，络绎不绝，和三军士兵行军没有什么区别。

　　臣私下揣度，大王的国力不亚于楚国。然而，那些主张连横的人却劝说大王结交像虎狼一样强暴的秦国，让秦国强大起来侵夺天下，若国家因此遭受祸患，他们又不肯为您分忧。他们依仗强秦的势力，在国内胁迫君主，罪过没有比这再大的了。再说贵国是天下的强国，大王是天下贤明的君主，如今竟然有意面西服事秦国，自称是秦国东方的藩国，为秦王修筑帝宫（皇宫），接受秦国的冠带（臣子的象征），供奉秦国举行春秋祭祀，臣心里替大王惭愧。

魏惠王自尊心很强，此时已经火冒三丈，而苏秦却继续刺激魏惠王：越王勾践率领散兵三千就灭掉了吴国，而您明明有那么多军队，居然向秦国割地求饶。

　　臣听说越王勾践靠三千残兵败将，在干隧擒获了夫差；周武王也率领三千士兵、三百辆战车，在牧野打败了殷纣王，难道是因为他们士兵多吗？实在是因为他们能振奋自己的雄威啊！如今臣私下听说大王的兵力有武士二十万、青巾裹头的士兵二十万、精兵二十万、勤杂部队十万，还有战车六百辆、战马五千匹。这肯定远远超过越王勾践和周武王的力量！如今大王却迫于谗臣的邪说，想要臣服于秦国。

侍奉秦国一定得割让土地、送上人质，因此没等打仗，国家已经受到了损害。群臣之中凡是主张侍奉秦国的人，都是奸臣，绝不是忠臣。为人臣子，却割让他们君主的土地与别国交好，窃取一时的功名利禄，而不顾及后患；偷取一时的功效而不顾后果；损害国家的利益而成就个人的私利；在国外仰仗强秦的威势，在国内胁迫自己的君主割让土地，希望大王仔细审察他们。

这是一个很令人感兴趣的提议，即魏惠王不必屈服于秦国。那么，苏秦有什么出奇制胜、战胜秦国的好办法呢？答案是：只要与赵国联手就可以了。魏惠王已然被苏秦华丽的言辞所吸引，接下来苏秦继续向魏惠王展示自己雄辩的口才：

《周书》上说："绵绵不绝，缦缦奈何？毫毛不拔，将成斧柯。"事前疑虑，拿不定主意，以后必有大祸，那将来又该怎么办呢？如果大王真能听从臣的意见，六国合纵亲近，齐心合力，就一定没有强秦的祸患。所以，敝国国王派臣来进献愚计，呈上盟约，全凭大王下诏令实现盟约。

魏惠王终于能够摆脱战乱了吗？他称苏秦为"主君"，并这样回答他说：

寡人不贤，以前从未听过这样高明的指教。现在主君奉王的诏令来教导寡人，寡人愿恭敬地举国相从。

此时，中原还有另外一个国家处境和魏国相似，如果说眼下魏国正在遭遇秦国猛烈的攻击，那么下一个就轮到韩国受到攻击了。

秦国自很久以前就觊觎韩国宜阳，蔑视名存实亡的周王室，并且虎视眈眈地意图以崤山以外的地方作为据点。秦国在取得魏国黄河以北的城邑以后，差点就攻打宜阳。秦国苦心孤诣地在黄河以北建立据点，有可能也是为攻打宜阳提前做准备。

苏秦离开魏国来到韩国，向韩宣惠王游说[①]。他的开场白一如既往地先声夺人：独立王国，请恢复你的自尊心！

> 贵国北面有巩地、洛邑、成皋这样坚固的边城；西面有宜阳、常阪这样险要的关塞；东面有宛地、穰地和洧水；南面有陉山。土地纵横千里，士兵几十万。普天之下的强弓劲弩，都是贵国的产物，溪子、少府、时力和距来这些良弓都能射到六百步之外。贵国士兵举足踏地发射，能发射百箭而不间断，远处的可射中敌人的胸膛，近处的可射穿敌人的心脏。贵国士兵使用的剑和戟都出自冥山、棠溪、墨阳、合伯等地。邓师、宛冯、龙渊、大阿等宝剑在陆地上都能砍杀牛马，在水里截击天鹅和大雁，遇见敌人立刻可斩。至于说铠甲等装备，贵国更是无不具备。凭着贵国士兵的勇敢，穿上坚固的铠甲，脚踏强劲的弩弓，佩带锋利的宝剑，一个人抵挡上百人，不在话下。凭着贵国的强大和大王的贤明，竟然想要向西服事秦国，自称秦国东方的藩国，为秦王修筑帝宫，接受秦国的冠带，供奉秦国举行春秋祭祀，拱手臣服，使整个国家蒙受耻辱以致被天下人耻笑，没有比这更严重的问题了。所以希望大王认真考虑这个问题。

---

① 遗憾的是，苏秦游说韩王的内容并不符合当时的情况。韩国当时还不曾像魏国那样，动辄向秦国割让土地，而只是有种"山雨欲来风满楼"的感觉。虽然游说的可信程度令人怀疑，但我们依然可以通过这段游说的说辞了解韩国的优势，即韩国的武器在战国时代闻名四海。这一段文字源于《战国策·韩策》，笔者删除了一些固有名词和夸张的修饰。

苏秦要韩王记住，土地是有限的，而秦国的贪欲则是无穷的：

> 大王如果屈服于秦国，秦一定会索取宜阳、成皋。今年把土地献给它，明年它又会得寸进尺，要求更多的土地。给它吧，又没有那么多土地来满足它；不给吧，就前功尽弃，以后继续遭受秦国侵害。况且大王的土地有穷尽，而秦国的贪欲却没有止境。拿着有限的土地去迎合那无止境的贪欲，这就是所谓的自己去售卖怨恨、购买灾祸啊，用不着交战就已经丧失领土了。臣听有俗语说："宁为鸡口，毋为牛后"，现在大王如果投向西方，拱手屈服，像臣子一样服从秦国，这跟做牛后又有什么区别呢？以大王的贤能，又拥有这么强大的军队，却有做牛后的丑名，臣私下里为大王感到惭愧。

苏秦是在诘问韩王是否要做牛后，韩王听了苏秦的话以后，气得脸色大变，挥起胳膊，按住手中的宝剑，仰天叹息：

> 寡人就算是死了，也一定不屈服于秦国。现在多亏先生把赵王的教诲告诉寡人，那么请允许寡人让全国上下听从先生的吩咐。

由此，苏秦就将中原各国团结了起来。下面该轮到东方的齐国和南方的楚国了。

5. 苏秦说齐、楚——齐、楚可与秦媲美

然后苏秦就来到了战国时代最富有的国家以及面积最大的国家。

他劝告齐国，对于齐国来说，秦国并不构成威胁，因此没有必要侍奉它；他又劝告楚国，要通过合纵代替秦国成为霸主。这里也出现了"侍奉秦国"的说法，但这不过是一种修辞手段。齐国和楚国还没有到达侍奉秦国的地步。不过楚国也已经切实地感受到了来自秦国的威胁，而秦国正觊觎着越过秦岭，征服长江上游的巴蜀。苏秦游说齐国的内容，在《战国策·齐策》和《史记·苏秦列传》里是完全相同的。接下来，我们看一下苏秦是如何向齐宣王游说的。苏秦首先指出齐国的军队非常强大：

> 贵国南有泰山，东有琅琊山，西有清河（济水与黄河），北有渤海，正所谓四面都有险塞。贵国土地方圆两千里，披甲的士兵几十万，粮食堆积如山。贵国战车精良，又有五国军队的支持，军队行动像飞箭一般快速，战斗时像雷电般凶猛，解散时像风停雨止一样神速。即使有敌国入侵，敌军也从没能越过泰山，渡过清河，跨过渤海。

齐国的军队强悍仅仅是它的优势之一，齐国根本的优势在于人口众多、国家富有。齐国可以向别国销售鱼、盐，平地之上也可以生产出充足的粮食，苏秦强调了齐国的这些优势。通过苏秦的言辞，我们还可以了解到齐国的一些风俗：

> 首都临淄有七万户人家，臣暗中估计，每户不少于三个男子，三七二十一万人，不必征调远方的兵力，光临淄的士卒就足有二十一万了。临淄这个地方富庶殷实，平常人都会吹竽、鼓瑟、击筑、弹琴、斗鸡、赛狗、下棋、踢球。临淄的街道上车辆相撞，人们摩肩接踵，如果把人们的衣襟连起来可成帷幔，把衣袖举起来可成帐幕，挥一把汗如同下雨。家家富裕，人人士气高昂。凭大王的贤明和贵国

的富强，天下诸侯都不敢跟贵国对抗。不料贵国竟然往西去侍奉秦国，臣私下实在为大王感到羞愧。

苏秦接下来指出，齐国不需要畏惧秦国，因为秦国和齐国并不接壤，秦国不可能千里迢迢地来攻打齐国：

再说韩、魏两国之所以恐惧秦国，是由于他们跟秦国搭界。秦国出兵攻打韩、魏，不到十天就可以决定胜败存亡。假如韩、魏能够战胜秦军，那韩、魏军必然要损失大半，四面的边境就无法防守；假如韩、魏一战而败，那接踵而来的就是灭亡，这就是韩国、魏国难与秦国交战，并轻易臣服的原因。如果现在秦国攻打贵国，那情形就有所不同了，因为贵国背后有韩、魏的土地，同时秦军必然要经过卫地阳晋的要道和亢父的险阻，在那里车马都不能并行，只要有百人守住天险，即使千人也无法通过。秦国即使想发兵深入，那么也得像狼一样张皇四顾，唯恐韩、魏从后偷袭。所以它恐惧疑虑、虚张声势地吓唬人，跳得挺高却不敢前进，可见秦国不能危害贵国已经是明摆着的事情了。

不能深远地估量到秦国并不敢对贵国如何，反倒想要向西去侍奉秦国，这是群臣计谋的错误。现在，贵国（如果帮助三晋的话）既没有臣事秦国的污名，还可以得到富国强兵的实利，臣坚决希望大王稍稍留心谋划一下！

齐宣王回答苏秦说：

寡人愚钝，幸得先生奉赵王之命赐教于齐，寡人愿以国家的名义听从先生的指挥。

这里我们需要进行一下分析。当时的齐国并没有侍奉秦国，相反，秦国攻击三晋时齐国经常伺机在背后攻打它们。秦国和齐国在攻打三晋时同时行动，实际上形成了一种同盟关系。但秦国的军事力量比齐国更加强大一些，齐、秦会盟之时，必定是秦国占主导地位。因此，苏秦这段论述放大来看，指的就是此前齐国虽利用了秦国的军事作战攻打三晋，但如今齐国应该开始牵制秦国了，不要等到三晋灭亡才后悔不迭，现在齐国应当把三晋当作自己的屏障。

苏秦结束了对齐国的游说之后，就动身到楚国去了。他这次游说的对象是楚怀王[①]。由于秦国对巴蜀的觊觎，楚国很担心夹在关中和巴蜀之间的汉中会陷入不稳定的状态，也担心秦国以后会以巴

楚国的主要要塞之一长江 楚国担忧秦国以巴蜀为基地，沿长江而下攻击自己。苏秦说，如果楚国不进行合纵，那么以长江和汉水为屏障的首都郢可能会陷入危险的境地。苏秦以这套言辞成功地说服了楚怀王。

---

① 《战国策·楚策》里记载苏秦的游说对象是楚威王，但由于笔者将苏秦的活动时间推后了，因此这里也相应地将楚威王改成了楚怀王。

蜀为基地，沿长江而下攻打自己。在此之前，楚国虽然一直在利用秦国攻打魏国的机会，但已经隐约地感觉到，离秦国攻打自己的日子不远了。苏秦见到楚怀王之后，提到了楚国辽阔的土地，指出楚国仅次于秦国：

> 贵国是天下的强国，大王是天下的贤王。贵国西有黔中、巫郡，东有夏州、海阳，南有洞庭、苍梧，北有汾陉、郇阳，土地方圆五千里，甲兵百万，战车千辆，战马万匹，粮食可支撑十年，这真是建立霸业的资本啊。依凭贵国的强盛和大王的贤能，可谓天下无敌。可如今您却打算面向西侍奉秦国，那么诸侯没有一个不面向西而朝拜在章台（秦国的宫殿）之下的了。秦国最引以为忧的莫过于贵国，贵国强盛则秦国衰弱，贵国衰弱则秦国强大，楚、秦两国势不两立。所以为大王谋划的最好的计策，没有什么能赶得上结成合纵来孤立秦国的了。

如果楚国不进行合纵会产生怎样的后果呢？苏秦指出，如果秦国兵分两路攻击楚国，那么以汉水为屏障的首都郢就会陷入危险的境地。当然，苏秦也没有忘记陈述合纵将给楚国带来的物质利益：

> 大王如果不进行合纵，秦国一定会派出两支军队攻打贵国：一支军队从武关出动，一支军队从黔中而下。如果这样，那么鄢、郢必然会动摇。臣听说治国当在未乱以前，谋事当在事情没发生以前；祸患临头方才忧愁，那就来不及了。所以，臣希望大王及早谋划。大王若真能听取臣的意见，臣可以使山东各国四时都来进贡，奉行大王诏令，将国家、宗庙都委托给贵国，还训练士兵、磨砺兵器，任大王使用；大王真能听从臣的愚计，那么，韩、魏、齐、燕、赵、卫

各国的美好动听的音乐，漂亮的女子必定会充满大王的后宫，越国、代郡的良马、骆驼一定会充满大王的马厩。

苏秦问楚怀王，是愿意坐等三晋毁灭，还是愿意主动出击成为盟主。

所以，合纵之策成功，贵国就成就了王业；连横之策成功，秦国就会称帝。现在，大王您抛弃了霸王的事业，反而落个侍奉别人的名声，臣私自认为大王不应该这样做。那秦国是猛虎恶狼般的国家，有吞并天下的野心。秦国是诸侯的仇敌，而主张连横的人却想以割取诸侯的土地来侍奉秦国，这种做法就是所谓的"奉养仇敌"。作为人臣，却要割取国君的土地，到外面去结交（勾结）强暴如虎狼的秦国，帮助它去侵略天下，如果突然有了秦国造成的祸患，他们会不顾本国的祸患而离去。他们对外依仗强秦的威势，对内胁迫自己的国君，以求割取土地，这种大逆不忠，没有什么能再超过它的了。所以，合纵成功，诸侯就会割地听从贵国；连横成功，贵国就得割地听从秦国。合纵与连横这两种谋略相差很远，几乎有亿兆的数目。两者之中，大王到底如何取舍呢？因此，敝国国君特派臣下献此愚计，想共同遵守盟约，不知大王如何决定？

从楚怀王日后的举动来看，他是一个相当贪婪的人。他同意了苏秦的提议，并且还很坦率地吐露了自己的心迹，这与其他国家的君主很是不同：

寡人的国家，西边与秦国接界，秦国有夺取巴蜀、吞并汉中的野心①。秦国是猛虎恶狼一样的国家，不可以和他亲近。而韩国、魏国被秦国所制造的祸患所逼迫，不可以和他们深入地谋划合作，寡人恐怕反叛之人会把敝国的策谋告诉秦国，这样，计谋还没有付诸实行，敝国就会大祸临头。寡人料想，单凭敝国来对抗秦国，未必能够取得胜利；在国内与群臣谋划，又不可靠。因此，寡人卧睡不安枕席，饮食分辨不出滋味，心神不安如悬挂在空中的旗子，飘荡不止，终无所托。如今先生想统一天下，安定诸侯，拯救危国，寡人双手捧着国家跟随先生。

就这样，苏秦六国联合的计划取得了初步的成功。之所以说是"初步"，原因将在后文分析。而秦国是绝不可能坐等六国联合攻打自己的。

6. 衣锦还乡，报答恩情

于是这位出身东周的穷书生将六国联合在了一起，佩戴上了宰相之印。当苏秦做了宰相之后，秦国不敢出兵函谷关，全国的有识之士都在讨论苏秦的策略。《战国策·秦策》里这样描述苏秦出任赵国宰相的事：

> 苏秦没有耗费一斗军粮，没征用一个兵卒，没派遣一员大将，没有断一根弓弦，没有折一支竹箭，就使天下诸侯和睦相处，甚至比亲兄弟还要亲近。所以说，应当使用

---

① 前文提到"黔中"，意思是秦国已经获得了巴蜀，一定会从西面沿长江而下。但在游说结束之后，楚王又说"秦有举巴蜀、并汉中之心"。因此，前面提到的"黔中"的言辞都是不符合逻辑的。

精妙的方法，而不应使用勇气；应该在朝廷之内决策天下大事，而不必到国境之外去行动。

《战国策》里还这样描写了苏秦的成功：

　　当苏秦声威大震的时候，赵王拿出万镒黄金供其使用，车轮飞转、马队连绵，所到之处显得光彩夺目、威风八面，山东各诸侯国莫不望风听从其号令。赵国的地位也越来越受到尊重。其实，苏秦此人当初只不过是一个住在陋巷中，以桑板为门户、圈树枝条为门枢的寒窟陋室里的穷书生罢了。但现在的他却常常气派十足地乘着车辆游历天下，到各国朝廷上游说诸侯，使各诸侯王的亲信不敢开口，天下莫能与之争锋。

　　下面，我们就综合《战国策》和《史记》中的内容，来看一下苏秦回到故乡时发生的事情。这些故事都只是传说，但流传甚广，给贫穷的士子带来希望，同时也让他们感到沮丧。

　　苏秦要到楚国去游说，路过洛阳。他的父母听到这个消息，便赶紧收拾房屋，清扫街道，奏起乐曲，准备酒席，到城郊三十里远的地方去迎接他；周显王原本很蔑视苏秦，但此时也很畏惧他，派人到郊外去迎接他；妻子对他敬畏得不敢正视，斜着眼睛注视他的威仪，侧着耳朵听他说话；而他的嫂子则跪在地上不敢站起，伏在地上爬行，一连拜了四拜，跪着谢罪。苏秦问："嫂子，你为什么以前那样傲慢，现在却又如此谦卑呢？"他的嫂子回答说："因为小叔子现在地位显贵，并且又有那么多的金钱！"苏秦长叹一声，说道："唉！贫困的时候，父母不把我当儿子；富贵了，连家里的亲人都畏惧我。由此可见，一个人活在世上，权势和富贵怎么能忽视不顾呢！"

　　然后，苏秦说出了那句历史上的名言："假使我当初在洛阳近郊有二顷良田，如今，我难道还佩戴得上六个国家的相印吗？"当时离开故乡去游说的人，大部分都是穷书生。战国时代为那些有野心的人提供了梦想的舞台。

苏秦回到故乡以后，当场就散发了千金，赏赐给亲戚朋友。《史记·苏秦列传》里通过一小段故事为人们展示了苏秦在报答别人的恩情方面是多么彻底。

当初苏秦到燕国去，向别人借过一百钱做路费，后来就拿出一百金（一百万钱）偿还给那个人。他还报答了以前所有对他有恩德的人，唯独有一个人抱怨自己没得到报偿。苏秦对所有的事情都记得一清二楚，他说："我不是忘了您，当初您跟我到燕国去，在易水边上，您再三要离开我，那时正当我困窘不堪，所以我深深地责怪您，因而把您放在最后，您现在也可以得到赏赐了。"

就这样，东周的穷书生一跃成为和六国君主打交道，以合纵动员六国的人物，他会点燃野心家心中的欲望之火也在情理之中。

第 2 章

合纵只是痴心妄想

——张仪出仕

历史上的对手关系会增添读史的妙趣。当两人棋逢对手、难分高下时，人们就会为他们捏一把汗。苏秦言语流畅、辩词优雅，在山东诸国中搅动风云，但他也有一位旗鼓相当的对手，那就是张仪。苏秦在游说时，会换位思考，像一股涓涓细流，浸润到聆听者的心中；而张仪的言辞就像是一根针，专挑对方的弱点去刺。

　　张仪的言辞与其称为游说，不如称为欺骗与诡诈。即便如此，任何人听了张仪的言论都禁不住心惊胆战，因为他的背后是猛虎般的强秦。秦国在推出张仪以后，即便张仪提出再过分的要求，也全都毫不犹豫地答应他，这使他的话语更添了力量。

　　苏秦费尽心机才让六国结成了合纵的同盟，但合纵刚结成就危机四伏。那么，连横是如何获得力量的呢？合纵是否是自己崩塌的呢？下面就轮到张仪出场了，他紧随苏秦之后，留下了许多传奇故事。

1. 张仪仕秦

《史记·张仪列传》[①]里记载了张仪的许多传奇故事，其传奇色彩不亚于苏秦。当然，这些故事极有可能是后人杜撰的，但这么有意思的故事，我认为有必要在这里提一下。

张仪是魏国人，当初曾和苏秦一起师事鬼谷子先生，苏秦在和张仪一同学习时，就自认为才学比不上张仪。张仪完成学业以后，也曾去游说诸侯，一开始也同苏秦一样备受歧视。

有一次，张仪不知怎的有机会陪着楚相喝酒，席间，楚相丢失了一块玉璧，门客们怀疑是张仪干的，他们说："张仪贫穷，品行鄙劣，一定是他偷去了相国的玉璧。"于是，大家把张仪拘捕起来，拷打了

①《史记·张仪列传》前半部分的故事如同小说般曲折，但对张仪活动的大概年代记录得比较准确。这大概是由于张仪出仕于后来统一六国的秦国，所以他的事迹才会被记载下来。只不过苏秦和张仪是同门师兄弟关系的说法，以及张仪的出仕是苏秦计划的说法都不可信。这是不是与孙膑、庞涓的故事，范雎和须贾的故事相当类似呢？

几百下，但张仪始终没有承认，他们只好释放了他。回到家中以后，他的妻子看到他这副样子，唠叨说："唉！您要是不去读书游说，又怎么能受到这样的屈辱呢？"张仪回答说："你看看我的舌头还在不在？"他的妻子无可奈何地笑着说："舌头还在呀。"张仪说："这就够了。"

张仪大体上就是这样的一个人。那么张仪又是如何出仕的呢？根据《史记·张仪列传》里的记载，张仪出仕是苏秦计划的。苏秦说服了赵国的君主结成了合纵，但他很担心如果秦国进行反击，大家就会如鸟兽散，相互背叛，因此他才打算将张仪派到秦国去。当然，这段故事实在太巧合，令人难以置信，不过我们还是来了解一下吧[①]。

张仪当时四处碰壁，身心俱疲，恰好此时苏秦派人找到张仪，委婉地劝张仪说："您当初和苏秦感情很好，现在苏秦已经当权，您为什么不去结交他，以实现您的愿望呢？"张仪听了这番话以后，就前往赵国，请求会见苏秦。可苏秦却告诫门下的人不给张仪通报，又让他好几天不能离去。两人终于见了面，苏秦却让张仪坐在堂下，赐给他奴仆侍妾吃的饭菜，还屡次责备他说："凭着您的才能，却让自己穷困潦倒到这样的地步。难道我不能推荐您，让您富贵吗？只是您不值得录用罢了。"

苏秦挑起张仪的怒火之后，就把张仪打发走了。张仪回去之后，十分生气。张仪来投奔苏秦，自认为两人是老朋友，希望能够求得好处，不料反而被苏秦羞辱。张仪心中盘算了一下诸侯中值得侍奉的国家，发现只有秦国能侵扰赵国，于是就到秦国去了。

送走张仪以后，苏秦叫来了自己的舍人，拜托他说："张仪是天

[①] 正如前文所指出的，笔者认为苏秦开展合纵游说的时间是在公元前325年以后。根据《史记·六国年表》的记载，张仪成为秦国宰相是在公元前328年。《史记·六国年表》中秦国的纪年是以《秦记》为基础的，是这一时期史料中最可信的部分。应当说，苏秦在进行合纵游说之时，张仪已经来到秦国了。

下最聪明的人，我大概比不上他。如今，幸亏我比他先受重用，将来能够掌握秦国权力的只有张仪。然而他很贫穷，没有进身之阶。我担心他满足于小的利益而不能成就大的功业，所以把他招来羞辱一顿，来激发他的意志，您替我跟随他，暗中侍奉他。"

后来，苏秦禀明赵王，发给舍人金钱、财物和车马，派人暗中跟随张仪，和他投宿同一客栈，逐渐接近他，还以车马金钱奉送他，凡是他需要的，都供给他，却不说明是谁给的。于是张仪才有机会拜见了秦惠王，并向他游说，秦惠王任用他作客卿，和他策划攻打诸侯的计划。

这时，苏秦派来的门客要告辞离去，张仪很惊讶，挽留他说："依靠您的恩德，我才得到显贵的地位，我现在正要报答您，您为什么要走呢？"苏秦的门客说："我并不了解您，真正了解您的其实是苏先生。苏先生担心秦国攻打赵国，破坏合纵联盟，认为除了您没有谁能掌握秦国的大权，所以故意激怒先生，派我暗中供给您钱财，这些都是苏先生谋划的策略。如今先生已被重用，请让我回去复命吧！"

张仪叹息说："哎呀，这些权谋本来都是我以前研习过的，而我却没有察觉到，我没有苏先生高明啊！况且我刚刚被任用，又怎么能图谋攻打赵国呢？请替我感谢苏先生，并转告他：'苏先生当权的时代，我张仪怎么敢奢谈攻赵呢？'"

张仪出任秦国宰相以后，还曾写信警告楚国相国说："当初我陪着你喝酒，并没偷你的玉璧，你却鞭打我。你要好好地守护住你的国家，因为我将要偷你的城池了！"

上文这些故事都记于《史记·张仪列传》[1]，即使这些故事完全不值得相信，也不会对我们的结论造成任何影响，也不会改变一

---

① 身为一国的宰相，张仪真的会向别国的宰相送去这样一封信吗？即便是一介匹夫，也绝对不会这样做，因为这会让对方有所警惕，筹划对策。而张仪等到苏秦死后才开始活动，也是杜撰出来的，张仪成为秦国宰相当年，秦国就攻打了赵国的离石和蔺。

些重要的事实，即张仪去了秦国，以后他会打破苏秦的合纵。正如张仪所指出的，之前秦国攻击的主要对象是三晋，但如今秦国要扩大攻打对象了，并将矛头瞄准了楚国。

苏秦为什么会说楚国和秦国势不两立呢？原因很快就会揭示出来。我们知道，司马迁是通过这种小说式的情节，将苏秦和张仪进行了对比，即苏秦对曾经要抛弃自己的人也进行了赏赐，而张仪则绝对不会忘记曾经伤害过自己的人。让张仪不满的人，一定会遭到报复。

2. 张仪的西方中心论——斩草要除根

那么张仪是如何说服秦惠王的呢？据《战国策·秦策》的记载，张仪为秦国规划了称霸天下的宏伟蓝图[①]。即便这段论述不是张仪

[①] 《战国策·秦策》里所记载的张仪游说秦国的言辞和《韩非子·初见秦》里的记载几无二致，作者应该为同一人。当然，张仪是韩非子之前的人物，而《韩非子》的编纂年代最早也是在战国末年至秦国统一天下之后，因此这段论述必定要比《韩非子》年代靠前。在张仪的这段论述之中，许多事情其实是在张仪死后发生的，对此笔者后文还有阐述。因此这段论述一定不是张仪所作。那么它的作者究竟是谁呢？郭沫若认为《初见秦》是吕不韦的作品，那么《秦策》里的论述也应当是吕不韦所作；除此以外，还有学者认为是范雎所作，或是蔡泽所作，但这些见解都只不过是一种推测罢了。《初见秦》的思想与其说是纵横家的，不如说是法家的，因此笔者认为这一论述的作者是一位继承了法家传统的一流策士。这段论述中所出现的重大事件大概是秦昭王时发生的。秦庄襄王继秦昭王之后成为秦王，而吕不韦则是秦庄襄王时的宰相，因此说它是吕不韦的作品也很可疑。那么有没有可能是李斯的作品呢？李斯曾是吕不韦门下的食客，后来成为秦王的客卿，笔者认为是极有可能的。无论作者是谁，这段论述的主旨是：对内切实推行法家政策，对外亲近遥远的齐国和燕国，攻打三晋和楚国。这段论述主张切实推行"远交近攻"策略，打破合纵之约，这比张仪时期的纵横策略更加明确。无论这段论述的作者是否为张仪，它都可以称得上是战国时期一流的篇章，为我们展示出战国时代的发展形势，它提出的打破合纵的策略与张仪的主张是一致的。请读者了解这一点之后再阅读这段论述。

所作，却也是以张仪的外交政策为基础的。在读完张仪的这段雄辩之后，我们不仅可以了解秦国这位一流策士，还会看到秦国统一天下所经历的路程。另外，这段气势磅礴的论述还收录在了《韩非子》中。

张仪对秦惠王游说之前说："如果臣的对策有误，大王可以把臣杀了。"其自信之情溢于言表。张仪的言辞比苏秦的言辞更能给人带来冲击：

> 臣听说，对不明白的事情却要大发议论，那是不聪明的；对明白的事情却不讲，那是不忠实的。作为人臣，不忠当死，说话不审慎也当死。即便如此，臣仍愿意把所有见闻都说出来，请大王裁决定罪。

张仪说，只要秦国出面，合纵很容易击破。击破合纵，重要的是内政的稳定和军队的强大，这两个条件秦国都已经具备，但山东诸国却没有具备：

> 臣听说，四海之内，北方的燕国和南方的魏国又在联结荆楚，巩固同齐国的联盟，收罗残余的韩国势力，形成合纵的联合阵线，面向西方与贵国对抗了。对此，臣暗地里不禁失笑。天下有三种亡国的情形，而亡国后终会有人来收拾残局，可能说的就是今天的世道！
> 　臣听人说："以治理混乱之国去攻打治理有序之国必遭败亡，以邪恶之国去攻打正义之国必遭败亡，以悖逆天道之国去攻打顺应天道之国必遭败亡。（以乱攻治者亡，以邪攻正者亡，以逆攻顺者亡。）"如今，天下诸侯国（山东六国）储藏财货的仓库很不充实，囤积米粮的仓库也很空虚，他们征召所有人的，发动千百万计的军队，即便前面有敌军

（或我军将领）的刀剑，后面有利斧（如果后退就杀死他们），军士仍然退却逃跑，不能和敌人拼死一战。其实并不是他们的人民不肯死战，而是六国君主不能使他们死战[①]。说奖赏却不给予，说处罚却不执行，所以人们才不肯为国死战。

现在贵国号令鲜明，赏罚分明，有功无功都按照实际情形进行奖惩。（这样的战士）离开父母怀抱，生来从未见过敌寇，一听说作战就跺脚、露胸踊跃赴敌，迎着敌人的刀枪勇往直前，光脚践踏火炭也要前进，如此下定决心阵前拼死的人到处都是。（出其父母怀衽之中，生未尝见寇也，闻战顿足徒裼，犯白刃，蹈煨炭，断死于前者比是也。）要知道下决心要去战死和决心生存是不同的（死亡不如生存），但国人仍然愿意去战死，就是他们把奋勇当作高贵品质的缘故。这样，一人就能战胜十人，十人能战胜百人，百人能战胜千人，千人能战胜万人，万人能战胜全天下。

我们有必要对这段话稍做研究。正如张仪所说，秦国很好地运用了赏罚分明的法律，因此秦国的士兵很强悍。但秦国的法律体系实际上并不那么美好，它唆使士兵如野兽一般冲到敌阵去获取敌人的首级。近年在秦国法律官吏的坟墓中出土的《睡虎地秦墓竹简》有一段法律问答，里面记载了一段秦国士兵为敌人的首级相互争斗的故事。竹简里提出的问题是：看到同僚拿着敌人的首级过来了，于

---

① 《战国策·秦策》里的原文是："罪其百姓不能死也，其上不能杀也。"这句话的意义比较模糊，我们可以译为"怪罪百姓不能拼死，实在是上面的人（使唤人民的人）不能被杀死。"这句话的意思是不是说，士兵如果后退，仅杀死百姓而已，却并不会杀害上面的人呢？《韩非子·初见秦》里将这句话改为了"非其士民不能死也，其上不能故也"，用词稍微发生了一些变化，意义就比较明确了。直译的话就是"其实并不是他们的士兵百姓不肯死战，而是六国君主不能使他们死战"。笔者根据《韩非子·初见秦》的句子进行了修订与意译。后文出现意思不同，或在转写过程中出现的一些很明显的失误部分，都参考《初见秦》进行了修订。

是刺伤同僚，取得敌人的首级，这种情况应该怎么处理？秦国的士兵为何如此渴望敌人的首级呢？因为获得敌人的首级之后，便能获得奖赏和爵位，而且爵位还可以交易。这一点可以通过用爵位两级赦免父亲之罪，卖掉爵位免除奴婢身份等记载得到确认。对于犯罪、家中有人犯罪、因失误犯罪、特别讨厌务农的人来说，反而非常渴望作战。他们为了获得敌人的首级，甚至不惜刺伤同僚，因此冲到敌阵刺杀敌人就是理所当然的了。从上面的一段文字中，我们可以想象得出秦兵光脚践踏火炭的情形。

我们继续回到张仪的论述中去，看一下张仪的战争论和实利论。张仪认为，战争如果不能获得实际利益，只会加速国家灭亡，秦国之所以没有获得实际利益，没有成为霸主，正是因为谋臣无能，秦国的谋臣所缺乏的正是韧性。张仪批判，秦国的谋士光忙着作战，却没有趁热打铁、斩草除根，缺乏彻底的作战精神。那么，让秦国获得实际利益、登上霸主地位的人会是何方神圣呢？当然就是张仪本人了。

> 如今贵国的地势，截长补短，方圆有数千里，著名的军队有几百万。而贵国的号令和赏罚分明，险峻有利的地形，天下诸侯国都望尘莫及。用这种优越条件和天下诸侯争雄，兼并天下绰绰有余[1]。由此可以知道，贵国出战没有不取胜的，攻城没有不可占取的，所抵挡的敌人没有不被击破的。贵国完全可以开拓土地几千里，那将是很伟大的功业。然而如今贵国军队疲惫、人们穷困、（仓库里的）积蓄用绝、田园荒废、仓库空虚，四邻诸侯不肯臣服，霸主的名望还没有形成，这不是别的缘故，都是因为大王的谋臣不尽忠。

---

[1] 原文是"天下不足兼而有也"，《韩非子·初见秦》里的句子与之相同。但从上下文来看，这句话应当是"天下足兼而有也"，这段论述的结尾部分也有一句相同的话，这次则是"天下可兼而有也"。

请让臣以史实为证加以说明:从前,齐国往南击破荆楚,
往中原战败了宋国,北方更打败了燕国,在中原地带又指
挥韩、魏两国的君主。土地辽阔,兵力强盛,战必胜,攻
必取,号令天下诸侯,清清的济水和混浊的黄河足以作为
它天然的屏障,长城和钜坊足以作它的关塞。齐国是五战
五胜的强国,可是只战败一次,便不复存在了[①]。由此可见,
用兵作战可以决定万乘大国的生死存亡。

　　那么,众位谋臣的失策之处在哪里呢? 怎样才能将诸侯全部击
退呢? 张仪说,除了灭掉诸侯以外,没有其他的办法。他首先指出
了秦国没能灭掉楚国的失策之处:

　　臣还听说:"砍树要挖根,不要靠近灾祸,灾祸就不存
在了。(削株掘根,无与祸邻,祸乃不存。)"从前贵国和楚
国作战,大败楚军,袭取了它的郢城,占领了洞庭湖、五都、
江南等地,楚王向东逃亡,藏在陈地。那时,贵军只要继
续向楚地进军,就可以占领楚国的全部土地。而占领了楚
国,那里的人们就足够使用,那里的物产就足以满足物质
需要,东面利用齐、燕两国,中原可以凌驾在三晋(指韩、
赵、魏三国)之上,这样就可以一举成就霸王的名声,使
天下诸侯都来朝拜称臣[②]。然而大王的谋臣不但没这样做,

---

① 齐湣王时代,齐国几乎面临灭国的处境,但这是张仪死后才发生的事情。
② 原文是"东以强齐、燕,中陵三晋。然则是一举而伯王之名可成也,四
邻诸侯可朝也。"问题是"东以强齐、燕,中陵三晋"这一句,中间似
乎漏掉了什么文字。这句话还可以解释为"利用强大的齐国和燕国,攻
打中间的三晋",这样就与连横以后登场的远交近攻战略相通。但在
《韩非子·初见秦》里,这句话变成了"东以弱齐、燕,中陵三晋。然
则是一举而伯王之名可成也,四邻诸侯可朝也"。也就是说,其他的语
句相同,只不过把"强"字换成了"弱"字,这句话的意思也完全发
生了变化,成了"东面利用齐、燕两国,中原可以凌驾在三晋(指韩、

反而撤兵和楚人讲和。现在楚人正收拾行将灭亡的国家，重新集合逃散的人们，立起社稷之主，设置宗庙，使他们得以率领天下诸侯来跟贵国为敌。这样，贵国失去了建立霸业的机会，这是第一次失策①。

接着，张仪指出秦国没有灭亡魏国的失策之处：

后来其他诸侯国同心协力、联合起来兵临华阳城下。幸亏大王用诈术击溃了它们，一直进兵到魏都大梁外。当时只要继续围困几十天，就可以占领大梁城。②占领大梁，就可以攻下魏国；攻下了魏国，赵、楚的联盟就被拆散了。赵、楚的联盟一被拆散，赵国的处境就危险了。只要赵国处于危境，楚国就孤立无援。这样贵国就可以联合东面强大的齐、燕，凌驾于三晋（这次指的是韩国和赵国）之上，如此也可以一举成就霸王的名声，使天下诸侯都来朝贺。然而，大王的谋臣还是不肯这样做，反而引兵自退、与魏讲和，

（接上页）赵、魏三国）之上，这样就可以一举成就霸王的名声……"。究竟哪一种才是正确的呢？笔者认为《战国策·秦策》里所写的"强"是正确的。后面我们也将会看到，在这段论述的结尾之处，张仪明确地提出了"举赵亡韩，臣荆魏，亲齐燕，而成伯王之名"的策略，而《初见秦》里也有相同的语句。那么，张仪所提出的策略也就是联合齐国、燕国，攻打三晋和楚国，即远交近攻的策略，而并非全面作战，攻打楚国，削弱燕国和齐国。《初见秦》对《战国策·秦策》里面的部分论述做了一定的修改，使其符合当时的时代状况，因为当时秦国已经发展为一个强大的国家，不管是哪个国家，秦国都可以与之全面作战，但这些修改让整体论据模糊不清。因此，《秦策》里的这段论述比《初见秦》里的内容更符合张仪所活跃的年代。

① 秦国将领白起占领楚国首都郢是在张仪死后大约三十年以后的事情，即公元前278年。

② 事件的顺序似乎稍微有些颠倒。这里所指的应当是白起在华阳城击破三晋的军队，杀死十五万敌军的事件。这件事发生在公元前273年，也是在张仪死后发生的。

使魏国得以收拾行将灭亡之国，收集流散的百姓，重新立起社稷之主，设置宗庙。这样，贵国又失去了建立霸业的机会，这是第二次失策。

接下来，张仪又批判了秦国出兵讨伐却没有获得实利的战争类型，这鲜明地体现出了张仪远交近攻的策略：

前不久，穰侯（魏冉）为相，治理秦国，他用一国的军队，却想建立获得两国功业[1]。即使士兵终身在外地受风吹日晒雨淋，人们在国内劳苦疲惫，霸王的名声却始终不能建立，这本来已经是第三次失去了称霸天下的机会。

接着，张仪感叹秦国失去了灭亡赵国的机会：

赵国位居中央，各国人们杂居在那里。赵国民众轻浮而不好驾驭，赵国的号令无法贯彻，赏罚毫无信用。赵国的地形不便防守（中间有太行山脉横贯），统治者又没有能力使人们的力量全部发挥出来，这一切已是一种亡国的态势了，再加上统治者不体恤民间疾苦，几乎把全国的老百姓都征发到长平，去跟韩国争上党。大王用诈计战胜赵国，

---

[1] 原文为"用一国之兵，而欲以成两国之功"，直译的话就是"用一国的军队，却想建立两国才能完成的功业"，也可以解释为"用一国的军队，却想建立两国军队才能完成的功业"。笔者在这里进行了意译，这是穰侯魏冉出于拓展自己远在崤山以东的领地陶的贪欲，于是越过三晋之地，攻打了齐国。后来谋臣范雎为了让魏冉下台，批判魏冉攻打遥远的土地，只不过是白费力气。简单来说，范雎的意思就是，攻打遥远的国家效率很低，而且原本秦国就在轮番攻打三晋和楚国，再加上攻打齐国，秦国负担太重。因此，"远交近攻"的策略适时诞生，秦国联合了齐国攻打三晋，笔者正是基于此原因进行了意译。这也是在张仪死后才发生的事情。

既而攻克了武安。①

当时，赵国君臣上下不能同心同德，卿大夫和士民也互不信赖，这样，邯郸就无法固守，秦军如果攻陷邯郸，在河间修整军队，再率军往西攻打修武，越过羊肠险塞，就可以降服代和上党。代有三十六县，上党有十七县，不用一副盔甲，不费一个兵卒，就都可为贵国所有。代和上党不需要战争就成为贵国土地，赵国的东阳和河外等地不需要战争将反归齐国，中呼池以北之地不需要战争将属于燕国。既然如此，攻下赵国之后，韩国就必然灭亡；韩国灭亡以后，楚、魏就不能独立；楚、魏既然不能独立，就可一举攻破韩国、损害魏国、挟制楚国，往东又削弱齐、燕（赵国灭亡之后保护燕国和齐国的屏障就消失了），挖开白马津的河口来淹魏国。如此一举就可以灭三晋，而六国的合纵联盟也势必将瓦解，大王只要拱手在那里等着，天下诸侯就会一个跟着一个来投降，霸主之名号也就可以大功告成了。

可是大王的谋臣却没这样做，反而自动退兵跟赵国讲和了。凭大王的贤明和士兵的强盛，竟然没有成就天下霸主的基业，而且被即将灭亡的各诸侯国欺骗，这一切都是谋臣的笨拙所导致的。赵国当亡不亡，贵国该称霸又不能称霸，天下人已经看透了贵国谋臣的本领高低，此其一。

张仪强调机不可失，时不再来：

贵国后来又征召全国之兵，去攻打邯郸，不但没有攻下，士兵反而丢盔卸甲，吓得哆哆嗦嗦直往后退，天下人已经看透了贵国的实力，此其二。军队退下来以后，都聚集在李下，大王又重新编整，想奋力作战，可是并没有取得大胜，就纷纷罢

---

① 这里指的是公元前260年的长平之战。这也是在张仪死后发生的事情。

兵撤退，天下人又都看透了贵国的国力，此其三。在内看透了贵国的谋臣，在外看透了贵国的将士。由此观之，臣认为天下合纵对抗贵国，有什么难的呢！贵国的军队疲劳不堪，人们极端困顿，再加上积蓄用尽、田园荒芜、粮仓空虚；而天下（山东诸国）联合的志向甚为坚固，但愿大王能多加考虑这危机！

读者没有必要记住上面这些复杂的地名，以后这些地区的重要性将逐渐显露出来。原文中，后面的句子大体是附会以前的故事对当前的状况进行说明，在此将其省略掉。不过，大家需要知道这段故事讲述的内容是，当初智伯率军攻打赵国，后来反而因为韩国和魏国的背叛而失败了，而张仪说如今秦国的危机和智伯那次很像。然后，他接着说：

如今贵国的土地截长补短，方圆几千里，精锐的军队几百万，号令严明，赏罚分明，再加上地形的优势，天下诸侯没有能比得上的。凭这种优势与天下诸侯争雄，整个天下完全可以被贵国兼并占有。臣冒死罪，希望见到大王，谈论如何破坏天下的合纵势力，攻赵亡韩，迫使楚、魏称臣，齐、燕加盟，建立霸王之业，让天下诸侯都来朝贡。请大王姑且采用臣的策略，假如不能一举瓦解天下合纵，攻不下赵，灭不了韩，魏、楚不称臣，齐、燕不亲近，霸王之名不成功，天下诸侯不来朝贡，那就请大王砍下臣的头，在全国各地轮流示众，以警戒那些为君主谋划而不尽忠的臣子[①]。”

---

① 最后一句话的原文是“以主为谋不忠者”，语句有些不通顺，《韩非子·初见秦》里这句话写作“以为王谋不忠者也”，明确指出了是“为君主谋划的人”。从这里来推测，原文应当改为“以为主谋不忠者”，但这里并没有说明杀死不忠者要取得什么效果，大概是漏掉了什么字。笔者认为应当是“以戒为主谋不忠者”，也就是“警戒那些为君主谋划而不尽忠的臣子”的意思。

听完张仪的论述，秦惠王面露喜色，秦国终于得到了一位能够灭亡六国的战略家。因此，我们不能因为游说家没什么势力就轻视他们，如果他们提出的策略失败了，等待他们的将会是死亡。所以，他们是在提着脑袋游说。如今张仪滔滔不绝地陈述着秦国可以兼并六国的理由，而这也是很长时间以来秦国能在对东方的战争中不断取得胜利的自信基础。于是，公元前 328 年，张仪成为秦国的宰相。

3. 联合军的败北与合纵的破裂

乘虚而入的张仪

秦国一向法纪严明，虽然已经任用了张仪，但张仪如果不能发挥自己的作用，就会被秦国抛弃。《史记·张仪列传》中对张仪成为相国的过程记载得很简短。秦国意图包围、降伏魏国的蒲阳，可是张仪却向秦国提出了一个出人意料的建议。他说："把蒲阳还给魏国，并且派公子到魏国去做人质吧，这样做可以从魏国得到点什么。"

然后他又来到魏国，劝说魏王道："秦国战胜了魏国，却对待魏国如此地宽厚，魏国不可不以礼相报。"张仪通过与魏国协商，为秦国争取到了上郡、少梁等地。上郡究竟位于何处，不得而知，而少梁位于河西，对秦国至关重要，因此，这笔买卖对秦国而言非常划算。张仪因此次之功，被秦惠王任用为相国。

在秦国，只有建立军功才能获得爵位，商鞅也是因军功才稳固了自己在朝廷中的位置。那么张仪果真能够发挥他的军事才能吗？考验他的战场也在与秦国接壤的魏国。张仪不同于苏秦的是，他还有领兵作战的才能。公元前 324 年，张仪亲自率领军队，夺得了魏国的陕地。

张仪攻打魏国并获得陕地之后，会就此罢手吗？不同于其他的武将，他总是会预见接下来的好几步棋。为了打破连横之约以便攻打魏国，张仪首先去拜见了两个和秦国没有什么直接冲突的国家。据《史记·秦本纪》和《六国年表》里的记载，公元前323年，张仪与齐、楚会于啮桑。遗憾的是，他们在相会时所具体谈论的内容在史书中并没有记载。楚国于当年攻打了魏国的襄陵，不知道这究竟是巧合还是与张仪会盟的结果。从军事上来讲，魏国其实已经充分地预见楚国会觊觎襄陵，并攻打至魏国的首都大梁和宋国之间，但魏国没有想到楚国会在合纵期间攻打自己。魏国上一年刚刚遭受了秦国的攻击，如今楚国又来攻打它的襄陵，魏国一时之间惊慌失措了。难道所谓的合纵，竟没有任何作用吗？

率领军队攻打襄陵的是楚国将军昭阳。[①]他攻打魏国大获全胜，把敌人打了个落花流水，还杀死了敌将，获得了八座城邑，又调转军队攻打齐国。昭阳为何会调转军队攻打齐国呢？原因不甚明了，似乎是为了长期包围宋国。于是，游说家陈轸担任了齐王的使者去会见昭阳[②]。

陈轸再拜之后祝贺楚军的胜利，然后站起来问昭阳："按照楚国的制度，灭敌杀将能封什么官爵禄位？"昭阳答道："官至上柱国，爵为上执珪。"陈轸又问："比这更尊贵的还有什么？"昭阳说："那只有令尹了。"陈轸就说："令尹的确是最显贵的官职，但贵国国王却不可能设两个令尹！（你不可能成为令尹。）请让我为您打个比方。贵国有个主管祭祀之人，把一壶酒赐给舍人。舍人们在一起相顾商议，'这酒，几个人喝不够，一个人享用却有余，让我们各在地上画一条蛇，先画成的请饮此酒。'有个舍人率先完成，取过酒杯准备先喝，却左手持杯，右手又在地上画了起来，并说：'我还可以为蛇添上足呢。'蛇足尚未画完，另一位舍人的蛇也画好了，于是夺过他手

---

① 后面的故事以《战国策·齐策》为主，也参考了《史记·楚世家》的一些内容。

② 据《史记·楚世家》记载，当时陈轸是秦国派往齐国的使者。然而，外国的使者能够充当出使国的使者吗？这很让人怀疑。

中的酒杯说：'蛇本来没有脚，您怎能给它画上脚呢？'于是就喝了
那壶酒，而画蛇脚的舍人最终没有喝到酒。如今，将军成为贵国国
王的令尹，击溃魏军，杀死魏将，夺取了八座城邑，兵锋不减，又
移师向齐，齐人震恐，凭这些，将军就足以立身扬名了，而在官位
上是不可能再有什么加封的。如果战无不胜却不懂得适可而止，只
会招致杀身之祸，爵位也将被剥夺，正如画蛇添足一样！"

　　昭阳认为他的话有道理，就撤兵回国了，这就是著名的"画蛇
添足"的故事。通过这个故事，我们或许很难弄清楚其中具体的利
害关系，但有一点是确定的，苏秦的合纵之盟随时会破裂，而如果
张仪介入的话，问题就更简单了。

同床异梦的六国

　　张仪在啮桑主导了秦国与齐、楚的会谈之后，次年又去了魏国。
张仪的背后就是强大的秦国，因此年年遭受秦国攻击的魏国，希望
能通过张仪减少秦、魏之间的战争。但张仪此行并非是为了帮助魏
国而来的，他希望魏国能够侍奉秦国，好让其他诸侯也跟着这么做，
这就是所谓的"连横"。但老谋深算的魏惠王没有轻易倒向秦国：秦
国一直致力于攻打魏国，如今魏国就算同意侍奉秦国，秦国会忽然
对魏国好起来吗？还不如参加"合纵"呢。秦国一看魏国不听话，
就攻打了魏国的曲沃和平周，这让张仪的话更添了分量。经过这一
段时间，老政治家魏惠王死了。

　　那么，秦国展开连横攻势的时机成熟了吗？在张仪活动的时候，
苏秦也没有闲着。关于公元前318年和公元前317年的情况，史书
中有如下的记载：

・公元前318年

　　　　七年，乐池相秦。韩、赵、魏、燕、齐帅匈奴共攻秦。

　　　　秦使庶长疾与战修鱼，虏其将申差，败赵公子渴、韩太子奂，

斩首八万二千。(《史记·秦本纪》)

十一年，苏秦约从山东六国共攻秦，楚怀王为从长。
至函谷关，秦出兵击六国，六国兵皆引而归，齐独后。(《史
记·楚世家》)

七年，五国共击秦，不胜而还。(《史记·六国年表》)

· 公元前317年

八年，张仪复相秦。(《史记·秦本纪》)

秦国：八年，与韩、赵战，斩首八万。张仪复相。
魏国：二年，齐败我观泽。
韩国：十六年，秦败我修鱼，得韩将军申差。
赵国：九年，与韩、魏击秦。
齐国：七年，败魏、赵观泽。(《史记·六国年表》)

(怀王)十二年，齐湣王伐败赵、魏军，秦亦伐败韩，
与齐争长。(《史记·楚世家》)

综合分析这些记载，我们几乎可以预见到未来形势的发展。首
先，秦国所攻击的对象是天下的联合军。不仅包括六国，甚至还有
匈奴。匈奴是兴起于北方的一支游牧民族，被称为"胡"，他们的士
兵都是骑兵。我们知道秦国和赵国有骑兵，但对于中原地区来说，
此时骑兵尚未普及。

如果六国和匈奴联手攻打秦国，后方的义渠也趁机偷袭秦国，
怎么办呢？这完全有可能发生。《战国策·秦策》里记载了从秦国回

到魏国的著名说客公孙衍和义渠王之间的一段对话①。公孙衍、陈轸等人名是不准确的，暂且无视，让我们看看到底发生了什么。

义渠国的国君来到魏国，（当时在魏国从政的）公孙衍对他说："道路遥远，今后我不太可能再看到大王了，请让我告诉大王事情的实情。"义渠君说："寡人愿意听听先生的意见。"公孙衍说："如果中原的国家（山东诸国）不讨伐秦国，那么秦国就要毁灭大王的国家；如果中原的国家对秦国发起战事，那么秦国马上就会赠送贵重的礼物来侍奉贵国，以求得贵国的援助。"义渠君说："谨听从先生的命令。"

不久之后，五国联合攻打秦国时，陈轸还在秦国，他对秦王说："义渠君是蛮夷之地最贤能的国君，大王不如赠送财物去安抚他的心。"

于是秦国拿出锦绣一千匹，选出漂亮的女子一百人，赠送给了义渠君。但义渠君却召集臣子们计议说："这就是公孙衍所说的情况了。"于是出兵袭击秦国，秦兵在李帛这个地方惨败。

① 据《史记·张仪列传》的记载，这一段对话是在六国攻打秦国之后，五国再次攻打秦国时发生的。但据《史记·秦本纪》和《史记·六国年表》的记载，孟尝君率领五国再次攻秦发生在公元前298年。公孙衍于公元前333年登上历史舞台，他不太可能会一直活动到公元前298年。实际上，《战国策》里的谬误颇多，因此以人名推测年代意义不大，从历史背景来推测年代反而更加可信。秦国一向睚眦必报，六国和匈奴攻打秦国的事情过去四年以后，秦国拿下了义渠的二十五座城邑，这件事情出现在《六国年表》关于秦国的记载之中，而这一部分是最具可信性的史料。那么，应该说义渠是参加了这次六国伐秦的战争的。笔者并不认为这段故事发生在公孙衍在魏国、陈轸在秦国之时。陈轸被张仪挤对走了以后去了楚国，他一直在为楚国出谋划策的。《史记·韩世家》里就出现了许多当时陈轸为楚国谋划的计策。当然，即便这段话并非公孙衍或陈轸所说，但也不会对重要的史实造成很大的影响。

总之，秦国要以天下为敌进行作战，那么秦国为什么能够打败天下这么多国家呢？答案是因为六国的同床异梦。楚国明明是合纵的盟主，在六国共同攻打秦国之时却发生了一件滑稽的事情：只有齐国坚持到了最后。为什么会产生这种现象呢？实际上，楚国在合纵方面，并不像魏、韩那么积极。因为楚国不像魏、韩，整日受到秦国的攻击。可是和秦国并不接壤的齐国都坚持到了最后，三晋（韩、赵、魏）的军队却半路都逃走了，这无疑暴露出三晋的机会主义特点，以后齐国很明显不会再信任三晋了。

为了探究三晋的机会主义特点，我们先来看一下《史记·韩世家》里对当时状况的描写。

宣惠王十六年（公元前318年），秦军在脩鱼打败我们[1]（指韩国），在浊泽俘虏了我国将领宦和申差。我国情况危急，相国公仲侈对我王说："盟国是不可靠的。如今秦国想征伐楚国已经很久了，大王不如通过张仪向秦王求和，送给它一座名城，并准备好盔甲武器，和秦军一起向南征伐楚国，这是用一失换二得的计策。（以一易二之计，意思是既可以避开秦国的攻击，又可以攻打楚国获得利益。）"

于是韩王同意了相国的建议。所谓的同盟，不过如此而已。面对其他国家的变化无常，难道楚国就没有什么对策吗？楚王听说韩国打算贿赂秦国的消息以后大惊失色，召见陈轸，把情况告诉了他。陈轸回答说：

秦国想攻伐我已经很久了，现在又得到韩国的一座名

---

[1] 在描写韩的时候，《战国策·韩策》有时候称为"韩"，有时候称为"我"。春秋战国时代的编年体史书将本国称为"我"，这种句子极有可能是直接援引自其他史书草稿，因此可信程度更高。

城，并且还准备好了盔甲武器，秦、韩合兵攻伐我，这是秦国梦寐以求的，如今已经实现了，我一定会受到侵伐。

那么楚国应当采取什么样的对策呢？

先在全国加强警戒，发兵声言援救韩国，让战车布满道路，然后派出可信的使臣，多给他配备车辆，带上厚礼，让韩国相信大王是在救他们。

他的如意算盘是让韩国相信楚国会派出援军，让韩国与秦军战斗到底，最后、秦韩之间的怨恨加深。于是，楚怀王就按照陈轸的建议，向韩宣惠王传话：

敝国虽小，但已经把军队全派出来了。如果贵国（韩国）能对秦表现出自己的意志（同秦国作战），敝国国君将让我军为韩国死战。

楚国使臣转达完楚王的话以后，多疑的公仲侈就跳起来反对说："楚国只是假装来救我罢了。"但韩王已经被楚国的巧言令色所欺骗，真的和秦国死战到底。最后，韩国遭受了惨烈的失败。

从上面的记载中，我们还可以看出，在韩国遭受彻底失败时，齐国又背叛盟约，去攻打了魏国和赵国。齐国也有自己的理由：齐国本来和秦国就没有什么直接的仇恨，却仍然相信了合纵的盟约，坚守了自己的位置，然而三晋却带头逃跑了，齐国对此非常失望。总之，同床异梦的六国联合在秦国的实力面前，溃不成军。

接下来，张仪会采取怎样的措施呢？在合纵联盟已经破裂的情况下，苏秦的命运又会如何呢？

4. 张仪说魏——魏国是天然的战场

现在秦国的凝聚力和山东诸国的一盘散沙都暴露了出来。张仪接下来要为与秦国连横之事，游说魏王。他游说的对象是魏襄王。他刚刚即位就切实感觉到合纵的不可靠。

张仪首先强调了魏国土地难以防御的不利之处。魏国的四方被敌国所包围，防守费用太过庞大：

> 贵国的领土方圆不到千里，士兵不超过三十万。地势四面平坦，四方与诸侯通达，犹如车轮辐条都集聚在车轴上一般，更没有高山深川的阻隔。从郑（韩国的首都新郑）到大梁，不过百里；从陈国到大梁，也只有二百余里。马驰人跑，不等疲倦就到了贵国。贵国南边与楚国接壤，西边与韩国相对，北边与赵国接境，东边与齐国相邻，贵国士兵要戍守四方的边界。守卫边境堡垒的人排成了队列，用船运送军粮也需要不少于十万的人力。贵国的地势，本来就是一个战场。

魏国的地形本身适合作战，因此不可能将四方都包围并守住。无可奈何之下，魏国只得和诸侯国缔结联盟。那么，魏国究竟要和哪些国家联手，保卫自己的国家呢？张仪继续无情地揭露了魏国的实际情况：遗憾的是，对于魏国来说，任何联合都是不利的。

> 如果贵国向南亲近楚国而不亲近齐国，那齐国就会进攻贵国的东面；向东亲附齐国而不亲附赵国，那赵国就会由北面进攻贵国；不和韩国联合，那么韩国就会攻打贵国的西面；不和楚国亲善，那贵国的南面就会危险了，这就是人们所说的四分五裂的方法（如果以这种方式联合的话，那么

国土就会四分五裂)。

下面张仪所特有的说话方式就要登场了，他一针见血地指出了魏国的弱点，对于已经尝到败北滋味的魏国来说，张仪的话所带来的痛楚会更真切。父母子女之间还会为利益而争吵，对于同床异梦的山东诸国，魏国凭借什么去相信呢？魏王您不也是结盟时很积极，而作战时却不战而逃了吗？然后张仪便开始直接攻击苏秦了：

> 再说诸侯组织合纵阵线，是为了使社稷安定、君主尊贵、兵力强大、名声显赫。合纵的国家想要联合诸侯，结为兄弟，在洹水之滨宰杀白马为誓，以示坚守信约。然而，同一父母所生的亲兄弟，尚且还有争夺钱财的呢。而大王却想依靠欺诈虚伪、反复无常的苏秦提出的低级计策，这明显是不可能成功的。

那么，张仪为魏国提出了怎样的对策呢？张仪首先指出魏国应当侍奉秦国，否则魏国会最先灭亡，这简直是赤裸裸的威胁：

> 如果大王不侍奉我国，我国将发兵进攻河外，攻击卷、衍、南燕、酸枣等地，胁迫卫国夺取晋阳，那么赵国就不能南下（支援贵国）了；赵国不能南下，那么贵国也就不能北上联合赵国；贵国不能联络赵国，那么合纵的通道就断绝了；合纵的通道一断，那么大王的国家再想避免危险就是不可能的了。再有，我国若是挟制韩国来攻打贵国，韩国迫于我国的压力，一定不敢不听从。秦、韩结为一体，那贵国灭亡之期马上就会来临，这就是臣为大王担心的原因。臣替大王考虑，不如侍奉我国。贵国侍奉我国，楚、韩必定不敢轻举妄动；没了楚、韩的侵扰，大王就可以高枕无忧

了，国家也一定不会有忧患了。

张仪的意思是，秦国可以沿黄河而下，攻破魏国的堡垒，切断韩国和魏国的交叉地区，再切断赵国南下的道路，然后攻击魏国。他指出韩、魏之间的地势呈 X 形交叉，这是非常不利的，而且赵国因太行山脉的阻隔，南下的通道有限，这也是赵国的弱点。

接下来，他又悄悄地转换了话题，说秦国的攻击目标并非魏国而是楚国。张仪表示秦国会攻击楚国，请求魏国成为秦国的友邦，这样，魏国不仅可以免受秦国的攻击，更可以从楚国获得土地：

> 再说，敝国想要削弱的莫过于楚国，而能抑制楚国的又莫过于贵国。楚国虽然有富足强大的名声，但实际上空虚得很；它的士兵虽然多，但大部分容易逃跑败退，不敢打硬仗。如果出动贵国军队向南讨伐，必定能战胜楚国。这样看来，让楚国亏损而贵国获益，攻打敝国而取悦敝国，转嫁灾祸、安定国家，这可是件大好事啊。大王如果不听臣的意见，敝国的士兵出兵向东进攻，那时即使想侍奉敝国也为时已晚了。

张仪又接着攻击起了图谋合纵之人，指出他们虽然话说得好听，貌似忠臣，实际上却被利益蒙蔽了双眼：

> 况且主张合纵的人大都夸大其词，不可信赖。他们说通一个诸侯国的君主，外出就能乘坐那个君主赏赐给他的车子；同一个诸侯订了盟约成功，返回本国就成就了封侯的基业。所以天下的游说之士，没有不日夜都捏着手腕、瞪着眼睛、咬牙切齿地高谈阔论合纵的好处，以此来游说君王的。君王们听了他们的巧辩，被他们的说教所牵动，怎

能不迷乱呢？臣听说，羽毛积累起来也可以压沉船只，很轻的东西堆积起来也可以压断车轴，众口一词足以熔化金属（众口铄金），所以请大王仔细考虑这个问题。

实际上，韩国已被秦国打得落花流水，而楚国虽作势要帮助韩国，实际上却袖手旁观。当秦国攻打韩国之际，齐国也将军队瞄向了韩国，赵国虽仍勉强与韩国联合在一起，可赵国又败给了齐国。在这种情况下，如果秦国肯代替魏国攻打楚国，那么，魏王不可能不欣然同意。魏襄王因为张仪这番卑鄙的言辞而接受了他的提议：

> 寡人愚蠢，以前的策略失算了。请允许敝国自称为贵国东方的藩国，给贵国国王修建行宫，接受贵国的冠带，举行春秋祭祀，并献上河外的土地。[①]

由于国土的形状和位置，魏国究竟投入了多少费用呢？秦国位于关中地区，因此在戍守国家方面不用投入太多的费用，剩下的财力便可以用于战争了。秦国通过战争创造了大量的土地和爵位，并将这些土地和爵位奖励给了战士。圆形的土地规模越大，相对于收益，戍守它所耗费的费用就会越多；国界线越是歪斜，相对于收益，戍守它所耗费的财力就会越少。费用消耗增大，但收益却没有增多，这种情况应该怎么办呢？答案是应该再从别的地方获取收益。由于西方的秦国太过强大，因此战争只能面向东方进行，这就是蝴蝶效应。当欧洲人来到美洲以后，印第安部落之间就发生了战争，而欧

[①] 这部分引用自《战国策·魏策》。大概的意思能够说得通，但可以确定的是"献上河外的土地""为秦王修建行宫"是后来添上的，因为当时魏国的状况还没到这个程度。《战国策》里苏秦和张仪的论述结束以后，君王回答的部分经常不符合当时的历史状况，这一部分大概是后世的编纂人添上的。后文再出现类似的情况时，我们将采用其大概的意思，并指出一些具体的错误。

亚大陆的草原上也曾经发生过类似的事情。匈奴去攻打月氏，月氏就向西迁移去攻打其他的国家。当秦国一举攻打魏国和韩国之时，东方发生了怎样的波及效应呢？

5. 合纵主义者最后的辩论——我乃积极进取的士子

苏秦在燕国出仕，但他的主要活动则是为赵国谋求合纵。可如今，齐国、楚国都背叛了赵国，甚至连魏国也背叛了赵国，合纵相当于已经破裂了。在这种情况下，苏秦还能留在赵国吗？赵王会责备苏秦，也是情理之中。因此，苏秦感到很恐惧，便离开赵国回到自己的根据地燕国去，并发誓说："我一定会向齐国报复的。"

苏秦离开赵国以后，合纵联盟便瓦解了，这件事情发生在公元前 317 年[①]。

苏秦回到燕国之后，又会得到怎样的待遇呢？苏秦回到燕国之后，燕易王迎接了他。燕易王还是太子的时候，就和秦惠王的女儿成婚了。

我们先来看《史记·苏秦列传》里的记载：

> 易王刚刚登位，齐宣王趁着燕国发丧之机，攻打燕国，一连攻克了十座城邑。易王对苏秦说："从前先生到我国来，先王资助先生去见赵王，于是才约定六国合纵。如今齐国

---

① 笔者在前文曾部分地修订了苏秦的活动年代。这里笔者再次根据历史背景，对《史记·苏秦列传》和《战国策》的记载进行了部分修订。据《史记》的多处记载，苏秦的六国合纵瓦解的时间很明显是在公元前 317 年，而且齐国攻打赵国和魏国的时间也是在公元前 317 年。这条结论是基于《史记·六国年表》、各世家和《史记·秦本纪》为基础得出的，而《史记》里的这些部分比列传要准确很多。《史记·秦本纪》的准确性可以通过《睡虎地秦墓竹简》的编年纪事进行确认。

首先进攻赵国，接着又打到我国，先生因此被天下人耻笑，先生能替我国收复被侵占的国土吗？"苏秦感到非常惭愧，说："请允许我为大王收复失地。"

就这样，苏秦沦为守势，甚至必须为生存而谋划，这并不符合前文记载里的部分逻辑①。司马迁推测说，联合军攻打秦国失败以后，苏秦就立刻离开了赵国，这一推测委实高明，因为联合军攻打秦国确定无疑地发生在公元前318年。

那么，当时究竟发生了什么事情呢？第一种可能就是，所谓的十座城邑不过是夸张的说法。公元前317年，齐国攻打了赵国之后，有可能会威胁到燕国。既然合纵已经破裂，于是最早参加合纵的燕国也受到了齐国的惩罚。第二种可能就是，燕国受到齐国的攻击实际上是很久之前的事情了，是燕易王登基时受到当时齐国在位的君王（齐宣王之父）的攻打，事情已经过去了好久，燕易王这时提出让苏秦去解决此事，是因为燕易王并不喜欢合纵失败后回到燕国的苏秦。笔者支持前者的观点。这件事情发生在公元前317年，但其他相关事情的年代依然模糊不清。无论怎样，我们都可以根据史实推测出，苏秦在公元前317年回到燕国，而燕国并不欢迎苏秦。当然，我们可以忽略年代的问题，接着用《战国策·燕策》中的内容补充后续的故事。苏秦带着收复失地的艰巨任务向齐国出发了。

苏秦见了宣王，先拜了两拜表示祝贺，接着就仰头痛悼。宣王惊得手按铁戈向后退了几步，问道："先生这是怎么回

① 如果按照《竹书记年》的记载重新整理齐国的世系，我们会发现，齐宣王于公元前319年登基，而燕易王的父亲燕文公死于公元前333年，可见齐宣王并没有利用燕国的国丧攻打燕国，也有可能齐宣王或燕易王的名字有误。《战国策·燕策》的内容往往不顾年代记载和前后背景，司马迁在根据历史背景整理年代的时候，用的是错误的齐国世系表，而且没有修订《战国策·燕策》的谬误，因此才会出现这样的错误。

事，为什么先贺喜接着就吊丧呢？"苏秦答道："人饥饿的时候，之所以不吃乌喙（一种毒药），是因为即使它能让人暂时填满肚子，却会令人面临死亡的祸患。如今燕国虽然弱小，但也是强秦的翁婿之邦，大王贪图十座城邑的便宜却和强大的秦国结下了深仇。现在如果以弱小的燕国军队做先锋，列成大雁一样的行列（雁行）前来，而强大的秦国做后盾，从而用天下的精兵攻击您，这与吃乌喙充饥是一类情况。"

齐宣王问道："既然如此，该如何是好呢？"苏秦回答说："圣人做事，能够转祸为福，因败取胜。（中略）大王如能听从臣的意见，不如归还燕国的十座城邑，并用谦恭的言辞向秦国道歉。当秦王知道大王是因为他的缘故而归还了燕国的十座城邑时，一定会感激大王；燕国平白无故收回十座城邑，也会感激大王，这样，大王既避免树立强敌，又建立了深厚的友谊。再说，燕、秦都会讨好贵国，那么大王发号施令，天下诸侯又有谁会不听从呢？这等于大王用一句话就让秦国依附，又以十座城邑取得天下的支持，这可是霸主的事业。"齐宣王听后认为苏秦说得很对，于是把燕国的十城送还。

上面的这段话虽然有些夸张，但大概的意思是很明确的。齐国攻打燕国会刺激到和燕国结成翁婿关系的秦国，因此苏秦劝齐国收手。苏秦如今已经从合纵后退了一大步，转而以保卫燕国为主要任务了。

然而，大臣们对苏秦的诽谤却没有停止。苏秦以使者的身份到诸国游说，就已经被卷入到了许多口舌是非之中，而且他原本只是一介游子，并无根基。如今合纵失败，会有多少人去诽谤他呢？对于燕王的怀疑，苏秦曾进行过反驳，这段论述在《战国策·燕策》和《史记·苏秦列传》中都有记载，《三国志》中的英雄曹操对苏秦的这段话似乎也感触颇深。在这段论述中，苏秦强烈地剖白了自己的积极进取性。让我们以《战国策·燕策》为基础，聆听苏秦最后的辩论吧。他辩白自己是一名爱国者，一心为燕国谋划。

燕国的大臣们诽谤苏秦说："苏秦是天下最不讲信义的人。大王是万乘之尊，对待他却非常谦恭，在朝廷上推崇他，这是大王在向天下人表示自己与小人为伍。"

苏秦从齐国归来，燕王听了大臣们的诽谤，竟然不让他进官舍，因为燕王怀疑苏秦在为齐国做事。于是苏秦反驳说："臣本是东周的一介卑贱之人，刚来拜见大王时没有半点儿功劳，但大王却到郊外去迎接臣，使臣在朝廷上地位显赫。现在臣为大王出使齐国，取得了收复十座城邑的利益，挽救了危亡之中的国家。臣立下了功劳，可是大王却不再听臣的话，一定是有人说臣不守信义，在大王面前中伤臣。其实，臣不守信义，那倒是大王的福气。假使臣像尾生那样讲信用，像伯夷那样廉洁，像曾参那样孝顺，以这三种天下公认的高尚操行来为大王效命，可以吗？"燕王说："当然可以。"苏秦说："有这样的品性，臣也就不能侍奉您了。"

燕王问："为什么呢？"苏秦道："臣要像曾参一样孝顺，道理上就不能离开父母在外面歇宿一夜，大王又怎么能派臣到齐国去做使臣呢？像伯夷那样廉洁，不吃白食，认为周武王不义（指的是周武王认为殷商无道而讨伐它这件事），不做他的臣下，又辞让孤竹国的君位，饿死在首阳山上，廉洁到这种程度，又怎么肯步行几千里，来侍奉弱小燕国处于危境的大王您呢？如果臣有尾生的信用，和女子约会在桥下，那女子没来，直到水淹上身也不离开，竟然抱着桥柱被淹死，讲信义到这种地步，怎么肯到齐国去宣扬燕、秦的威力，并取得巨大的功绩呢？再说讲信义道德的人，都是用来自我满足，不是用来帮助他人的。所以这都是自我满足的方法（自覆之术），而不是谋求进取的途径（进取之道）。再说三王交替兴起，五霸相继兴盛，都是因为他们摆脱了自我满足。

"君主可以自我满足吗？那样的话，我国就会止步于营丘之地不再扩大，大王也不能越过楚国边境，不能窥探边城之外了。况且臣在周地还有老母，远离老母来侍奉大王，抛弃自我满足的处世方法，寻求进取之道。看来臣的志趣本来和大王您不相同，大王是自我满足的君主，而臣是谋求进取的臣子，这就是臣因为忠信而得罪于大王的原因啊。"

苏秦的话道出了当时为诸国做事的游说之士所面临的困境。由于他们以谋略为本，所以从一开始就会遭到怀疑。但是苏秦警告燕王不要忘记当下处于战国时代："大王所需要的，只不过是臣的能力而已，并非臣的道德，难道不是吗？"

《论语》中孔子曾经这样说道：

> 子曰：不得中行而与之，必也狂狷乎，狂者进取，狷者
> 有所不为也。

所谓的狂者，就是像苏秦这样主动谋划、积极进取的人，乱世之中需要的就是这样的人才。正如前文所指出的那样，苏秦联合六国的计划，如今已缩小为以燕国为中心的东方外交。从苏秦凄怆的言辞中我们也可以察觉到，苏秦的时代已经过去，张仪的时代就要来临了。

第 3 章

张仪击破合纵之约

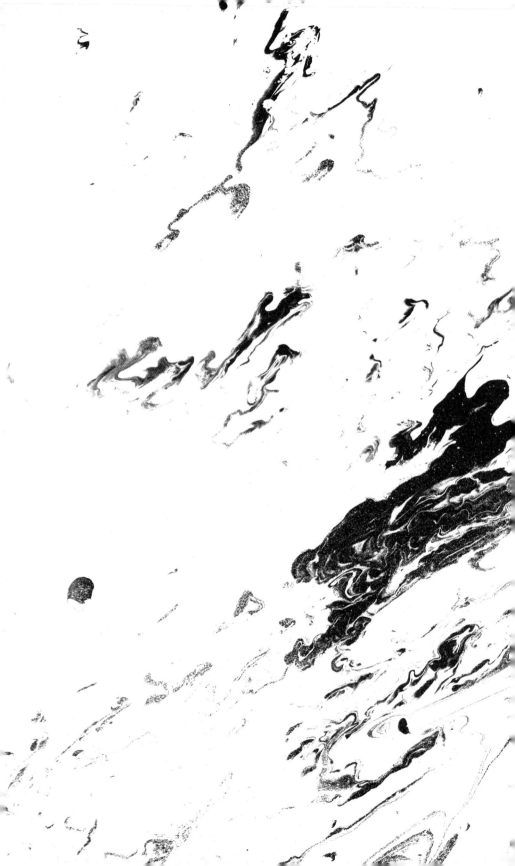

苏秦六国联盟的计划失败了，如今，他只能从中原的赵国回到燕国和齐国，再也没能策划出大规模的合纵，变成了寓于一隅的游说家。而张仪的远大计划才刚刚开始，他首先瞄准的是楚国。

苏秦所提出的六国合纵计划虽然从整体上说是失败了，但也有部分遗留了下来，一些相对不存在直接冲突的国家相互联合了起来，比如楚国与齐国、韩国与魏国、韩国与赵国。张仪在攻打魏国之后，软硬兼施地说服了六国。苏秦游说的背后缺乏力量的支撑，而张仪的背后却是秦国锋利的刀枪。这时秦国又获得了一片富饶的土地，也就是蜀地。获得蜀地之后，秦国便可以在地位上凌驾于楚国之上了。那么张仪是如何削弱楚国的呢？

下面我们就去看一看张仪是如何击破楚国的，秦国的举动是如何变幻莫测的。张仪接下来要一一击破苏秦在各国树立起来的威信了。

1. 秦伐蜀——追逐西海的利益

东汉的光武帝曾言"人苦不知足，既平陇，复望蜀"，感叹人的欲壑难填，可光武帝本人最终还是拿下了蜀地。从战略上来讲，得到陇地之后就希望得到蜀地，是情理之中的。如果左手握着关中，右手握着陇地，就会恰好对蜀地形成包围之势。入蜀的道路有两条，其一是通过关中，其二是通过陇地。那么，入蜀以后形势又会怎么样呢？答案是：此时右手握着蜀地，左手伸到丹水，就会对楚国的首都郢形成包围之势。

在写作这一系列著作之前，笔者曾经多年行走于蜀地，观察蜀地的地形。笔者的感受是：强者占领蜀地，可以凭其获得天下；而弱者获得蜀地，却会被束缚在此，再不能施展手脚。在喜马拉雅山脉的东头、秦岭南侧山势忽降的地方、云贵高原以北高原忽然消失的地带，有一片辽阔的盆地，人们通常将其称为"蜀"，相当于今天的四川一带。盆地四面环山，从山上流淌下来的河流让这里无干旱之忧，在这里形成一片冲积平原。在殷商时代，这里就已经产生了与中原相媲美的青铜器文明，而且他们不必担心中原人的侵扰，因此，当地的文化与西部高原地带的文化相融合，创造出了独特、灿烂的"蜀文化"。

生活在蜀地东面的巴人也形成了自己的独特文化，他们生活的地方就是今天的重庆地区。巴地重山叠嶂，常年高温湿润，河谷里草木繁盛、鸟兽繁多，河内鱼类丰盛，哺育了众多的人口。

如将岷江水引入四川平原，足以供数百万人使用，这片土地开发出来以后，实际生产能力比关中地区还要高。今天，巴蜀地区大约生活着1.3亿多人口，而据《汉书·地理志》的记载，汉代巴蜀地区的户数和人口数大体如下，相信战国时代的数据也不会有太大的出入。

· 广汉郡：17万户，人口66万

· 蜀郡：27万户，人口125万

· 益州郡：8万户，人口58万

· 巴郡：16万户，人口71万

在此基础上再加上汉中的10万户、30万人口，秦国只要从3户中选出1人，就可以组建一支至少有20万壮丁的军队，足以巩固对蜀地的占有权。

因此，后世的刘邦以蜀地为基础东山再起，诸葛亮的"天下三分之计"也将蜀地视为一支重要力量。然而，真正充分利用巴蜀价值的，却是统一三国的司马氏晋朝。三国时期，蜀国屹立不倒时，魏国是没有办法图谋吴国的。等蜀国倾覆之后，西晋从蜀地乘船顺流而下，从西面、北面一举拿下了吴国。在大规模的作战中，船只行动迅速、有效，可以毫不费力地运输军粮、士兵甚至是战马。在长江上用船来作战，占据上游的人是处于绝对有利位置的。

我们再次回到战国时代。楚国背靠长江，船只一直都是楚国的好伙伴，然而，如果蜀地落入秦国之手，那么船只就会变成楚国的灾难。现在秦国正伺机夺取蜀地，如果秦国将蜀地纳入版图，那么楚国的地位就会一落千丈。

张仪刚从魏国回来，就得知了从辛传来的好消息。苴国和蜀国相互攻打，而且都到秦国请求支援。在攻蜀之前，秦国的朝廷上展开了一场激烈的辩论。在此之前，张仪就曾主张先去攻打东方，暂缓攻打蜀国。当然，他并非不懂得蜀地的重要性，只是因为这时韩国恰好在侵犯秦国，实际上张仪所主张的并非重新去攻打韩国，而是要求继续与韩的战争。张仪主张伐韩，而司马错则主张伐蜀，那么他们的辩论是如何展开的呢？下面我们就简单地看一下《史记·张仪列传》对这场辩论的记载。

张仪主张率领卫国、楚国攻打韩国，以威胁周王室。他说："我们先和魏国相亲、与楚国友好，然后进军三川，堵绝什谷的隘口，挡住屯留的要道。这样，使魏国到南阳的通道断绝，让楚国出兵逼近南郑，我军进击新城和宜阳，径直逼近西周和东周国的城郊，讨伐周王的罪恶，再攻占楚、魏的土地。周王自己知道没办法挽救，一定会献出传国的九鼎宝物。（中略）如今，蜀国是西方偏僻的国家，如戎狄一般的落后民族，即便搞得我们的士兵疲惫、百姓劳苦，也不能够扬名天下，我们夺取它们的土地也得不到什么实际好处。臣听说，追求名位的人要到朝廷去，追求利益的人要到市场去。如今，三川和周室就如同市场和朝廷，大王不到周室去争夺，反而要到戎狄一类的落后地区去，这就离帝王的功业太远了。"

司马错不同意张仪的意见。归纳起来，司马错反驳的理由就是：秦国攻打蜀国，诸侯不会介入，但秦国若去招惹周王室，诸侯一定会介入，而且蜀地极富价值，值得秦国去攻打、占领。

司马错说："不是这样的。臣听说，想使国家富强的人，一定要开拓疆土；想使军队强大的人，一定要使百姓富足；想统一天下的

位于秦蜀交界的剑阁 "蜀"相当于今天的四川一带，是一片从无干旱之忧的冲积平原。这块盆地地理位置偏僻，因此较少受到中原人的侵扰，当地的文化与西部高原地带的文化相融合，形成了独特的"蜀文化"。

人，一定要广施恩德，具备了这三种条件，帝王大业也就水到渠成了。如今，大王的疆土还很狭小，百姓还很贫穷，所以臣希望大王先做些容易办到的事情。蜀国虽是西方偏僻的国家，却是戎狄的领袖，那里正在发生类似夏桀、商纣的祸乱。出动我国强大的军队去攻打它，就好像让豺狼去驱赶羊群一样。占领了它的土地就可以扩大我国的疆域，夺取了它的财富就可以使百姓富足、整治军队。用不着损兵折将，他们就已经屈服了。攻克一个国家，天下人不认为我们残暴；把西海（河流较多的蜀地）的全部财富取尽，天下人不认为我们贪婪，我们这一出动军队，使得声望、实利都有增益，还能享有平定（蜀地）暴乱的好名声。如今去攻打韩国，劫持天子，只会损害我国的名声，未必能得到好处。而且以不义之名攻打天下所不希望攻打的国家，我国就危险了。"

秦惠王拉着司马错的手说："说得好，寡人听先生的。"

秦国在出兵讨伐蜀国的当年（前316）十月就攻占了蜀国，贬谪了蜀王，改其封号为蜀侯。秦国派遣陈庄出任宰相，负责蜀地的政治。果然，蜀国归顺秦国后，秦国因此更加强大、富足。那么，张仪要如何利用蜀地呢？

2. 纵横家

接下来，我们要目睹一起战国时代最著名的诈骗事件。这起诈骗事件极其重要，因为经此一事，使当时自负与秦国力量比肩的楚国遭受了重创，再也无力东山再起，而这起诈骗事件的主人公正是张仪。

我们首先来看一段最可信的记载。根据《史记·秦本纪》的记载，公元前313年，秦国攻打赵国，夺取了赵国的蔺邑，同年，张仪赴楚。张仪为什么要到楚国去呢？张仪在魏国时曾强迫魏国放弃合纵，如今他再次背负起击破合纵的任务来到楚国，这次他想破坏的是齐楚联盟。关于这一段历史，《史记·张仪列传》与《战国策·秦策》中的内容大同小异，但《战国策·秦策》的描述更加具体，在此我们就通过《秦策》来了解一下当时的情况。

有一次，秦惠王忧虑地对张仪说："寡人想发兵攻齐，无奈齐、楚两国关系密切，请贤卿为寡人考虑一下，该怎么办才好呢？"

秦惠王为什么会这么忧虑呢？因为公元前314年，天下发生了一件大事，即齐国占领了燕国。关于这一事件的来龙去脉，笔者将在下一章中向读者详细讲述。确实，秦国是绝对不能容忍齐国坐大的，而秦国的这种态度在二十年后，齐国伐宋之时也有体现。可是，秦国攻打齐国并非易事，因为秦军需要经过韩、赵、魏三国的地盘。因此，张仪想游说楚国放弃与齐国的联盟，而且秦国在攻打楚国之后也确实能够获得一些实际利益。我们可以将秦惠王的话理解为：
"寡人想发兵攻楚，无奈齐、楚联盟，令人担忧。"

张仪很痛快地回答说："请大王为臣准备车马和金钱，让臣去南方游说楚王试试看！"

于是张仪去了楚国。那么他赴楚的葫芦里，到底卖的是什么药呢？张仪是秦国的重要人物，楚怀王对他的招待可谓极其用心。张仪见到楚怀王之后说："敝国国君最敬重的人莫过于大王了；我所最愿为之做臣子的，也莫过于大王了；敝国国君所最痛恨的君主莫过于齐国；而我张仪最不愿侍奉的君主也莫过于齐王了。

"如今齐王的罪恶，对敝国国君来说是最深重的，因此敝国准备发兵征讨齐国，无奈贵国跟齐国交好，因此敝国国君就不能听从大王的吩咐，我也不能做大王的臣子。如果大王能跟齐断绝邦交，臣便请敝国国君献上方圆六百里的商於之地。如此一来，齐就失去了援助，必定走向衰弱；齐国一旦走向衰弱，必然听从大王的驱使。那么，大王在北面削弱了齐国的势力，在西面可以对敝国施有恩惠，同时还获得了商於之地的利益，这是不是一举三得的上策呢？"

这简直是飞来的横财啊，竟然可以白白获得六百里的土地！只要获得了商、於的土地，汉中也就不足为虑了。因此，楚怀王非常高兴，赶紧在朝中宣布："寡人已经从秦国得到商、於六百里肥沃的土地了！"

群臣听了怀王的宣布，都一致向怀王道贺，唯独谋士陈轸没有。怀王就很诧异地问他："寡人不发一卒，也不伤一名将士，就得到商、於六百里的土地，寡人自认为够聪明的了！各位士大夫都来道贺，唯独先生不道贺，这是为什么？"陈轸回答说："依臣看来，大王不但得不到商、於六百里的土地，反而会招来祸患，所以臣才不敢随便向大王道贺。"楚怀王问："为什么呢？"陈轸回答说："秦王之所以重视大王，是因为大王和齐国交好。如今，土地还没有得到，大王就先跟齐国绝交了，这样就使我国陷于孤立无援的境地了，秦国又怎会重视一个孤立无援的国家呢？倘若让秦国先交出土地，然后我国再与齐国绝交，秦国必然不肯；倘若我国先跟齐国断交，然后再向秦索取土地，必然会受到张仪的欺骗。受了张仪的欺骗，大王必然懊悔万分；结果就是，西面惹出秦国的祸患，北面切断了齐国的后援，这样，秦、齐两国的兵都将进攻我国。"

对此，陈轸提出了具体的应对策略[①]。他说："臣妥善地替大王想出了对策，不如暗中巩固和齐国的联盟，而表面上断绝关系，并派人跟随张仪去秦国。假如秦国给了我们土地，我们再和齐国断交也不算晚。"

可是楚怀王不听陈轸的计策，他固执地说："寡人这件事情做对了！希望先生闭嘴，不要多言，只待寡人来处理这件事情。"

于是，楚怀王就派使者前往齐国宣布跟齐断绝邦交，第一个绝交使者还没回来，楚王竟急着第二次派人去。毫不掩饰他对土地的贪欲。

大凡君主对于主动送上门来的利益，都要仔细评估它的危险，何况张仪何等人耶？魏国和韩国如今受到秦国的攻击，不得不屈服于秦国，但楚国和齐国刚刚联手攻打了函谷关，怎么可以如此轻易地和齐国绝交呢？陈轸的分析是很准确的。

我们再来看事情的后续发展。张仪向楚国做出承诺以后，就回到了秦国，然后秦国立刻派出使臣前往齐国，建议齐国与秦国私下联合，孤立楚国。齐国正对楚国的做法感到很厌恶，就接受了秦国的建议。楚国急着索要土地，可张仪回到秦国之后，却推说有病在身，闭门不出，楚怀王派人到秦国去也见不到张仪。对此，楚怀王竟然愚蠢地认为："张仪是以为寡人不会跟齐国断交吗？"于是，楚怀王派勇士到宋国，借了宋国的符节，对齐国进行军事挑衅。齐宣王很愤怒，与楚国断交也就自不待言了。张仪在证实楚、齐确实断

---

① 出自《史记·张仪列传》。

交以后，才勉强出来接见楚国的索土使臣，他说："敝国要赠送贵国的土地，是这里到那里，方圆总共是六里。"楚国使臣很惊讶地说："臣听说是六百里，却没有听说是六里。"张仪赶紧郑重其事地巧辩说："我张仪在秦国只不过是一个微不足道的小官，怎么会说有六百里呢？"

这真是彻头彻尾的诈骗！使臣只能无可奈何地回到楚国，将情况报告给楚怀王。楚怀王大怒，准备发兵去攻打秦国。这时，陈轸再次站了出来。

他说："现在臣可以说话了吗？我国发兵攻打秦国，绝不是一个好办法。大王实在不如趁此机会再送秦一个大都市，跟秦连兵伐齐，如此或许可以把损失在秦国手里的土地从齐国夺回来，这不就等于我国没有损失吗？大王已经跟齐国绝交，现在又去责备秦国的失信，岂不是等于加强秦、齐两国的邦交吗？如此一来，我国必受大害！"

贪婪的人往往会搬起石头砸自己的脚。就算张仪言之凿凿，楚怀王怎能信以为真，以为楚国竟可以如此轻而易举地获得六百里土地？楚怀王的这种想法本身就是一个极大的错误。可秦国是大国，楚国也是大国，秦国怎能对楚国进行这样的欺诈式外交呢？楚怀王还是没有采纳陈轸的意见，他无法遏制自己的愤怒，终于于公元前312年宣布与秦国展开全面战争。

综合各种史书的记载来看，秦、楚首先在丹阳展开激战。楚国在战败之后，又在蓝田发动战争。当楚国在所有战争中都惨遭失败以后，又去攻打韩国的雍氏作为报复，因为此时韩国已经是秦国的友邦了。总而言之，这场激烈的战斗结果是惨淡的。综合《史记·秦本纪》《史记·楚世家》《史记·张仪列传》中的记载，当时的情况如下：

在丹阳，秦国的庶长魏章俘虏了楚将屈匄和七十多位将领，杀了楚军八万人。楚国还被秦国夺走了六百里土地，然后秦国在那里设置了汉中郡。楚国之后派出更多的军队去袭击秦国，双方在蓝田

三星堆遗址出土的文物 三星堆遗址位于四川省。通过这些文物，我们可以了解到巴蜀的青铜文化何其灿烂辉煌。这里出土了巨大的神像、青铜人面像等形状独特的青铜像，证明这里曾存在过独特的、高水准的文明。

展开大规模的激战，楚军再次大败。韩国、魏国听到楚国受困，借机南下袭击楚国，一直打到邓。楚军腹背受敌，只能撤兵。因为这次失败，楚国又割让了两座城池同秦国讲和。

由于现存的相关史书都是站在秦国的立场上记载的，因此并没有记载秦国受损的情况。可也有一些资料证明，这场战争的局势绝非一边倒，因为这是两个国家之间的全面战争，楚国肯定也有占上风的时候。楚国对韩国弃之不顾，使韩国附秦是它最大的失策，甚至连魏国都附秦攻打楚国，这对楚国造成了致命的打击。《战国策·赵策》中记载了秦王对公子他所说的一句话："日者秦、楚战于蓝田，韩出锐师以佐秦，秦战不利，因转与楚。"（从前秦、楚大战于蓝田，韩国出动精锐兵力帮助秦国，可当秦国处于不利的时候，韩国又反过来依附楚国。）

从这句话来看，韩国本来是依附于秦国的，可是楚军的攻势也很猛烈，以至于让韩国倒戈。在这场激战中，楚军并非不堪一击，而是旗鼓相当地与秦军展开激战。在蓝田不正好可以俯视关中吗？屈原通过《国殇》，表达了对在战争中勇猛作战的楚军的哀悼与叹息，楚国由于"天时怼兮威灵怒"而失败，可将士们"诚既勇兮又以武"，因此"子魂魄兮为鬼雄"。

楚怀王总是以贪欲判断形势，受感情的支配而随意行动。实际上，楚国士兵在奋不顾身地与秦军展开激战时，如果本土受到同盟国家的威胁，根本就无暇去战斗了。自春秋以来一直国富民强的楚国，就这样断送在了楚怀王的手中。

战斗并没有就此结束。我们来看一下《史记·秦本纪》中对公元前 311 年的记载：

> 秦军攻打楚国，攻占了召陵。（中略）韩国、魏国、齐国、楚国、赵国都归服秦国。张仪赴魏。

楚国战败以后，必定要与秦国讲和。可是，秦国派来怀柔楚怀王的人，竟然还是张仪。楚怀王此时恨不得立刻杀了张仪。他怎能再次出现在楚怀王的面前，要求楚国服从于秦国呢？下面我们就简单地讲述一下记载在《史记·张仪列传》中的这段令人难以置信的故事。

战争结束以后，秦国要挟楚国，要用武关以外的商於之地交换黔中一带的土地。此时，蜀地已经隶属秦国，如果楚国再把西边的关塞黔中换给秦国，那楚都郢就岌岌可危了，因此，这个要求楚王是不该答应的。但是楚怀王却是这样答复秦王的，他说："寡人不愿意交换土地，只要得到张仪，愿献出黔中地区。"

黔中地区免费送？这怎么可能呢？我们继续往下看。秦惠王听到楚怀王的要求以后，有些犹豫，但他依然很想得到那片土地。秦惠王对张仪说："那楚王恼恨先生背弃奉送商於之地的承诺，这是存心报复先生。"

可张仪却主动请缨要求前往楚国，他说："臣和楚国大夫靳尚关系亲善，靳尚能够去奉承楚王夫人郑袖。况且臣拿着国家的符节出使楚国，楚王能拿臣怎么样呢？假如臣死了能替国家取得黔中的土地，臣死而无怨。"

于是张仪出使楚国，楚怀王果然把张仪囚禁了起来，但不出张仪所料，靳尚和郑袖使尽浑身解数地将他救了出来。实际上，楚国是不敢囚禁秦国的使节的。张仪如果对楚国不满意，那么楚国就要再次受到攻击。张仪接下来要如何游说楚怀王呢？

3. 张仪说楚——秦楚应停止战争、共享利益

恬不知耻的张仪再次为秦国游说楚王[①]，他首先强调秦国的自信：

> 敝国据有天下一半的土地，兵力可以同时抵挡四方的诸侯国，山绕河围，四面皆有险阻，十分牢固。勇猛的士兵百多万，战车千辆，战马万匹，粮食堆积如山，法令严明，士卒安于危难，乐于效死。君主威严而又明察，将帅聪敏而又勇武。不用出动军队，就可以席卷常山天险，折断天

---

① 出自《战国策·楚策》。

下诸侯的脊梁，天下诸侯后臣服的先灭亡。推行合纵联盟的人，无异于驱赶群羊去进攻猛虎，弱羊敌不过猛虎，这是很明显的。

张仪刚欺骗了楚王，居然又在楚王面前大放厥词，真是傲慢极了，可他的背后有刚战胜楚国的强秦为他撑腰。下面他又怀柔楚王，建议秦、楚联盟，号令天下：

大抵天下的强国，不是敝国就是贵国，不是贵国就是敝国。如果两个国家势均力敌，相互交战、争夺，那双方就势不两立。如果大王不与敝国联合，敝国将发兵占领宜阳，通往韩国上地（韩国占领着的上党和南阳）的要道就会被切断；如果我军再攻下河东，占据成皋，韩国必然投降于敝国。韩国臣服于敝国，魏国也必然会从风而服。这样，敝国进攻楚国的西边，韩、魏又进攻楚国的北边，楚国怎能没有危险呢？

张仪的意思是，只要秦国战胜了楚国，韩、魏就会立刻攻打楚国，不知楚王有没有意识到这一点呢？接着，张仪又怂恿楚王放弃合纵：

所谓的合纵联盟，只不过是联合一群弱国去进攻最强大的国家。以弱国去进攻强国，不估量强敌的情况便轻易作战，国家贫弱而又经常发动战争，这是国家危亡之路。臣听说，军队不如敌人强大的，不要向敌人挑战；粮食不如敌人多的，不要跟敌人打持久战。那些主张合纵联盟的人，巧言辩说、夸夸其谈，赞美君主的节操和品行，只谈合纵有利的一面，不谈合纵有害的一面，贵国一旦大祸临头就措手不及了，所以臣希望大王慎重地考虑一下这些事情。

张仪还有一件威胁楚国的武器，以张仪的性格，绝对不会把这么好的武器弃之不用的，这件武器就是巴蜀：

> 敝国西有巴、蜀，用方船运粮顺长江而下，到（楚都）郢有三千多里。用方船运兵，一船可载五十人和三个月的粮食，浮水而下，一日可行三百多里，路程虽长却不费车马之劳，不到十天就到达扞关；扞关为之惊动，因而自竟陵以东，所有的城邑都要设兵防守，那么黔中、巫郡就都不是大王的领土了。敝国发兵到武关，向南进攻，则北地（北方的土地，即丹水以北的宛地等）的交通被切断，我军攻打贵国，三个月之内，贵国形势将十分危急，而贵国所依靠的诸侯援军要在半年之后才到达，这将无济于事。

然后，张仪再次摆出楚国刚刚败给秦国的事实，强调和秦国为敌，对楚国没有任何好处。楚国应当铭记：秦国比楚国更加强大。

> 依靠弱国的救援，忘记迫在眉睫的强秦祸患，这就是臣为大王所担忧的。再说大王曾与吴国交战，五战三胜灭其国，但大王的兵卒都死光了，又得远守新得之城，人们深受其苦①，臣听说，进攻强大的敌人，则容易遭受危险；人们疲惫穷困，则容易抱怨统治者。追求易受危难的功业，而违背强秦的意愿，臣暗自为大王感到忧虑。再说，敝国之所以十五年没有从函谷关出兵攻打诸侯，是因为在秘密

---

① 楚国占领吴国并非当时之事，此处当为谬误。这里也有可能是指楚国与齐国争夺旧时的吴地。

位于广安的巴王城　四川盆地边上海拔不断升高的地方，就是广安。它的东部是山地，中间是山坡，西部则相对平坦。它位于山坡和峡谷之间，战略位置十分重要，因此被称为四川东部的关塞。

谋划，有吞并天下的野心①。贵国曾与敝国交战，战于汉中，贵国被打败，通侯、执圭这样爵位的人死了七十多个，终究还是失掉了汉中。大王您大怒②，发动军队袭击敝国，在蓝田交战，又遭失败。这就是所谓的"两虎相斗"啊！敝国和贵国两败俱伤，而韩、魏两国却全力控制了后方，

①　"秦国之所以十五年没有从函谷关出兵攻打诸侯"的说法实际上并不属实，秦国一直在不停地敲打着韩国和魏国。

②　原文即为"楚王大怒"。这一段很有问题。张仪游说的对象分明是楚怀王，可他当着楚怀王的面，绝不可能说"楚王大怒"，而应该说"大王您大怒"。当然这有可能是在转写的过程中出现的笔误，否则这段文字会成为后人加工润色的证据。这一段的其他内容大体上来说是没有什么问题的，因此笔者推测，这句话极有可能是后来加上的，这段游说是在秦、楚发生了一场全面大战以后，张仪为完全打破合纵联盟进行游说时所说的。

没有比这个计策更危险的了，希望大王要深思熟虑。

然后狡猾的张仪又提起了楚国在东方的利益，他劝楚王趁秦国行动之际，攻打宋国：

敝国如果出兵进攻卫国的阳晋，必定会打开天下诸侯的胸膛，此时，大王发动全部兵力进攻宋国，不到数月，就可以占领宋国。占领宋国之后再继续东进，泗水岸边的十二个诸侯国就全为大王所有了。

张仪的这些说辞暗含阴谋，他在伺机煽动楚怀王，希望楚、齐发生战争。齐国一直觊觎宋国和泗水一带的土地，并为此狠下了一番功夫。张仪的意思是，秦国会在后方支援楚国，希望楚国在东方与齐国争夺利益，当然，楚国原本也有这种打算。本书后半部分将讲述各诸侯国围绕宋国所展开的一系列争斗，敬请期待。张仪接下来又贬低苏秦[①]：

坚持天下合纵联盟、相信合纵会使各国亲近的苏秦，被封为武安君，出任燕相，暗地里与燕王合谋进攻齐国，瓜分齐国的土地。他假装在燕国获罪，逃到齐国，齐王因此收留了他，并委任他做国相。过了两年，阴谋败露，齐王气愤，便在市场上车裂了苏秦。苏秦（的计策）一贯欺诈诬骗、反复无常，他却图谋经营天下，统一诸侯，这明显是不可能成功的。

"如今，秦、楚两国接壤，本来从地理形势上就是友好的国家。大王果真能听从臣的劝告，臣可以让敝国太子做贵

---

① 似乎已在张仪展开游说之前就死在齐国了。对于这一问题，我们将在下一章中展开论述。

国的人质，让贵国太子做敝国的人质，让敝国国王的女儿做
大王从事洒扫之事的贱妾，并献出万户大邑，作为大王的汤
沐邑（王室的直辖地），从此，秦、楚两国永结为兄弟之邦，
互不侵犯。臣认为没有比这更好的计谋了，所以敝国国王派
臣向大王呈献国书，并命令臣一定要把这件事情办成[①]。

楚怀王对此满口应承。笔者认为楚怀王应该没有说过这么鄙陋
的言辞，但这里还是将译文列出，望读者审察。[②]

　　敝国偏僻、鄙陋，寄身在东海之滨。寡人年轻，不懂
得治理国家的长远大计。如今承蒙贵客用明令教导寡人，
寡人将恭敬地以国听从。

于是，楚怀王派出使车百辆，将骇鸡犀角（可能是犀牛的一种）、
夜光宝璧献给了秦王。可见张仪是一个多么可怕的人。然后张仪破
坏合纵之约的游说之旅正式开始了。

---

① 最后一句是"故敝邑秦王使使臣献书大王之从车下风，须以决事"，但
　是意思并不是很通顺。笔者臆测，如果"之"是"以"或"而"的误
　记，那么这句话便可以理解成"敝国秦王派使者向大王呈献国书，并命
　令使臣即使要跟随大王的马车，为大王扇扇子，也一定要把这件事情办
　成"。《史记》将这段难解的话删掉了。
② 这段回答应该并非出自楚怀王之口，要么是后人添加上的，要么就与《战
　国策》的其他内容相混了。后面的句子在张仪游说齐国时也曾经出现过，
　"齐国偏僻、鄙陋，寄身在东海之滨（……托于东海之上）。"楚国不会忽
　然提及什么东海，因为楚国根本就没有东海，而且老练的楚怀王也绝对不
　会说自己"年幼"这样的话。因此，我们不必追究具体的细节，只采用其
　大意即可。

4. 张仪说中原——任何国家都不能与秦国匹敌

张仪到韩国去游说韩王与秦国连横，他开门见山地提出，韩国地形偏僻，要放弃与秦国为敌的想法：

> 贵国地势险恶，位于山区，出产的粮食不是麦子就是豆子；老百姓吃的，大部分是豆做的饭和豆叶做的菜羹。倘若哪一年收成不好，老百姓就连糟糠也吃不上。土地纵横不到九百里，粮食储备也不够吃两年。

张仪果真在韩王面前说这种话了吗？张仪的确喜欢专挑别人的痛处下手，他有可能真的会这么说。接下来，张仪向韩王强调秦国和韩国的区别：

> 估计大王的兵力总共不到三十万，其中还包括杂役和苦力，再除去守卫边境哨所的人，能作战的士兵不过二十万罢了。而敝国精锐士卒有百余万，战车千辆、战马万匹。勇猛的战士中，腾跳踊跃，甚至不戴头盔，被箭射穿面颊而挥戟向前的战士不可胜数。敝国战马优良，战马探起前蹄，蹬起后腿，两蹄之间一跃可达三寻之远，这样的战马不在少数[①]。崤山以东的诸侯军队，披盔戴甲来会战，我军却可以不穿铠甲、赤身露体地冲锋上阵，左手提着人头，右手抓着俘虏。由此可见，敝国的士兵与山东六国的士兵相比，犹如孟贲（传说中的勇士）和懦夫一般；用重兵压服六国，就像大力士乌获（也是传说中的勇士）对付婴儿

---

① 这段文字是对战马的介绍，中间有"戎兵之众"的字样，笔者认为这属于谬误，因此略过不译。

一般容易。用孟贲和乌获这样的勇士去攻打不驯服的弱国，无异于把千钧重量压在鸟蛋上，弱国肯定无一幸免。

接下来张仪又提出，韩国只是一介弱国，又和秦国接壤，如果参加合纵联盟，国家必定灭亡。张仪明目张胆地怂恿韩国率先跑来侍奉秦国：

> 各国诸侯不考虑自己兵力弱、粮食少的实情，却听信鼓吹合纵者的甜言蜜语。（他们）结党营私，相互粉饰，说什么，"听从我的计策就可以雄霸天下。"不顾及国家的长远利益，听信一时的空话，贻误君主，没有比这更严重的了。大王如果不服侍敝国，敝国必定发兵占领宜阳，断绝贵国上党的交通；东进夺取成皋和宜阳，那鸿台离宫、桑林御苑就不归大王所有了。或者秦军封锁成皋、截断上党，那大王的国土就分裂了。率先侍奉敝国，贵国就能安全，否则就危险了。制造灾祸却又想得到好报，这是浅陋的计策，只会让仇怨更深。所以，臣替大王考虑，不如侍奉敝国。

张仪前脚用韩国和魏国威胁楚国，后脚又以楚国为借口引诱韩国，接下来的内容和张仪游说魏国的内容类似：

> 敝国最希望的不过是削弱楚国，而能削弱楚国的，莫过于贵国了。这并不是因为贵国比楚国强大，而是因为贵国在地势上占有优势。如今，大王如能向西归服敝国，为敝国攻打楚国，我王一定会很高兴。这样，攻打楚国而占有它的土地，不但转嫁了祸患，而且取悦了我王，没有比这更有利的计策了。因此，我王派臣献书信一封给大王的

御史①，敬等大王决定此事。

韩王接着回答了张仪：

> 幸承贵客的教诲，寡人愿意让敝国做贵国的一个郡县，
> 修建秦王行宫，供奉春秋祭祀的贡品，自称东方的藩臣，
> 并将宜阳献给贵国。

"将宜阳献给秦国"云云，并不符合史实，但从此时起，韩国的确已经开始动摇了，退出了合纵之盟，归顺了秦国。（关于韩国打破合纵之盟的后果，笔者将在下一章中展开论述。）对于韩国来说，最要紧的就是解眼前的燃眉之急。

接下来张仪又去了赵国，赵国是实际上合纵的领袖。这段文字中有许多细节不符合当时的史实，不过我们还是来看一下。张仪游说赵国时的言辞极具挑衅性，他威胁赵国说，如果赵国不听话，秦国就会率领已经屈服的国家瓜分了它。赵国是否想与秦国对抗呢？

> 敝国秦王派臣冒昧地献书给大王的御史。大王率领天
> 下诸侯对抗敝国，致使我军不敢出函谷关已十五年了。大
> 王的威风传布于天下和山东六国，敝邑恐惧而屈服，于是
> 便修缮铠甲，磨砺兵器，整顿战车、战马，苦练骑射，勤
> 于耕作，聚积粮食，守卫四面边疆，处在忧愁恐惧之中，
> 不敢轻举妄动，唯恐大王有意责备敝国的过错。现在，敝
> 国仰仗大王的威力，西面攻占了巴、蜀，兼并汉中；东面

---

① 原文是"是故秦王使使臣献书……"，可以解释为"因此秦王派使臣献书信一封……"。但是，张仪本身就是秦国派到韩国的使臣，称呼自己为"使臣"有些奇怪，因此，这里应当是"是故秦王使臣献书"，也就是去掉一个"使"字。

征服东、西二周，把象征天子的九鼎运移到西方，扼守白马渡口。^①敝国虽然地处僻远，但是心怀愤恨已经很久了。如今，敝国的国君有破旧的铠甲和并不锋利的兵器，军队驻扎在渑池，希望渡过黄河，越过漳水，占领番吾，与贵军会战于邯郸城下。敝国国君希望在甲子之日交战，以纠正殷纣王般的暴政，恭敬地派臣将此事先敬告大王的左右。

张仪的意思是，秦国将效仿西周讨伐殷纣王的举动，来讨伐赵国。对此，赵武灵王必定感到很不可理喻：难道张仪是说，秦王如同圣君武王，而自己如同暴君殷纣吗？难道秦王的行为果真和周武王一样圣洁吗？可眼下是战国时代，弱肉强食是不可回避的现实。

张仪接着又诋毁对手苏秦，并批评合纵联盟：

一般来说，大王推行合纵的原因，不过是听从苏秦的计谋。苏秦迷惑诸侯，颠倒是非黑白。他阴谋颠覆齐国却没有得逞，反而使自己被车裂于齐国市场上。由此来看，天下各诸侯国很明显是不能合纵联合为一体了。如今，楚国和敝国已结为兄弟之邦，韩、魏两国也自称是敝国的东方之臣，齐国献出鱼盐之地，这就切断了贵国的右臂。一个被割断了右臂的人去与人搏斗，就像失去了同盟一样孤立无援，要想没有危险，怎么可能呢？现在敝国派出三路大军，一路堵塞午道，命令齐国派出大军渡过清河，驻扎在邯郸以东；一路驻扎在韩国成皋，驱使韩、魏之军驻扎在

① 这些不过是一种修辞说法，与史实不符。秦国征服东、西两周是在公元前250年前后，这是在张仪死后至少半世纪以后的事情。后文"驻扎在渑池"等说法，也都是几十年之后才发生的事情，齐国献出鱼盐之地也并非当时的事情。这次游说有可能发生在后来秦国占据明显优势之后，只不过借了张仪的名义；抑或在张仪原来论述的基础上，后人又进行了加工，不过这段话的主旨和张仪是一致的。

魏国河外；另一路军队驻扎在渑池。盟誓说："四国团结一致攻打赵国，灭掉赵后由四国瓜分赵国的领土。"因此，臣不敢隐瞒事情的真相，事先把这件事情告诉大王的左右。臣私下为大王考虑，不如和我王在渑池相会，面对面结盟。臣请求我王按兵不动，希望大王考虑决定。

倘若它们真的想要瓜分赵国的土地，又有什么事情干不出来呢？即便这仅仅是一种要挟。赵王如果不答应，内心也会惶恐不安。既然楚、韩、魏都已经向秦国低头了，赵国又有何能耐独自苦苦坚持呢？因此，赵武灵王这样回答张仪：

先王在位的时候，奉阳君为国相，阳君专权跋扈、蒙蔽先王，一人独断朝政，而寡人在深宫之中归师傅教导，不能参与国政。当先王丢下群臣去世的时候，寡人年龄还小，侍奉祭祀祖庙的时日不长，但内心却非常疑惑，认为与各诸侯订立合纵之盟抗拒贵国，根本不是治国安邦的长久之计，因此正想改变原来的想法，向贵国割地，对以前参加合纵的错误表示谢罪，侍奉贵国。寡人正准备车马要到贵国去时，适逢先生到来，使寡人能够领受教诲。[1]

5. 张仪说齐——驱使中原攻打齐国

接着张仪又到齐国去了，如果齐国也同意连横，那么合纵就彻

---

[1] 后文还有"于是乃以车三百乘入朝渑池，割河间以事秦"的句子，但这应当为后人增添的。历史上，赵武灵王不曾故意忤逆秦国，但也没有向秦国割地表示屈服。赵武灵王是一位务实的君王，在诸国的君主之中，对秦国的危险具有最客观的认识，读者在阅读时可以仔细分辨。

底被打破了。至于燕国，原本就无关紧要。下一章我们也会提到，在此之前，燕国被齐国打败，国家基本处于灭亡的边缘。[①]张仪在齐国展开了一段特别的游说，他首先指出天下强国之中，齐国为第一，然后话锋一转，又说秦国比齐国更加强大，因为秦国可以驱使韩国和魏国。我们来听一下张仪的论述：

> 天下强国没有超过贵国的，大臣、家族兴盛众多、富足安乐，这一点也没有哪个国家能超过贵国。然而，为大王谋划的人，都空谈一时的安定，而不考虑长远的利益。那些主张合纵游说大王的人，必然向大王这样游说：我国西面有强赵，南面有韩、魏，东面濒临大海，土地辽阔，人口众多，士兵强壮勇敢，即使有一百个秦国，也对我国无可奈何。大王只接受了他们的说辞（表面上的说辞），却没有考虑到这些话所能达到的实际效果。
>
> 那些主张合纵的人都互相结党，（嘴上说）只要结成合纵联盟就会无所不能。据臣所知：贵国和鲁国交战三次，鲁国三战三胜，可是鲁国却陷入危境，随后就亡国了。徒有战胜的虚名，却得到了灭亡的后果，这是什么缘故呢？因为贵国大而鲁国小。[②]
>
> 如今赵国跟敝国相比，就如同鲁国跟齐国。秦、赵两次战于河漳（黄河和漳水）之上，赵国两战两胜敝国。又两次在番吾山交战，赵国又是两战两胜敝国。但四次战争

---

① 张仪游说燕国的言辞与史实大不相符，但逻辑本身是有连贯性的，应当完全是后人创作的，而非加工的结果，本文将不会单独对张仪游说燕国展开论述。张仪游说齐国的言辞中虽然也多有谬误之处，但这段言辞拥有独特的风格，应当是出自张仪，因而在此为读者展开论述。

② 鲁国在公元前256年为楚国所灭，这是在张仪死后，秦国完全立于不败之地后发生的事情。

以后，赵国损失几十万大军，仅仅剩下一个首都邯郸。[①]
虽然有战胜敝国的虚名，可赵国却破败了，这是什么缘故
呢？还是因为敝国强大而赵国弱小啊。如今我王嫁女，楚
王娶妇，已结为兄弟之邦；韩国献宜阳给敝国，魏国献河外
给敝国，而赵国更到敝邑渑池向敝国朝拜，并且割让河间
之地给敝国，纷纷侍奉敝国。[②]

后面张仪奉劝齐国不要以为秦国不能攻打齐国，秦国会驱使韩、
赵、魏三国攻打齐国。这段论述很重要：

  假如大王不侍奉敝国，贵国就会驱使韩、魏攻打贵国
南部，发动赵国的全部军队渡过河关，直指博关，临淄、
即墨就不归大王所有了。倘若有一天贵国被攻破，即使再
想侍奉敝国也来不及了，因此希望大王慎重考虑！

齐王是这样回复张仪的：

  寡人在偏僻荒凉的地方隐居，寄身在东海边上，还没
有听说过事关国家长远利益的计划。所幸现在有贵客前来
指教，寡人愿意以整个国家社稷侍奉贵国。"[③]

---

① 这大概指的是赵国几乎灭亡之时，赵国将军李牧孤军奋战之事，这也是
　很久之后的事情。
② 据《史记·六国年表》的记载，宜阳沦陷是在公元前307年，渑池之会
　是在公元前279年，这些事情都发生在张仪死后。
③ 在楚国破败以后，齐国曾准备与秦国一决雌雄，所以齐王的言辞不可能
　如此谦恭。而且后面还有"献鱼盐之地三百于秦也"的记载，当时这件
　事情应当是不存在的。《史记》虽尽可能对《战国策》中的记载进行了
　修订，但不知为何"献鱼盐之地三百于秦"的记载在《史记》中仍然存
　在。既然这些并非事实，那我们只需要做大致了解就可以了。

就这样，合纵联盟完全破裂了。当然，合纵联盟破裂并不意味着合纵精神的消失。

后文中我们会看到合纵的诸多变形。如果说苏秦的合纵是一个大规模的计划，意图合六国之力，挫败强秦的话，那么日后登场的合纵离合聚散的色彩便更加浓厚。秦国的史书对张仪赞誉有加，称张仪之德泽被天下，考虑到张仪的突出贡献，这则评价并不算过分。张仪出现在哪里，哪里就会有战争。那么，地狱使者张仪也会棋逢对手吗？

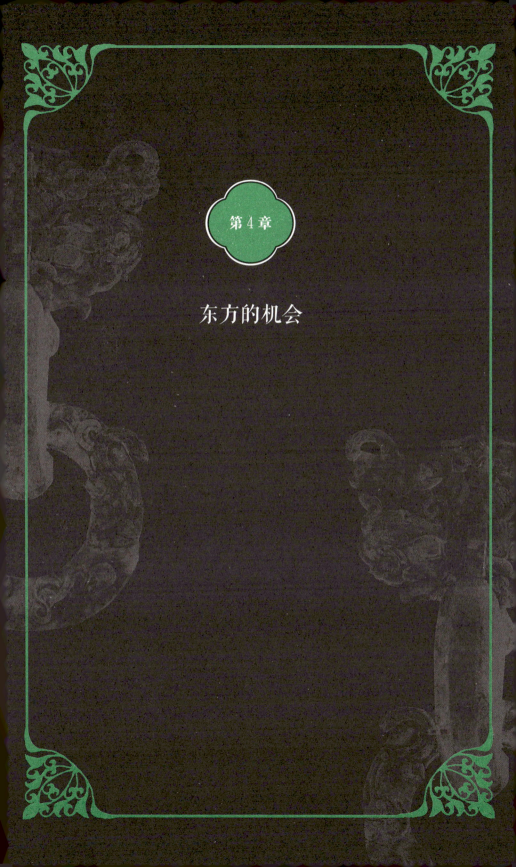

第 4 章

东方的机会

这段时间里，东方又发生了哪些事情呢？就在秦国攻打楚国的前夕，东方的齐国和燕国之间发生了一件大事。公元前314年，齐国闪电般占领了燕国。两国交战，原本包围上一年也不见得能够攻下一座城邑，但齐国却一举占领了拥有数十座城邑的燕国，齐国是怎么做到的呢？我们首先来看一看《孟子·梁惠王》中的一段话。这段话曾在学界引起了长时间的争论。

> 齐国人攻打燕国，大获全胜。齐宣王问："有人劝寡人不要占领燕国，也有人劝寡人占领它。寡人觉得，一个拥有万辆兵车的大国去攻打另一个同样拥有万辆兵车的大国，只花了五十天就完全攻陷，这仅凭人力是做不到的呀。如果我们不占领它，一定会遭到天灾吧。那么我们占领它，怎么样？"
>
> 孟子回答说："如果占领它能使燕国的老百姓高兴，那就占领。古人有这样做的，周武王便是；占领它却使燕国的老百姓不高兴，那就不要占领它。古人有这样做的，周文王便是。以齐国这样一个拥有万辆兵车的大国去攻打燕国这样一个同样拥有万辆兵车的大国，燕国的老百姓却用饭筐装着饭，用酒壶盛着酒浆来欢迎大王的军队，难道还有别的什么原因吗？不过是想摆脱他们那水深火热的日子罢了。如果大王让他们的水更深，火更热，那他们就会转而去求其他的出路了。（如水益深，如火益热，亦运而已矣。）"

看来燕国的政治如洪水和大火一般让老百姓苦不堪言，因此，燕国自动给齐国送上门来了。可如果齐国的政治比燕国的政治更让人窒息，那么齐国是无法掌控燕国的。众所周知，最终的结局是齐国也没能够保住燕国。因此，孟子后来在《孟子·公孙丑》之中为自己辩白。

　　有人问孟子："先生劝说齐国讨伐燕国，有这件事吗？"

　　孟子说："没有。沈同问我：'燕国可以讨伐吗？'我回答说：'可以。'他就去讨伐燕国了。如果他问：'谁能讨伐燕国？（孰可以伐之）'我就会回答：'只有顺应上天的官吏（为天史）才能讨伐燕国。'"

　　那么，齐国没有顺应天意吗？燕国究竟发生了什么？民间有种说法：风水轮流转，如果不顺承天意抓住机会，就会反受其害。历史上转祸为福、转福为祸的例子不胜枚举，比如，吴王夫差就没有抓住机会，最终导致了吴国的灭亡，而越王勾践却将灾祸转变为机会。还有一种说法：天上掉下来的往往不是馅饼，而是横祸。如果一味追逐侥幸，反而会给自己埋下祸根。在诸国纷争的过程中，这些民间智慧在各国都得到了印证，尤其是在齐国和燕国的事情上，简直是丝毫不差，全部吻合。在这一章中，我们将会探究燕国和齐国之间发生的故事，再通过苏秦的辩论，探讨东方国家应当采取的最佳战略。

1. 孟子曰：今伐燕，此文武之时不可失也

　　当秦国破坏合纵，意欲攻楚之时，东方的强国齐国也获得了一次意想不到的机会，那便是一直为齐国所痛恨的燕国发生了一场内乱。

　　为了完成本系列著作，笔者曾搜集了大量的资料。在搜集资料的过程中，笔者曾亲眼见过出土于战国时代中山国墓葬中的铭文，里面提到了"燕王哙禅位于国相子之"的事情。作为一个小国的君王，应当如何领导国家，防止国家灭亡呢？铭文认为：应当将燕国作为反面教材。

　　呜呼，语不悖哉！寡人闻之，与其溺于人也，宁溺于渊[①]。

---

① 出自《大戴礼记·武王践阼》，原文是："与其溺于人也，宁溺于渊。溺于渊犹可游也，溺于人不可救也。"意思是："与其淹没于小人中，不如淹没于深深的潭水之中。淹没于潭水之中还可以游出来，淹没于小人之中就不可救治了。"

昔者燕君子哙……犹迷惑于子之而亡其邦，为天下戮，而皇在于少君乎！

战国后期所发生的这件事是什么呢？居然被中山这样的小国君主所了解、警惕。燕王哙时，燕国的政治很是混乱。燕王哙似乎没有把握战国的局势，很信赖国相子之。当时所有的国家都在强化王权，而他居然将所有的事情都交给了国相处理。问题在于，这位国相既非管仲，也非百里奚。

燕王的意志本就薄弱，诸位大臣又明目张胆地称赞子之，权力眼看就要被子之夺去了。下面笔者就根据《史记·燕召公世家》的记载，来整理一下故事的梗概。首先，一位名叫鹿毛寿的人登场了①。

"大王不如把国家禅让给国相子之。人们之所以称道尧为贤圣，是因为他把天下让给了许由，许由没有接受，因此尧有了让天下的美名而实际上并没有失去天下。如果现在大王把国家让给子之，子之一定不敢接受，这就表明大王和尧具备同样高尚的品德。"

一般来说，君王如果听到大臣说这种话，一定会斥责他，然而燕王哙却听信了。于是，燕王哙真的就把国家托付给了子之，子之的权势就更煊赫了。有人对燕王说："如今大王名义上说是把国家托付给了子之，可朝中官员却无一不是太子的臣子，这就是说，名义上把国家托付给子之，实际上还是由太子执政啊。"

难道此人的意思是，实际上太子平也参与了怂恿燕王禅位的阴谋吗？太子平和子之的关系我们现在不得而知，但燕王将国印交给子之却是事实。因此，燕国的政治就完全为子之所掌控了，而子之

---

① 喜欢《史记》的读者可能会好奇此处苏代为何没有出现。根据《燕召公世家》的记载，苏秦死后，燕国继续任用了苏秦的弟弟苏代，而苏代怂恿燕王哙要重视国相子之。笔者认为这段记载并不可信，苏代应该出仕于继燕王哙之后登基的燕昭王时代，具体的原因笔者将在下一章进行分析。

牢牢地抓住了权力不肯放手，成了事实上的君主。对此，太子会坐视不理吗？最初太子大约的确是想利用子之的，但当他发现子之不肯放手的时候，就与将军市被谋划，准备攻打子之。子之与太子对峙的情况持续了三年，燕国大乱，百姓人人恐惧。齐国当然不会放过这个大好的机会，齐国众将众口一词地要求攻打燕国。齐宣王派人怂恿燕太子平说："寡人听说太子主持正义，将要废私立公，整顿君臣的伦理，明确父子的地位。寡人的国家很小，不足以做太子的先锋、后卫。即使这样，我们也愿意听从太子的差遣。"

太子平获得了齐国的支持以后，便和市被一起攻打子之，但没能取胜。

将军市被像是一位歹毒的机会主义者，当他看到太子攻打子之失败的情况后，认为子之的胜算比太子要大，便跑去依附子之。可太子并非寻常之人，他攻打王宫的计划虽然失败了，但却成功地杀死了叛徒市被。就这样，太子和子之的朋党相互混战，持续了几个月，死了好几万人。这件事情发生在公元前 314 年。当时孟轲（孟子，名轲）在齐国，这位极力反战的圣人建议齐王说："现在就去讨伐燕国，这正是周武王伐纣那样的好时机，千万不能失掉啊。（今伐燕，此文、武之时，不可失也。）"

齐王于是率领五都的军队，利用燕国的百姓攻打燕国，因内乱而疲惫不堪的燕国士兵没有做任何抵抗，甚至连城门也不关闭。正如孟子所说的，他们厌倦了令人憎恶的现实，反而很欢迎齐军的到来。于是，齐国用了不到两个月的时间就攻克了燕国，在这一过程中，子之和燕王哙都死了。这一事件立刻在天下引起了巨大的反响。

2. 齐国失去燕国

那么，齐国能够兼并轻而易举攻下的燕国吗？遗憾的是，齐国没能够兼并燕国。齐国占领燕国没过多久，就把燕国还给了新任君主。《孟子·公孙丑》里面记载了齐宣王的叹息：

> 燕人畔。王曰，吾甚惭于孟子！

齐宣王有什么可愧疚的呢？《孟子·梁惠王》里面有这样一段记载[1]：

> 齐国人攻打燕国，占领了它。一些诸侯国在谋划着要救助燕国。
>
> 齐宣王说："不少诸侯在谋划着要来攻打寡人，该怎么办呢？"
>
> 孟子回答说："我听说过，有凭借着方圆七十里的国土就统一天下的，商汤就是；却没有听说过拥有方圆千里的国土而害怕别国的。"

孟子的指责可谓一针见血。那么，凭借七十里国土就号令天下的商汤和拥有千里国土却战战兢兢的齐宣王之间，有什么差别呢？孟子继续说了下去：

> 《尚书》说："商汤征伐，始于葛国，天下人都相信商汤。"所以，当他向东方进军时，西边国家的蛮夷便抱怨；当他向南方进军时，北边国家的狄族便抱怨。他们都说："为什么把我们放到后面呢？"老百姓盼望他，就像久旱盼望乌云和彩虹（下雨的征兆）一样。商汤征伐一点也不惊扰百姓，

---

[1] 《孟子》里记载攻打燕国的为齐宣王，而并非齐湣王。这一部分准确性比《史记》要高。

做生意的照常做生意，种地的照常种地，商汤只是诛杀那些暴虐的国君来抚慰那些受害的老百姓，就像天上下了及时雨一样，老百姓非常高兴。

然而，齐国占领燕国之后都做了些什么呢？

如今，燕国的国君虐待老百姓，大王的军队去征伐他，燕国的老百姓以为大王是要把他们从水深火热中拯救出来，所以用饭筐装着饭，用酒壶盛着酒浆，来欢迎大王的军队。可大王却杀死他们的父兄，抓走他们的子弟，毁坏他们的宗庙，抢走他们的宝器，这怎么能行呢？天下各诸侯国本来就害怕贵国强大，现在，贵国的土地又扩大了一倍，而且还不施行仁政，这就必然会激起天下各国兴兵。大王赶快发出命令，放回燕国老老小小的俘虏，停止搬运燕国的宝器，再和燕国的各界人士商议，为他们选立一位国君，然后从燕国撤回贵国的军队。这样做，也许还能来得及制止各国兴兵。

齐国并没有做好充分准备去消化这片新占领的土地。齐国攻打燕国时，燕国并没有抵抗，但占领之后，齐国应该尽最大的努力去稳定民心，然而齐宣王却陶醉于胜利之中，并没有在意。因此，孟子一开始劝说齐国去攻打燕国，此时却奉劝齐王迅速撤离燕国。总之，齐宣王后来撤军放弃了燕国，不过这应该并非孟子劝告的结果。

刘基曾在建立明朝的过程中立下汗马功劳，他著有《郁离子》一书，里面记载了这样一段故事：

齐宣王夺取了燕国的财宝，俘虏了燕国的百姓，在朝堂上接收了列队朝见的燕国俘虏，露出满脸的喜色，说："寡人攻打燕国，没有枉杀一个人，即使是商汤和周武王，也不过做到这种程度。"大夫们都磕头祝贺。然而不久，齐宣王就听说了燕国反叛的消息，他极其愤怒地说："寡人对燕国已经是仁至义尽了，没想到他们竟然在一个早上全都背叛了寡人，难道是寡人的品德不足吗？"

淳于髡听见齐王的话，便借助寓言对他说："人挨饿可以死亡，受冻也可以死亡，不一定都得用刀剑才叫作杀人。"

齐宣王虽然没有用刀剑杀人，但是他没能重整燕国疲敝的经济，这是燕国人背叛齐王的祸根。燕国和齐国风俗不同，既然任何人治理起来都大同小异，那么还是由熟悉的人来治理更加方便一些，燕国人的这种想法可谓人之常情，因此燕国人便再次爆发了叛乱。三十年后，我们还会看到历史再次重演。

幸运也许会忽然而至，可要守住幸运却极其困难。齐宣王有圣君之称，也是一位文治君主，曾经在稷下学堂培养了无数人才。然而他占领燕国之后，又很快失去了燕国，这是因为他虽然占领了燕国，却没有获得燕国的民心。

不过，孟子近乎理想主义者，他的话我们能全信吗？孟子、淳于髡所言都有道理，但这并不是燕国反叛的全部理由。除非是传说中的圣君，否则任谁占领了燕国，大概都是极难消化掉的。从个人能力来讲，在当时各诸侯国的君主之中，齐宣王也是属于一流的。

既然提到了淳于髡，我们就再来看一则关于他和齐宣王的故事。这个故事出自《战国策·齐策》。

　　淳于髡一天之内向齐宣王引荐了七个人，齐宣王很是诧异，便问他："寡人听说，千里之内如果有一位贤士，贤士们便可以并肩而立了；百代之中如果出一个圣人，那么圣人就算是接踵而至了。但是，先生一天早上就向寡人引荐了七位贤士，那贤士不也太多了吗？"

　　淳于髡回答道："不对。鸟儿也是种类相同的聚集在一起生活。世上万物各有其类，如今臣是贤士一类的人，大王向臣寻求贤士，就譬如到黄河里去取水，在燧中取火。臣还会再向大王引荐贤士，哪止七个人。"

齐宣王听了淳于髡的话之后，便招揽了更多的人才。

齐国占领了燕国，接着又失去了燕国，当然与齐宣王在燕国所施行的政策有关，然而当时严酷的天下形势也妨碍着齐国的坐大。据《战国策·魏策》的记载，齐国攻打燕国时，楚国曾试图引来魏国营救燕国，这当然是为了阻止齐国占领燕国之后变得更加强大，与齐宣王所施行的究竟是德政还是暴政无关，但这一计划最终由于张仪的奸计而没有付诸实施。张仪擅长欺骗，他的话我们不能全信，但也在一定程度上反映了当时的状况。我们来看一下张仪的说辞。

楚国答应给魏国六座城邑，同它一起攻打齐国、保存燕国。当时张仪在魏国，他想破坏这件事情，于是对魏王说：

齐国害怕三国的联合，一定会退还燕国的土地来表示屈服于楚国，楚国一定会听从齐国，因而不会给贵国六座城邑。这样的话，大王既失策于楚国，又同齐国、秦国结了仇。

从这一段话里我们可以感受到当时秦、齐之间的关系。秦国的政策在不断发生变化，然而在当时（前316—前314）秦国似乎对齐国的壮大采取了旁观的态度，原因就在于秦国正集中力量攻打魏国。如果魏国获得楚国的六座城邑，那么就会更加顽强地抵抗秦国。

而赵国的立场就具体多了，这里有一位重要人物将要出场，他就是后来仕燕，改变了燕、齐命运的主人公乐毅。我们来看一下《战国策·赵策》的记载，这段记载很好地描写出了当时的状况。

乐毅提出了一个出人意料的建议，即壮大齐国，增加反齐联盟的参与国。齐国占领燕国之后，各国就会担心齐国坐大，反而要保存燕国。乐毅向赵王献言说：

> 如果没有（与别国的）盟约就去攻打齐国，齐国一定会仇恨贵国。不如向齐国请求用河东换取齐国占领的燕国土地。贵国拥有河北的土地，齐国拥有河东的土地（燕国和赵国发生战争的原因就在于赵国已经占领了河北），燕国与贵国一定不会发生争执了。这是两国互相亲近的办法。用河东的土地增强齐国的力量，而燕国与贵国辅助它，天下诸侯憎恨它的强大，一定都来侍奉大王而讨伐齐国，这是依靠天下诸侯力量击败齐国的时机。

于是，赵国就用河东的土地和齐国占领的燕国土地对换，楚国、魏国憎恨这件事，就向赵国派出使臣，请求讨伐齐国，保住燕国。

那么，我们再来描述一下当时的情况。诸国都在警惕着邻国的壮大，没有哪一个国家会天真到给邻国时间，让它在新占领的土地上施展德政，巩固统治。秦国努力培育自己的力量，削弱其他国家，而山东诸国走的也是同样的道路，只不过山东诸国之间的地形纵横交错，国内的政治状况更是如此，因此他们的行动不像秦国那样连贯罢了。

历史不能假设，可如果齐国占领燕国之后，迅速将其消化掉的话，那么天下秩序必定会恢复到以齐国为中心的时代。齐国百姓殷实富足，人才济济，聪明的齐宣王如果能够利用这些条件，那么历史的版图也许就会像孟子所期盼的那样，不是由武力决定，而是由人们自发的行动所决定了。齐宣王从不轻易发动战争，可战争一旦开始，他就绝不允许失败。另外，阻碍齐国壮大的不局限于天下形势，当时齐国的内部也存在着一些问题。为了下一章的顺利展开，在这里我们要讨论齐国的一个政治问题。

3. 齐国政治的致命弱点：公族封君

齐国内部有一个致命的弱点，尤其是在发兵征讨他国之时忧患更甚。这与齐宣王讨伐燕国并没有直接关系，这个让齐国的诸位君王在此后几十年间饱受困扰的问题，就是庞大的公族封君制度。

我们先来看一个有趣的故事，出自《战国策·齐策》。

孟尝君的父亲靖郭君田婴要修筑封地薛的城防工事，不少门客去谏阻他。靖郭君吩咐传达人员说："不要给劝谏的门客通报。"有个门客请求谒见田婴，并保证说："臣只说三个字就走，要是多一个字，愿意领受烹杀之刑。"田婴于是接见了他。门客快步走到他的跟前，说："海大鱼。"然后转身往回跑。田婴赶忙制止了他①，并问道："我想听听先生说的是什么意思。"这位门客说："臣可不敢拿性命当儿戏！"田婴说："不妨事，先生请讲！"门客这才回答道："您没听说过海里的大鱼吗？渔网不能捕获它，鱼钩不能钓住它，可是它自己放肆竟离开了水，那么蝼蛄蚂蚁也能随意摆布它了。以此相比，如今的齐国就像您的水，您如果常有齐国的庇护，哪里用得着薛地呢？如果失去齐国，即使将薛邑的城墙筑得高达云天，也还是没有什么益处。田婴称赞说："对。"

如果君臣一心，即便薛地修筑城墙也不足为害，因为城墙是保卫国家的盾牌，但问题在于城墙的用处在哪里。田婴、齐王各有自己的算盘，田婴意图在发生紧急情况时保卫自己的封地，而齐王则

---

① 《战国策》的原文是："客有于此"，意思很模糊。《淮南子》的原文则是"靖郭君止之曰，愿闻其说"。在此笔者遵从了《淮南子》中的说法。

担心封地上会发生什么事端。更大的问题在于，田婴将自己的封地传给了儿子，正在齐国之中制造出另一个齐国。

在我们更加深入地讨论公族封君制度之前，再来看另一段故事，出自《吕氏春秋·知士》。

故事开始于公元前 319 年宣王即位之时。靖郭君田婴的食客之中有一位叫作剂貌辨的人，这个人有很多毛病，其他门客都不喜欢他，有人劝田婴将剂貌辨逐出，但田婴不听。甚至连田婴的儿子田文（后来的孟尝君）也曾为此劝说他，但田婴却坚决地说："即使我们家有一天会覆灭，也决不能逐出他，再有人敢提剂貌辨的事情，绝不宽纵。"

刚登基的齐宣王和田婴关系很不好。田婴就回到封地，过起了战战兢兢的日子。齐宣王是一个很有见地的人，不可能放任、纵容割据地方的巨族。于是，剂貌辨请求为田婴到国都去谒见齐王，田婴阻止他，并说："大王不喜欢我到了极点，您去必定遭到杀害。"

也不知道田婴和齐宣王之间究竟发生过什么事情，让他们关系这么不好。但剂貌辨执意要去，田婴也劝阻不住他。

剂貌辨见到齐宣王以后，齐宣王直接就问："你就是靖郭君言听计从、非常喜爱的那个人吧？"

剂貌辨回答说："喜爱是有，至于言听计从根本谈不上。当初大王还在做太子的时候，我就对靖郭君说：'太子耳后见腮，下斜偷视，相貌不仁，这样的人惯于悖理行事。不如废掉太子，改立卫姬的幼子郊师。'靖郭君流着泪说：'不行，我不忍心这样做。'如果靖郭君听从我的话并这么做了，一定不会有今天的祸患，这是一个例证。回到薛地以后（就是亡命似的回到薛地之时），楚相昭阳请求用大于薛几倍的土地交换薛地，我又说：'一定要答应他。'靖郭君说：'我从先王那里承受了薛地，如今虽被后王所厌恶，但如果我把薛地换给别人，我怎么对先王交代呢？再说，先王的宗庙在薛，我怎么可以把先王的宗庙给楚国呢？'他又不肯听我的话，这是第二个例证。"

于是齐宣王长叹一声道：“靖郭君为寡人着想之心竟然如此深厚！寡人年纪尚幼，连这些事情都不知道。先生愿意替寡人把靖郭君请回来吗？”

靖郭君穿着齐威王（齐宣王的父亲）所赐的衣服，戴着齐威王所赐的帽子，佩着齐威王所赐的宝剑来到国都。齐宣王亲自到郊外迎接靖郭君，并请他担任齐相。

我们应该用美德来解读这个故事吗？齐宣王对政治极其敏感，是一位优秀的君主，他十分老练地化干戈为玉帛，可是齐王畏惧田婴家族的力量是不争的事实，同时这也是很大的问题。

薛地究竟为何让齐国的君主如此担忧呢？薛地位于齐、宋交界处，如果楚国得到薛地，宋国就可能会被纳入楚国的版图。薛公的强大兵力就是为了牵制楚国，窥伺宋国。然而，当齐国的中央军撤回、驻屯在北部之后，齐王不得不担心起过度膨胀的薛地来。下一章我们在讲述田婴之子田文的故事时，会详细地讨论这一问题。

诸侯纷争之际，最有利的情况是国人上下一心，最糟糕的情况是国中有国，齐国的情况就属于后者。当时齐国的王族田氏就是用阴谋从姜氏那里夺取了王权，因此他们总是怀疑别人会发动政变，恰好齐国有人拥有策划政变的能力，齐宣王能不害怕吗？齐宣王之所以迅速调转军队，是因为担心楚国会攻打齐国的南方。薛地本来应当起到防御楚国的作用，但齐王能够信任薛地吗？正如前文所提到的，楚国随时准备诱惑薛地背叛齐国。

4. 苏秦的不白之冤

既然我们的故事讲到了齐国，就不能不提到苏秦的命运，不能不谈苏秦在齐国的作为。在这里，笔者想先告诉大家他的结局：苏秦最终在齐国身负不白之冤而死。无论苏秦是站在山东诸国的立场上主张合纵，还是仅仅站在一个国家的立场上为一国发声，他的言辞都是旷世的至理名言。下面我们就来看一下苏秦的最终结局，以及他作为一名东方中心主义者最后的辩论。

前文已经提到过，苏秦在游说六国合纵对抗秦国的计策失败以后，便离开了赵国，来到燕国。我们首先来概括一下《史记·苏秦列传》里的内容。

据说，苏秦与燕易王的母亲私通，但燕易王却假装不知道，并对苏秦更加优待，而这肯定是对苏秦之前所立下的功劳的认可。可是合纵已然失败，诽谤苏秦的大有人在，苏秦感觉到自己在燕国的地位岌岌可危，就提出到齐国去，在那里为燕国做事。于是，苏秦假装得罪了燕王而逃到齐国，齐宣王便任用他为客卿。正巧齐宣王去世，齐湣王继位，苏秦就劝说齐湣王把宣王的葬礼办得铺张隆重，并且修筑高高的宫室。其实，苏秦打算使齐国耗费国力衰败，从而有利于燕国。

齐国当然也有许多大夫嫉妒苏秦。终于有一天，苏秦被刺客刺成重伤，但凶手没有抓到。苏秦临死之前对齐王说："臣死之后，请大王在人口集中的街市上把我五马分尸，就说，'苏秦为了燕国，在我国谋乱被五马分尸。'这样做，一定可以抓到刺杀我的凶手。"

苏秦死后，齐王依他的话将他五马分尸了，那个刺杀苏秦的凶手果然自动出来了，齐王于是就把他抓住杀了。

这个故事哪些成分是真实的，哪些成分又是虚构的呢？首先，苏秦死于齐国应当是真的。燕国发生内乱之时，苏氏离开燕国的记载见于多份史料。

那么，他是否真的是燕国的间谍呢？在笔者看来，他之所以会被人这样诬陷，是因为他的弟弟苏代后来的举动。因此，剩下的"故事"当作故事来听就好了。公元前318年，苏秦率领六国攻打秦国，这段见于《史记·楚世家》的记载是确定无疑的。战争失败以后，苏秦从赵国回到了燕国。

齐宣王是在公元前301年薨逝的，苏秦死时，齐湣王不可能即位。当然，我们知道司马迁误以为齐宣王死于公元前 323 年，但仔细斟酌这件事情的话，也会发现破绽。众所周知，苏秦推行合纵计划为的是赵国，并因此攻击了秦国。如果苏秦从燕国逃脱，并从公元前 323 年就已在齐国的话，如何为了赵国而周游六国，推行合纵之策呢？苏秦被燕国逐出之后，在齐国也生活得十分不安，受到了齐国诸位士大夫的憎恶，那么他怎么能在公元前 318 年率领联合军去攻打秦国呢？这近乎天方夜谭。苏秦在合纵失败以后，再次回到燕国，后来又去了齐国，因此，除了苏秦死于齐国这一点以外，对于这段故事中的其他内容，笔者只能持保留意见[①]。我们唯一能够相信的就是杰出的合纵论家苏秦在齐国去世的记载。

那么，苏秦在齐国没有留下任何言论吗？

5. 苏秦的后发制人

《战国策·齐策》里记载了许多关于苏秦的辩论和说辞，在笔者看来，这些内容都很符合战国时代的东方国家，特别是齐国和燕国的情况[②]。尤其是《苏秦说齐湣王》，更体现了苏秦的卓然风采，让人感觉到苏秦虽放弃了合纵，却不愧是一位一流的外交官。笔者认为，《苏秦说齐湣王》是《战国策》里最华丽的篇章，苏秦在这篇文章中提出的主张是齐国发展的指导策略。它既展现出苏秦作为一名反战主义者的风采，也体现出他作为一名外交官的透彻观察。当然，

---

① 后来苏秦的弟弟苏代、苏厉等人物也陆续登场，他们的活动年代和苏秦一样模糊，本文不再一一进行考证，仅论述一下他们的言论。

② 这篇《苏秦说齐湣王》中的言论从齐国的经验来看是很有道理的，而且也似乎并没有什么年代错误。这真的是苏秦的言论吗？即便这段言论不是苏秦的，也一定是一位不亚于苏秦的辩士所说的。里面偶尔会出现一些《墨子》里的句子，体现《荀子》中的一些思想，还运用了《鬼谷子》中的一些叙述方式。

这篇文章极有可能并非苏秦所作，但是它综合了现实主义和人本主义，即便并非出自苏秦之手，也不会影响它的价值。

苏秦指出"不要先发制人，而要后发制人，不替别人承担怨恨，以内治为基础，再谋划外交"。他还嘱咐说："大国要有信义，不被利益所诱惑。"而且，文章还主张不要随意使用武力，要关心人们的痛苦，不要四处树敌，指出了外交的根本问题。

下面我们就来听一听这位外交战略家的言论，他主张要在庙堂上确保胜利，而不是通过战争。笔者认为这是苏秦最后的辩论。

苏秦劝齐宣王[①]不要逆势而动：

> 臣听说，喜欢首先在天下挑起战争的人，后来一定有忧愁；缔结盟约喜欢带头攻击他国的，最终会陷于孤立。（臣闻用兵而喜先天下者忧，约结而喜主怨者孤。）后发制人就能有所依靠，顺应时势即可远离仇怨。（夫后起者藉也，而远怨者时也。）因此，圣贤做事，无不首先判断形势，借势而为，顺天而动。（是以圣人从事，必藉于权[②]，而务兴于时。）大抵天平（形势）是统率万物的关键，顺应天意则是做好百事的首要条件。因此，不懂得借势顺天之理，能成就大事的机会实在微乎其微。

只要懂得借助形势，弱者可以变强；而如果不能很好地利用形势，那么强者也会变弱。如果树敌太多，强者也会失败。下面，苏秦就举出了赵国和魏国的例子来证明自己的观点：

> 譬如说，即使有干将、莫邪一类的宝剑，如果不依靠

---

① 原文为齐湣王，但应当为齐宣王。
② "必藉于权"，意思是依靠天平，也就是说，根据天平向哪个方向倾斜，来借势而为。

人的力量，那么也不能切割东西；坚固的箭、锐利的箭头，如果得不到弓弦和弩机的配合，也不能射杀远方的敌人。箭并不是不锐利，剑并不是钝而无力，那是什么缘故呢？只是由于少了可以依靠的东西（权藉）。依据什么知道是这样的呢？

从前赵人袭卫，马不停蹄，人不休息，一下子包围了卫国都城，并在刚平筑城，将八个城门用土堵塞，另两个城门攻陷，卫国亡国之祸迫在眉睫。于是卫国国君光着脚丫子逃奔到魏国求援，魏王[①]亲自披甲带剑，向赵国挑战。赵国的首都邯郸大乱，百姓东奔西跑，黄河与太行山之间也发生了大乱。卫国得到了反击的机会，便聚集了残兵向北进攻，收复了刚平，攻下了赵邑中牟的外城。卫国并不比赵国强大，只是有了魏国的支持。打个比方，卫国好比箭，而魏国就好比机弩弓弦，卫国从而借助魏国占有了河东之地。

因此赵国非常恐惧，楚国就救援赵国而讨伐魏国，双方在州西大战，楚国经过魏都大梁城门，军队驻扎林中而饮马黄河。赵人得到楚的援助，也去攻打魏国河北之地，纵火焚烧棘沟而夺取黄城。毁刚平、破中牟、陷黄城、焚棘沟，这并非赵、魏的本意，然而它们究竟为什么会这么做呢？这是因为（小小的）卫国善于依时借势，顺应天意。

苏秦指出，如果没有足够的力量，就不可以发动战争：

当今治理国家的人却不这样。军队弱小却喜欢对抗强敌；国家疲敝偏要招惹众人怨恨；败局已定却偏要打到底；兵力弱小却憎恶居于人下；地域狭小却喜欢抵抗大国；事情

---

① 实际上当时魏国的君主尚未称王，当事人应当是魏武侯。

失败却喜欢多用诈谋。犯下这六种错误还妄图建立霸业，其实离霸业是越来越远了。

齐国为什么会成为众人怨恨的对象呢？因为齐国喜欢一些没有实际意义的名义和胜利：

> 臣听说，善于治理国家的君主，应该顺应民心，切实估计自己的兵力，然后才能联合诸侯实现自己的抱负（这是外政）。所以，缔约时不会为了别人成为怨怒的对象，作战时不替他人去抵抗强敌。这样，兵力就不会消耗，国权就不会被轻视，土地就可以扩大，想法就能实现。
>
> 以前，我王联合韩、魏两国讨伐秦、楚，作战时我国并不是特别卖力，分得的土地又不比韩、魏多，可是天下唯独将战争归咎于我国，为什么呢？这是因为我国率先倡导讨伐秦、楚，所以成了别人怨恨的目标。再说天下诸侯都在用兵，齐国、燕国交战，而赵国兼并了中山，秦、楚与韩、魏不断交锋，而宋、越专事攻伐。这十个国家都对彼此怀有敌意，天下却只埋怨我国，这又是什么道理呢？因为在缔约时我国喜欢成为领袖，进攻时又喜欢专心一意攻打强敌。[①]

苏秦认为，强大的国家往往为了凌驾于别人之上而失败，弱小的国家往往会因为利益而失败，且弱国是没有外交的：

> 再说，强国招致祸患，往往是因为想要称王的心意造成的；弱国遭受灾殃，常常是由于算计别人而为自己谋利的

---

① 这应当是后来孟尝君再次图谋合纵，或齐国图谋宋国时发生的事情。

结果。（且夫强大之祸，常以王人为意也；夫弱小之殃，常以谋人为利也。）所以，强国不免危殆，小国则不免覆灭。为大国所计，不如后发制人，（等别人讨伐完之后）再讨伐那些不讲道义的国家，后发制人能有所倚仗。

后发制人的话，盟国多而兵力强，从而形成以人多势强对付疲敝衰弱的利局，战争必能取得胜利；所做的事情不违背天下人的心意，必然能取得利益。强国依此而为，名号自然不争而得，霸业也可袖手而成。至于小国，最好的策略则莫过于谨慎、冷静从事，不轻信诸侯。小心谨慎，四邻之国就不会反对自己；不轻信，就不会被诸侯欺骗。在外不被欺骗，在内不被反对，就可远离祸患，木材腐朽了也用不完，绸缎被虫蛀一点也就不做衣服穿了，这样有利于国内实力的积储和增长。小国若能如此，那么不用祭祀福气也自然到来，无须借贷自能丰足。所以说，施行仁政可以称王，树立信义可以称霸，而穷兵黩武只会招致灭亡。

根据什么知道是这样的呢？过去，吴王夫差倚仗国大兵强，率领诸侯四方征战，攻击楚国，占据越国，并对诸侯们发号施令，让许多诸侯国的君主服从于自己[1]，最后却落得身死国亡的下场，为天下所耻笑。为什么会得到这样的结果呢？原因在于夫差生活安逸（却不知满足），谋求称（天下之）王，国力强盛（却不懂得停止战争），喜欢成为天下之首而引起的祸端。以前莱、莒两国喜欢施用阴谋，而陈、蔡两国则专行诈术，结果，莒国因倚仗晋国而（被楚国）灭亡了，蔡国因依仗越国而（被楚国）灭亡了。这些都是对内使用诈术，对外轻信诸侯招来的横祸。由此看来，

---

[1] 原文是"身从诸侯之君"，意思不明确。夫差曾打败了齐国，威吓过晋国，因此这句话有可能是"让诸侯服从"的意思。

国家无论强弱大小，所遭遇到的祸患都可以在前面的史实中得到证明。

苏秦主张，即便国家强盛也不能太突出表现，而应当低调从事，自以为强大而首先挑起事端，只会树立众多敌人：

> 谚语说：骐骥（骏马的代名词）衰老的时候，跑不过劣马；孟贲（传说中的勇士）一旦力乏，打不过女子。劣马、女子的筋骨劲力，远远比不上骐骥和勇士孟贲，但为何会出现这样的结果呢？这是因为（珍惜自己的力量，根据形势）后发制人，我方就能有所凭借。如今，天下诸侯的力量相持不下，谁也不能一下子消灭（一个国家），如果哪个国家能够按兵不动，后发制人，以怨恨为借口讨伐不正之人，偷偷地用兵（隐去发兵的事情），以大义为旗号，灭亡天下诸侯不就指日可待了？掌握诸侯的国情，明了天下的地理形势，即便不结盟、不互相扣留人质，关系也会牢固；不急躁冒进，却可以使事情进展得更为顺利；一起共事不会背叛，交相割让土地而不互相憎恨（交割而不相憎），害怕对方强大但愈加亲近（惧强而加以亲）①。怎么能做到这样呢？原因在于形势令它们忧患相同，而军队都是追求利益的。凭什么知道是这样的呢？从前，我国和燕国在桓曲交战，燕兵败北，十万兵众及马匹被消灭。②胡人乘势袭击燕国楼烦的几个县，掳掠牛马。那胡人与我国平时并不亲近，而且用兵时并没有结盟、交换人质来图谋燕国，然而却比互相协调作战还一致，这是什么原因呢？就是因为形

---

① 有的版本是"俱强而加以亲"，意思可以解释为"彼此都强大了就越发亲近"。总之，恐惧对方强大的心理是一样的。

② 这件事发生的时间无相关的历史记载。

势上同处忧患之中（位于燕国北方的胡人是燕国的忧患，而燕国南方的齐国也是燕国的忧患），而战争的实质都是为了夺取利益。以此可见，与形势相同的国家结盟就可以增加利益，后发制人就可使诸侯归附并加以役使。

苏秦认为战争是国家的灾难，因此不能随意发动战争。这一部分刻画了老百姓因战争所遭遇的痛苦，甚至比《墨子·非攻》的反战色彩更加鲜明。

　　所以，英明的君主和有远见卓识的相国，假如致力于王霸之业，就不要把使用武力摆在首位。战争既耗损国力，又滋扰民生。国家的元气遭到损耗，便再也无力号令诸侯。战争对国家的损耗是显而易见的。士人听说将有战事，便捐献财产，以充军市（销售军用品的市场），而商人就运送酒肉粮食以犒劳战士，长官让人拆下车辕当柴烧，杀牛设宴款待军兵。其实这些都是坑民害国的做法。国人祈祷，君王设祭，大城小县皆设神庙，凡有市场的城邑无不停业为战争服役，其实这是虚耗国家的做法。

　　等到战后的第二天，装殓死去的，扶持受伤的，即使战胜了，军队也已经被消耗，国人悲哀哭泣，足以令国君忧心如焚。死者的家属破了家产安葬亲人，受伤者的家属用尽钱财供给伤者药物，健全的人在国内要相聚，欢乐地宴饮，因此他们的花费与死伤者的花费相同。所以，民众所花费的钱财，十年的土地收成也无法抵偿。军队出战，矛和戟折了，刀环和弓弦断了，损坏了弩，破坏了车，累坏了马，损失大半。甲兵的装备，被官员挪作私用的，被士大夫所隐匿的，以及被杂役所盗窃的，十年的土地收成也无法补偿。国家负担这两笔费用，已是力竭筋疲，哪里还能再对诸侯施以号令呢？

攻城的费用更是浩大，百姓修理橹蔽（遮蔽矢石的器具），搬运冲橹（陷阵的战车和战阵高巢车，都是攻城装备），全家都出来挖掘地道①，在刀戈面前疲惫不堪。士兵困在修筑营垒等土木工事的劳动中，将军也不能脱去甲胄休息，即便如此，数月能攻下城池就算很快的了②。在上位的人疲惫于命令，很多士卒被兵刃所伤害，所以连下三城之后，再次战斗时能够战胜敌国的也是很少了。

因此说，那些攻战之事不应该由我们首先发动。凭什么知道是这样的呢？从前智伯瑶（即荀瑶）攻打范氏、中行氏，杀死他们的君主，灭亡他们的国家（家族），接着麾兵西向，围攻（赵氏的）晋阳，智伯瑶吞并了两国，又使赵襄子十分忧虑，兵威可谓盛极一时。可后来智伯瑶却落得身死国亡的下场，为天下人所耻笑，这是什么缘故呢？这是智伯瑶首先发动战争，并灭亡范氏、中行氏酿成的祸患。

从前，中山国调动全国之兵，迎击燕、赵两国，败赵兵于南方的长子，破燕军于国境之内，并杀掉燕军的大将。那中山只是个千乘小国，与两个万乘强国同时为敌，却连续取得两次决定性的大捷，可以说是上等的用兵了。然而中山国随即灭亡，以致国君向我称臣③，原因何在？是因为它不考虑战争的祸患，接连不断地发生战争造成的。由此看来，攻战的弊端可以从前面的史实中看到。

---

① 原文为"家杂总"，推测为"全家"之意。
② 原文是"期数而能拔城者为亟耳"，直译的意思是"订下日期（期数）而能够攻下城池的就算是快的"。几天之内攻陷一座城池是不可能的，但也不至于拖延上几年，因此，"数"的后面应当省略了一个"月"字。
③ 中山国灭亡是苏秦死后才发生的事情。

苏秦认为，即便如此，当前仍有许多人执着于战争，他们反而有害于国家。

> 如今称得上善于用兵的人，屡战屡胜，攻则取，守则固，天下人给予高度颂扬，而举国上下莫不依仗他，其实这对国家来说并不是好事。臣听说，战争取得大捷，士卒也会伤亡惨重，兵力更加削弱；坚守城池牢不可破的国家，它的百姓一定疲惫不堪，城郭也会损毁得面目全非。兵死于战，民疲于内，城郭破败，国君是不会高兴的。

大王想率先发动战争，经常调动军队，成为天下的目标吗？那么还不如干脆后发制人，压制诸侯。

> 如今再说那箭靶，它并没有与人结怨，可人人都会以强弓硬弩对待它，射中的就高兴，没有射中的则会满面羞惭，无论老少尊卑，谁都一心想射中它，原因何在？因为人们厌恶让人看出自己不会射箭。
>
> 现在有的国家屡战屡胜、不可攻拔，这不仅仅是示人以难，同时还伤害到别国的利益，这样一来，天下仇恨它的人肯定有很多。像这样既劳累士兵、损耗国家，又成为众矢之的的事，圣明的国君是不会干的；经常用兵，即便军队再强大也必然遭到削弱，那是明察的相国所不做的。
>
> 明君贤相，总是力求不施攻伐而臣服诸侯，以谦恭辞让获得更多的财货土地。因为明君之于战事，不动刀兵就能战胜敌国，不用武力就可掠夺到土地，别人尚未察觉而王业就可完成。明君之处事，不费财力，而以长期的策划取得永久的利益。所以，可以这样说，后发制人可令诸侯归附并加以驱使。

骄慢的君主会招致敌人，看一看魏惠王的例子吧。商鞅之所以要攻打魏国，并非因为魏国的军队强大，而是因为魏惠王让魏国成为众矢之的。

臣听说，战争之道不在军队的多少，即使有百万敌军，也能败之于朝堂之上，帷幄之中；即使遭遇阖闾、吴起那样的将帅，也能通过策划在室内擒获他；即使有千丈的城池，也可以在酒席之间摧毁它；即使有百尺高的战车，也可以在坐卧之时摧折它。所以，钟鼓竽瑟之声在朝堂不绝于耳，和着优伶和侏儒欢笑歌舞之时，国土已经扩张，诸侯前来臣服。如此的君王，（别人认为）他的名号与天地相等也不算（足够）高贵，政权控制海内也不算巨大。因此，善于开创王业的君主，在于能使诸侯劳顿而自己闲逸，使天下混乱而本国安宁。安逸与大治在我方，而劳顿与混乱在他国，这就是王霸之道。

精兵来攻就抵抗它，祸患到来就转移它，使诸侯的图谋不能成功，那么他的国家就没有长久的隐忧了。依据什么知道是这样呢？过去，魏王（魏惠王）拥有领土上千里，甲士三十六万，实力强大到可以攻取邯郸，西围定阳，又邀集十二家诸侯朝拜周天子，以便向西图谋秦国。秦孝公为此忧心忡忡，寝食难安，食不甘味，向全国下令，修缮战守的器具，境内严加防守，同时招募死士，任命将领，以待来敌。

于是，卫鞅（即商鞅）向秦孝公献计说："魏王有匡扶周室之功，号令得以施行天下，且能邀集十二家诸侯朝见天子，从者甚众。以区区一个秦国，恐怕还不能与之争锋竞胜，大王可否以臣为使去见魏王？臣有把握挫败魏国。"

秦王答应了他的请求，卫鞅往见惠王，游说道："大王的功业大极了，而且能号令天下。可如今大王率领的十二家诸侯，不是宋、卫，就是邹、鲁、陈、蔡①，这些诸侯国本来就是大王用马鞭子、枝条就能驱使的国家，就凭这些力量还不足以称王天下。大王不如向北联结燕人，东伐齐国，赵国自会服从；再联合西方的秦国，南伐楚国，韩国自会望风而服。只要大王有讨伐齐、楚，驱使天下的心愿且行事合于道义，实现王业的日子便不远了。大王不如先准备帝王的服制，然后再图齐、楚。"

魏惠王听了十分高兴，便依天子体制，大建宫室，制作丹衣（天子之服）和九旒（天子之旗）、七星之旗。这些都是位居天子的人使用的，可是魏惠王全用上了。齐、楚两国君主对此大为激愤，而各路诸侯也都投到我国旗帜下了，我军伐魏，杀掉了魏太子，歼师十万。②魏惠王震恐，急忙下令收兵，光着脚跑到东边的我国（求饶），诸侯们这才停止武力制裁。那个时候，秦孝公在垂衣拱手之间取得魏国的西河之外地区，对魏惠王毫无感激之情。所以说，卫鞅当初与孝公商议对策的时候，谋约于座席之上，策划于酒席之间，定计于高堂之上，而魏国大将庞涓已为我所擒，没有动用陷阵战车和战阵的高巢车，秦已收西河以外的地方。这就是臣所讲的'败敌于厅堂之上，擒获敌将于帷幄之中，在酒宴上攻下敌城，在枕席上折断敌人兵车。[北之堂上，禽（擒）将户内，拔城于尊俎之间，折冲席上者也。]"

这段论述可谓精彩绝伦，堪称一代游说大家的最后辩论，齐宣王必定对苏秦的建议有所感悟：要占领一个国家，并不能仅仅依靠自

---

① 陈、蔡都已亡国，这里不过是一种修辞。
② 指的是孙膑杀死魏国太子的战斗。

己的意志。齐宣王也是一位很英明的君主，他自负在攻打燕国之时没有枉杀一人，但却成为天下人的众矢之的，最终只能把到嘴的羊肉吐了出来。那么，那些不如他的君主在攻打别人的国家时，又会发生怎样的事情呢？

在最后一章中，我们将会看到齐湣王的作为，他的举止远不如齐宣王。希望读者将苏秦的这段论述，与齐湣王的行径一一对照。

第 5 章

积极进取的秦国和自强不息的赵国

——占领宜阳与胡服骑射

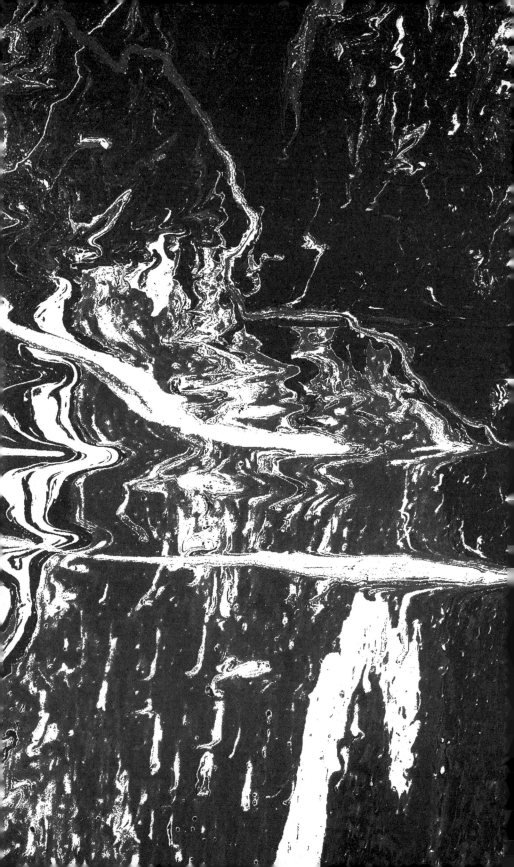

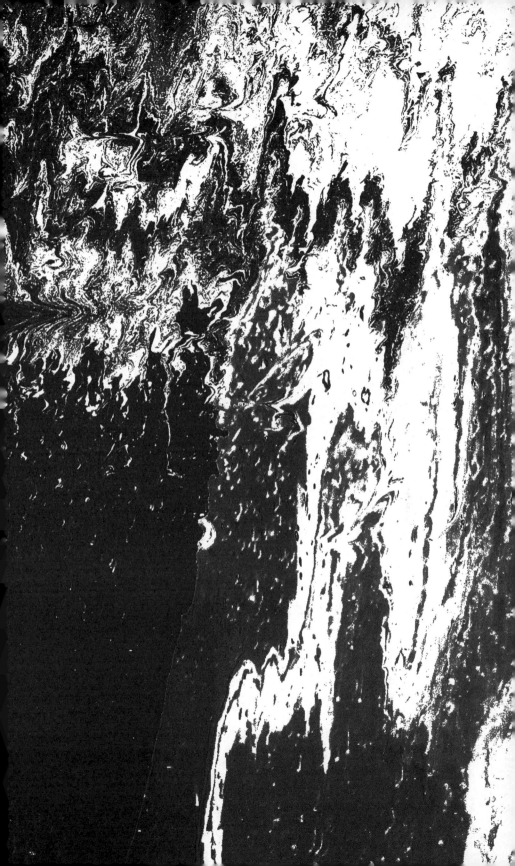

在全面论述西方和中原的情形之前，本章将首先讲述两件大事。一件事发生在西方的秦国，秦王任用甘茂，在中原确立了一片长久的立足之地；另一件事情发生在赵国，赵武灵王利用军事改革，图谋自强。

秦国的"羁旅之将"甘茂占领了韩国的宜阳，实现了秦国的夙愿。张仪利用外交手段束缚住了韩国的手脚，做好了事前铺垫，而甘茂则率军攻克了宜阳这座要塞，从此以后，只要秦国下定决心，便可以将周王室收入囊中，这同时也为秦国奠定了攻打东方诸国的基础。秦国占领宜阳以后，便不再是关中之国，而变成了中原国家，可以在函谷关外随心所欲地窥伺中原各国的情况。占领宜阳之后，秦国不再理会其他国家是否结盟，而是随心所欲地攻城略地。秦国几乎每年都发动战争，黄河水也被染成了血色。

在这里我们可以感受到秦国和其他诸侯国的区别。甘茂是东方人，但却忠心耿耿地为西方的秦国服务，而秦国也竭尽所能地为他提供所有的资源。秦国的魅力究竟在哪里？竟能让羁旅之人死心塌地地在自己国家立下不朽功业。我们将通过这一事件思考乱世的用人之道。

而赵国君主武灵王接受了胡服骑射，并意图攻打北方。所有的臣子都反对赵武灵王的这一决定，赵武灵王就反问："难道要一味依循中原旧俗，放弃外面的荣耀，败给敌人吗？"赵武灵王果真会满足于攻占北方吗？他隐藏在心中的宏伟蓝图将在本章呈现给大家。

赵武灵王和反对派之间的唇枪舌剑，与其说是名义和实利之间的对立，不如说是传统和改革之间的对立。采用骑兵战术，对赵国来说其实并没有什么损失。赵武灵王和群臣之间的论战，令人回想起一个世纪之前，秦国的变法家商鞅和本土大臣对决的场面。让我们通过这场论战，去感受当时列国图谋自强而发奋改革的历史吧。最后我们会通过赵武灵王令人唏嘘的结局，去体味封建时代的经世哲人将"齐家"放到"治国"之前的原因。

1. 张仪辞世：一个时代的终结

在上一章中，笔者提到了苏秦之死，如今轮到他的对手张仪了。张仪令秦国的版图更加辽阔，但他的言行举止却无法与苏秦比肩，只能算二流人物，说得难听一点，他的人生充满了欺骗和诡诈。可他的政治成就比苏秦更高，这是因为苏秦的背后是弱小的燕国，而张仪的背后则是强大的秦国。在领略甘茂的风采之前，我们先来了解一下张仪的最终结局。

《史记·屈原贾生列传》中对张仪的描写与《史记》其他部分稍有不同，从逻辑上来看，似乎更加顺理成章。下面就通过《史记·屈原贾生列传》来看一下张仪离开楚国之后所发生的故事。

前文已经提到，楚国因报复张仪出兵秦国，结果被秦国夺去了汉中。次年，秦国要求与楚国讲和，并答应割让汉中给楚国[①]。而

---

① 《史记·张仪列传》中秦国提出了以商於之地置换黔中的条件，这与《史记·屈原贾生列传》中秦国归还汉中的条件稍有不同。

楚怀王喜欢追逐利益，听说秦国割让汉中来和楚国讲和，便回答说："我不希望得到土地，只想得到张仪就甘心了。"

张仪虽然功勋显赫，但他欺骗了楚怀王这样的大国君主，已经成为天下的众矢之的。终于，张仪主动请缨前往楚国，楚国的一众大臣此时已经将张仪视作眼中钉，正巧屈原刚从齐国回来，他便站出来说："大王为什么还不杀了张仪呢？"

在屈原看来，楚怀王的做法委实令人遗憾，当秦国交出张仪的时候，大王即便不能杀死他，也应当给予起码的教训。可是楚怀王已经被贪念迷惑了双眼，顾不上什么国家纲纪了。他说："就算杀死张仪，又有什么好处呢？"《史记·张仪列传》中，屈原的话更加直白，他说："前次大王被张仪欺骗，现在张仪来到我国，我认为大王会用鼎镬煮死他，如今，即使大王不忍杀死他，也请不要再听信他的邪妄之言。"

可是楚怀王忧虑黔中，非但没有教训张仪，反而更加奉承张仪，因为他相信张仪回到秦国之后，会好好对待楚国。因此，张仪对楚怀王进行怀柔，并在楚国各地游说。

可是秦国的大夫会喜欢功勋赫赫的张仪吗？当然不会，公族和官员都很讨厌张仪的欺诈行径。当然，羁旅之客越是出众，越是威胁到本土人的地位，也就越会遭人嫉恨，这一点张仪也一样。张仪的确给秦国带来了利益，但是他擅于欺诈，究竟在哪里说了什么话，别人根本无法知晓。

为了达到目的，他甚至当面欺骗别国的君主，那么他在外游说时，谁能保证他不会欺骗本国的君主呢？张仪是否将秦国卖给了敌国，我们不得而知，然而在谋害政敌这件事情上，他的确很有一手。陈轸之所以离开秦国，就是因为张仪嫉妒他，就算陈轸到了楚国，张仪依然没有放过他。

《战国策·楚策》里记载了这样一个故事。张仪提出，只要楚王将当时负责外政的陈轸和负责内政的昭滑驱逐出境，秦国便归还汉中之地。但是楚国有人这样告诉昭滑：

> 　　陈轸是夏人（中原人，即三晋之人），对三晋的情况很
> 了解，张仪因此想把他赶走，如此一来，楚国就没有谋臣了。
> 而先生能够驱使楚国的民众（众：军队），他也因此想把先
> 生赶走，这样楚国就没有人能够驱使民众了。

　　张仪靠着垄断各国的情报来增强自己游说的力量。他以周游列国时所获得的情报为基础，负责秦国的外政。为了打击那些威胁到自己地位的人，他甚至不惜以土地为诱饵。

　　我们再回到《史记·张仪列传》。张仪结束在列国的游说回到秦国，等待他的是一个晴天霹雳：一向支持他的秦惠王薨逝了。众所周知，之前商鞅政治上的支持者秦孝公死后，商鞅就没能保护好自己，狡猾的张仪不可能不清楚当时的状况。

　　新继位的秦武王性情粗犷，很讨厌张仪。通过"武王"这一谥号我们就可以看出，他喜欢正面攻击。一般来说，新王登基时，为了集结国内的各种势力，往往需要一些牺牲品。如果说疏远张仪可以令本土的势力团结起来，那么牺牲掉张仪也没什么不可以。张仪在秦国原本就没有什么根基，将他赶走也不会有什么后患。而且张仪的诈骗举动太多，如今诸侯对他已经有所警惕，他的用处已经不大了。再加上众臣也不停地毁谤张仪，张仪的处境不可谓不危险。而这些毁谤张仪的大臣，我们也不能贬低他们，认为他们就是自私自利的。秦国虽然强大，但的确因张仪而被打上了诈骗之国的烙印。当然，秦国以后依旧会使用阴谋诈骗的手段，但目前为了对山东诸国采取怀柔政策，秦国需要一只替罪羊。大臣们是这样诋毁张仪的："张仪不讲信用，反复无定，出卖国家，以求（在当地）被人接受。我国倘若再任用他，恐怕将被天下人耻笑。"诸侯听说张仪和秦武王感情上产生裂痕，也都纷纷放弃了连横政策，又恢复了合纵联盟。

危机不仅来自国内，诸侯也特意派遣使者，责骂张仪不讲信义，尤其是齐国，很讨厌张仪。张仪感到危机四伏，便决定仿效苏秦的方法，三十六计走为上。他郑重其事地对秦武王说道："臣有个不成熟的计策，希望献给大王。为国家社稷着想，必须使东方各国发生重大的变故，大王才能多取得土地。如今听说齐王特别憎恨臣，只要臣在哪个国家，他就一定会出动军队讨伐它，所以臣希望（大王）让我这个不成才的人到魏国去，齐国必然会出动军队攻打魏国。魏国和齐国的军队在城下混战，等到谁都没法回师的时候，大王就利用这个间隙攻打韩国，打进三川，军队开出函谷关，直接向东挺进，兵临周都，周天子一定会献出（象征天子的）祭器。"

张仪表面上标榜要让齐国和魏国发生战争，秦国坐收渔翁之利，实际上打的却是个人的算盘，他利用了秦武王内心想要攻打韩国的欲望，准备逃离虎穴。此时，由于张仪言而无信，反复无常，他的言语已经失去了力量。因此，秦武王认为这样做既可以送走令人生厌的张仪，还能够取得一点点效果，真是再好不过了。因此，秦武王接受了张仪的建议，张仪得以安然无恙地离开了秦国。据《史记·六国年表》的记载，张仪于次年在魏国寿终正寝。作为一名专事阴谋欺诈的游说家来说，这个结局不算太坏。

张仪不仅避免了像苏秦一样死于非命的结局，更讽刺的是，他的欺诈竟然也发挥了一些作用。

我们再来看一段《战国策·楚策》中的故事。楚怀王想让魏国把张仪赶走，陈轸便问楚怀王：

"大王为什么要让魏国驱逐张仪？"楚怀王说："他作为臣下不忠诚、不讲信用。"

陈轸说："既然他不忠诚，大王就不要把他视作臣子；既然他不讲信用，大王就不要与他订立盟约。况且魏国的臣子不忠不信，对于大王有什么损害？尽忠并且守信，对于大王又有什么益处呢？大王想驱逐张仪，魏王听从，那还可以；如果不听，就说明大王的命令不能在诸侯中实行，这样就会使自己处于困境。况且让拥有万辆兵车的魏国罢免相国，这是让魏国蒙受城下之盟的耻辱。"

张仪虽然屡屡谋害陈轸，可陈轸却一直秉持着同行的精神。总之，当时的张仪以无信无义而闻名于世。张仪的时代过去了，他留下了伟大的业绩，让秦国强大了起来，但也承担了坏人的角色，他让仅仅在外交上维持着的春秋信义，变成了赤裸裸的战国欺诈。无论张仪有无信义，秦国都利用他开疆了拓土，扩大了版图，并且离间了诸侯。

这时，有一位不同于张仪的人物登上了历史的舞台，他的时代正式来临了。这一位人物似乎将张仪的谋略和商鞅的决断完美地结合在了一起，那么他又会为秦国做出哪些贡献呢？

2. 甘茂伐宜阳——"息壤在彼"

本节的主人公正是他——甘茂。据《史记·樗里子甘茂列传》的记载，甘茂是楚国下蔡人，他来到秦国之后，通过张仪、樗里子的引荐出仕，并立刻展现出了非凡的军事才能，在夺取汉中和平定蜀乱的过程中建立了功业。恰好此时秦武王即位，张仪奔逃到了魏国，他就担任了左丞相之位，与樗里疾一同负责秦国的国政。

樗里疾是公族，而甘茂是客卿，秦武王不露声色地让这两个人展开竞争。只要客卿具备实力，秦国是不会慢待他们的。甘茂既有出色的军事作战能力，又有极其敏锐的政治才能，甚至在某些方面还超越了张仪。下面我们就来看一下他在秦国是怎样施展拳脚的。

宜阳之战是如何展开的呢？让我们通过《史记·樗里子甘茂列

传》简单地来了解一下。

即位三年以后，武王对甘茂说："寡人有个心愿，想乘着垂帷挂幔的车子，通过三川之地，去看一看周朝都城，这样的话，即使死去也能不朽了。"这句话不就是明摆着要取周王朝而代之的意思吗？甘茂心领神会，便回答秦王说："请允许臣到魏国去，与魏国相约去攻打韩国，请命令向寿辅助臣一同前往。"甘茂到了魏国以后，就对向寿说："先生回去把出使的情况报告给大王，就说'魏国听从臣的主张了，但臣希望大王先不要攻打宜阳'。"

甘茂从魏国回到秦国之时，秦武王到息壤迎接他。秦武王问："魏国已经答应协助了，但为何先不攻打宜阳？"甘茂回答说："宜阳是个大县，上党、南阳物资的积贮经时很久了。名义上是县，实际上是郡。现在大王离开自己所依靠的几处险要关隘，远行千里去攻打它们，很难取胜。"

秦王便很担心不能克服这一困难，甘茂在得到秦王会坚决支持自己的保证之后，给他讲了孝子曾参的故事。这里笔者将列传的内容稍微进行了一点精简。

"曾参是位孝子。鲁国有个人告诉曾参的母亲说'曾参杀了人'，他的母亲正在织布，神情泰然自若。过了一会儿，又一个人来告诉他的母亲说'曾参杀了人'，他的母亲仍然在织布，神情不变。不一会儿，又有一个人告诉他的母亲说'曾参杀了人'，他的母亲扔下梭子，走下织布机，翻墙逃跑了。臣的贤能比不上曾参，大王对我的信任也不如曾参母亲对儿子的信任，况且怀疑臣的绝非只有三个人吧？"

那么，会伺机诽谤甘茂的人都有谁呢？

"如今臣是寄居此地的臣僚（羁旅之臣）。樗里子（樗里疾）和公孙奭（二人均为公族）会以韩国国力强盛为由来同臣争议攻韩的得失，那么大王一定会听从他们的意见，这样就会造成臣欺骗大王（因为没有攻下宜阳）、遭到公仲侈怨恨的后果（韩国国相公仲侈因甘茂攻打宜阳而十分憎恨甘茂）。"

可秦武王的心意却很坚决，他说："寡人不听他们的谗言，请让寡人跟将军盟誓。"

战国时代君主和臣子盟誓也是一种很特别的现象，于是他们二人就在息壤订立了誓盟。

战战兢兢的周王室

让我们站在周王室（当时分为东周和西周两个诸侯国）的立场上体味秦武王言辞的意义。如果秦国向东进发，那么山东诸国还会继续侍奉周王室吗？哪怕仅仅是从名义上。另外，从秦国一贯的作风来看，别说是侍奉周王室了，反而有可能会威胁周王室。因此，如今的周王室可谓战战兢兢，如履薄冰。

《战国策·东周策》里记载了这样一段对话，告诉了我们当时宜阳的规模和状况。秦国开始攻击宜阳之后，周天子便向赵累询问对策。

> 周赧王问："你预测一下事情的结果会怎样？"
>
> 赵累答："宜阳必定会被秦国攻破。"
>
> 周赧王说："宜阳城虽不过八里见方，但有英勇善战的士兵十万镇守，粮食可以支用好几年，韩国国相公仲（公仲侈）的军队二十万，加上楚国大将景翠率领的兵士，依山扎寨，相机援救宜阳，秦国一定不会成功。"
>
> 赵累说："不是这样的。甘茂是寄居秦国的客将，如果攻打宜阳有功，就成了秦国的周公旦；如果不成功，就将在秦国被革除官职。秦武王不听从群臣父兄的意见，执意要进攻宜阳，如宜阳攻不下来，秦武王会以此为耻。所以臣说宜阳一定能攻下来。"
>
> 周赧王说："那么我们应当怎么办？"

赵累回答说："请君王对楚将景翠说：'将军的爵位已经是执圭，而且官职已经是柱国，就是打了胜仗，官爵也不可能再升了；如果不取胜，就必遭死罪。不如与秦国作对，援助宜阳（不如背秦援宜阳）①。只要将军出兵，秦国就害怕将军会乘秦军疲惫之际去袭击它，就一定会拿出宝物送给将军，韩国国相公仲（公仲侈）也会因为将军乘虚攻打秦国而敬慕将军，他也一定会拿出宝物送给将军。'"

《战国策》中这段对话结束以后，还附有一段说明，即秦军攻陷宜阳以后，楚将景翠果然发兵攻秦。秦国大为恐惧，赶紧割让土地给景翠，韩国果然也拿出重宝酬谢景翠。由此来看，楚国确实是出动了军队，然而他们发兵既不是为了帮助秦国，也不是为了帮助韩国，只不过是相机而动，以争取获得最大的利益罢了。据《史记·周本纪》的记载，楚国虽派兵帮助秦国攻打宜阳，但这只不过是名义上的，看到周王室帮助秦国以后，楚国反而想要讨伐周王室。此时，苏代为了周王室向楚国游说道：

大王怎么知道周王室是帮助秦国呢？说周王室帮助秦国比帮助贵国更卖力的人，是想让周王室投到秦国方面去，所以人们都把周王室、秦国放在一起说'周秦'啊。周王室明白自己无法（从秦国的进攻中）解脱，必定会投向秦国一方，这真是助秦取周王室的妙计呀。如果为大王考虑，周王室为秦出力，大王要好好待它；不为秦出力，大王仍然要好好待它（即离间二者的关系），这样才能让它与秦疏远

---

① 楚国的立场究竟是支援韩国还是支援秦国，不甚明了，因此这里的"背"字当如何理解，众说纷纭；而且前文有景翠救援韩国的内容，因此更加混乱，笔者在此根据原文中说明的原因，译作了"背叛"。

啊。周王室与秦绝了交，就一定会投向贵国郢都的。

从前楚国在丹阳大败以后，已与秦国讲和了。秦武王在打算攻打宜阳时，也与魏国讲和了，因此，秦不可能不搞好和楚国的关系。如此一来形势就明朗了：最初，楚军发兵只不过是名义上要帮助友邦秦国，实际上并没有要和韩国作战的打算。当宜阳之战拖得越来越长时，楚军反而趁机威胁起了秦国的后方。战争结束以后，楚国一方面向韩国邀功，另一方面又向秦国施压以获得利益。

再从周王室的立场上考虑，为了能够继续生存下去，周王室必须依附于胜利的一方，因此必须预测出韩国和秦国之中谁会成为胜者。秦国强大但遥远，韩国弱小但距离近，因此周王室很难确定究竟哪一方更有优势。而且奸诈的旁观者楚国也掺和了进来，周王室必须要安抚它。

由于后文就再没有机会提到周王室了，因此笔者在这里要更加深入地探讨一下周王室的问题。《战国策·西周策》里记载了一段关于韩魏之间试图交换土地的故事，这段故事究竟发生在何时，我们不能确知，但基本上类似于宜阳之战以前周王室的情况。韩魏之间如果交换土地会对周王室很不利，此时一位叫作樊馀的人，为了西周国向楚王游说：

> 周一定要灭亡了。韩、魏交换土地，韩国将得到两县，魏国将失掉两县。魏之所以同意交换，是因为这样它可以完全包围二周（周当时已分裂为东周和西周两个诸侯国），这样魏国所得的地方比两县还大，九鼎又存放在那里。再说魏国有南阳、郑地和三川，又能包围二周，那么贵国长城以北的地方就危险了；韩国（和魏国共有的）的两个上党面对着赵国，就是赵国那险要的羊肠地带也危险了。所以，交换土地成功之日，贵国和赵国也就都变得无足轻重了。

楚王听后，便让赵国出面制止了这次土地交易。楚国看到秦国攻打宜阳就立刻发兵的情况，和楚国看到韩魏交换土地就立刻出面干涉的情况是相同的。

这件事情发生在周分为东周和西周两个诸侯国（前367）以后、西周灭亡（前256）之前。从魏国的立场上来说，土地交换是很值得尝试的。魏国的意图在于将上党交给韩国之后获得韩国的南阳和三川，以此来稳定大梁。而且魏国比韩国国力强盛，三川、南阳加上郑国旧地，完全可以包围、占领二周，那么河东至大梁就可以连成一片了。这对韩国也没有什么坏处，之前韩国和魏国共享上党，如此一来韩国就能独占上党，如果获得上党南边的魏国土地，就可以整顿目前以黄河为界一分为二的国土，凝聚国力。一个高瞻远瞩的君主的确会认为这是一件很值得谋划的事情。

关键问题在于周国。对于秦国来说，要实现自己的雄心壮志，必须将韩国的三川纳入版图，而在此之前魏国也伺机获得这片土地。隐身于宜阳背后的二周性命系于列国的均衡关系之中，因此一直以来他们总是费尽心机地去挫败那些企图攻占三川的势力。但是，这次他们的对手是实力雄厚的秦国，率领秦军的人又是拥有钢铁般意志的甘茂。

最终的结局是：魏国犹豫了很久都没有兼并周王室，反而是秦国占领了三川，兼并了二周，这样，秦国统一天下的形势就无法逆转了。二周虽然势微，可毕竟位于中国的中心，可谓四通八达。

耗尽私财攻克宜阳

甘茂一向行事缜密。据《战国策·赵策》的记载，甘茂在攻打宜阳之前，首先和魏国结盟，接着向北游说赵国也参与进来。不过赵武灵王统治下的赵国也非同寻常。甘茂到了赵国以后，赵国的策士冷向提出了相应的对策，一一列举了诸国间的利害关系：

不如扣留甘茂，不放他出来，以此与齐国、韩国、秦国进行交易。齐王想要求得宜阳，一定会献出狐氏县。韩国想要据有宜阳，一定用路县、涉县、端氏贿赂我国。秦武王想要得到宜阳，一定不爱惜世上有名的宝物。然而我国扣押了甘茂，秦国将因此安置公孙赫[1]、樗里疾。

扣留使臣只不过是一种权宜之计，很难称得上是什么对策。赵武灵王不可能听从冷向的建议，但也绝对不会答应甘茂的要求。从基本上来说，赵武灵王的政策就是不干涉、不介入。我们只能知道，当时齐国支持韩国时，列国都对甘茂十分恐惧。

接下来甘茂就要攻打宜阳了，秦国几乎是举全国之力派出了远征军。一般来讲，攻城都需要具备对方两倍以上的兵力。宜阳的守军就有十万人，那么秦国必须发动二十万以上的兵力，另外还需要一些搬运辎重的人力。虽然秦军蜂起攻打宜阳，可宜阳却久攻不下。在秦军抵达宜阳之前，上党和南阳的粮食已经堆积如山，因此宜阳也绝不会因粮食用尽而陷落。所以攻城的方法只有一个，那便是越过宜阳的城墙。即便甘茂自信满满，可随着时间的流逝，死伤者不断出现，秦军的士气也一落千丈。

比这更可怕的是楚国的动向。景翠率领着大军，在秦军的背后，依靠山势等待机会。秦军已经越过险地，走出了崤山的要塞，如果在宜阳战败，那么楚国一定会袭击秦国的背后。倘若楚军切断秦军的退路、韩军从宜阳城里出来，两国对秦军进行夹击的话，秦军必定全军覆没。《战国策·秦策》里记载了当时秦国朝廷之上的各种讨论、对策。战争开始以后，冯章对秦武王说："不攻克宜阳，韩、楚两国就会联合起来，趁我国疲困而发动进攻，国家必然危机！我国不如答应把汉中让给楚国，以此取得楚国的欢心。楚国一高兴就不

---

[1] 这里指的应当是《史记》中的公孙奭。

会进攻我国，那么韩国一定受到孤立，对我秦国也就无可奈何了！"

秦武王认为冯章说得很对。因此，冯章出使楚国，约定将汉中割让给楚国，这期间甘茂一直在攻打宜阳①。如果这段记载属实，那么楚怀王真可谓一位毫无计谋的昏君。楚国的问题不在于屡屡上当受骗，而在于反应迟钝。如果楚国真的想得到汉中，那么就应当在甘茂连续几个月攻打宜阳的情况下，在秦国的后方施加压力，给予秦国真正的威胁。如果秦国在宜阳之战中获胜，秦国就有恃无恐了，再加上韩国的力量，何必再割让汉中给它呢？如果秦国在宜阳之战中失败，它只要依靠自己的力量夺回汉中便可。到了那时，秦国必定会首先提出割让汉中，急着和它讲和。在残酷的天下秩序里，没有免费的午餐。如今秦国情势危急才会提出割让汉中给它，打赢战争以后情势反转，还会真的把汉中割让给它吗？楚国屡屡被秦国欺骗，居然还没有看清楚秦国的真实面目，实在令人可叹。而且一支没有明确目标的军队，一般来说也不会有作战的勇气。一般来说，楚国出兵以后，要么选择帮助韩国，要么考虑到与秦国的关系干脆按兵不动，二者选其一才是正常的举动。楚怀王却被利益蒙蔽了双眼，游走在秦国和韩国之间，玩弄一些小把戏。

甘茂已经猜到了楚国的行动。在宜阳之战中，楚国不断权衡利弊，最终背叛了秦国，与韩国联合起来，对此秦武王感到很恐惧。甘茂却断言说："楚国虽与韩国联合，但不会替韩国先出兵攻打我国，韩国也怕攻打我国时楚国在后面发难。这样，韩国和楚国必然互相观望。楚国虽然声言与韩国联合，但不想与我国结怨，因此臣认为楚国与韩国之间将会相互制约。"②

---

① 后面的故事是这样的。秦国占领宜阳以后，楚国督促冯章履行割让汉中的约定。于是，冯章对秦武王说："大王您就让臣逃离秦国吧，然后您便可以对楚王说'寡人并没答应给楚王土地（是冯章自作主张）'。"这种阴谋欺诈都算不上国与国之间的外交，这就是张仪在秦国制造出的氛围。日后这种阴谋欺骗蔚然成风，到了战国末期达到了顶点。

② 这段话也出自《战国策·秦策》。

甘茂非常确信楚国会磨磨蹭蹭，最终也不会有所举动，可问题在于甘茂在国内的政敌不这样想。战争持续时间越来越长，几个月以来，随着宜阳城外的战士不断牺牲，不出甘茂所料，国内果然出现了许多诽谤他的声音。

"大王怎能将国家的命运托付给一位客卿呢？听信客卿之言，我国最终会再次失掉汉中，一开始甘茂就没有攻克宜阳的能力。"

公族大夫团结一致地想把甘茂拉下台，韩国的一些人物也故意接近这些公族大夫，煽动他们让秦军班师回国。随着舆论不断恶化，秦武王也有点束手无策了。于是，甘茂便对秦武王说："（我们订立盟约的）息壤就在那里。"秦武王感到很羞愧，于是增加了攻打宜阳的兵力。当时的战争局势有多么残酷呢？据《战国策·秦策》记载，在攻打宜阳时，三次击鼓进军，士兵都不肯爬城。右将军尉对甘茂建议说："将军不用兵法治军（论兵），一定会陷入困境。"

他的意思是要甘茂处死这些不听命的士兵，以达到督军的效果。可甘茂却想出了一个特别的办法，他在秦军传统的攻击方式上，加入了一点东方的色彩，就像吴起对待士兵的做法一样。

他说："我客居秦国为秦相，因进军宜阳使秦王喜欢。如今宜阳攻不下来，公孙奭[1]和樗里疾在国内诋毁我，韩国的公仲侈也会在国外（战场）逼迫我，这就使我没有立功之日了。如果我明天进军还拿不下宜阳，就以宜阳郊外作为我的葬身之地吧。"

众所周知，依照秦国的军法，如果主将已死，只有部下回朝，这些部下都会受到严惩。这就是说，如果不能攻克宜阳，甘茂愿意豁出自己的性命，而他的部下也会跟着获罪，这份果断正是秦国的

---

[1] 《战国策·秦策》里所出现的与甘茂相互牵制之人是公孙衍，但《樗里子甘茂列传》中出现的人名却是公孙奭。公孙衍（犀首）在七年前率领卫国的军队大败于秦国，不可能被秦国所任用，而且公孙衍从前与张仪是宿敌。从行文来看，甘茂的意思是自己是寄居之人，而樗里疾和公孙奭则在秦国已经扎根颇深，因此这里的公孙衍应当是秦国的公孙奭。

治军方式。然后，他又拿出自己的钱财来奖励有功的人员。这表现了甘茂个人的睿智，而且颇具东方的色彩。

在甘茂的一番恫吓之后，第二天鼓声响起时，秦军就爬上了宜阳的城墙，攻克了宜阳。甘茂残忍地进行了报复，当时韩国死去的士兵足有六万人。从此以后，韩国逐渐沦为一个被秦国操纵的木偶。

领略完秦武王和甘茂这辆双套马车的威力，我们再站在韩国的立场上，总结一下战争的教训。如果楚国帮助了韩国，那么宜阳是不会被攻克的。宜阳被秦国所占领，从长远来看，对楚国并无益处。那么，楚国在帮助韩国这件事情上为何会那么迟疑呢？

自作自受的公仲侈

楚国最终也没有采取实际行动支援韩国，这可以归咎为楚国的机会主义，可是任何国家在本国没有受到直接威胁的情况下，都不会为别的国家承担全面风险的。从《战国策·楚策》里，我们可以找到一些蛛丝马迹，预示着楚国不会去援助韩国。

楚王对陈轸说："寡人听说韩侈（公仲侈）是个聪明能干的人，熟习诸侯间的事宜，大约能够避免宜阳的陷落。正因为他一定能避免宜阳的陷落，所以寡人想先替他据守宜阳，以此使他们更感激我们。"

陈轸回答说："请大王不要据守宜阳，不要相信韩侈。正是韩侈的小伎俩，才使宜阳陷入了困境。如今山泽中的野兽，没有比麋鹿更狡猾的。麋鹿知道猎人张好了大网，要前来把它赶到网里去，于是便掉过头跑来顶人。这样经过许多次，猎人了解了它狡诈的习性，举着网追赶麋鹿，麋鹿因此被捕了。如今诸侯都知道韩侈有许多狡诈的伎俩，因此一定有很多人举着网前进。请大王放弃这种打算，不要相信他。"

楚王采纳了陈轸的意见，宜阳果然被秦军所占领。从战略上来说，楚王的应对也许是正确的，而公仲侈的确因为经常要一些小手段，没能发动潜在的友邦的力量。韩国本是小国，小伎俩太多反而会身受其害。这正是苏秦在前文所指出的"小国不能为了获利而利用权变之策"的缘由。公仲侈的手段既非合纵，也非连横，而是随机应变、朝秦暮楚。请读者注意观察公仲侈以后的举动，看他又会依附于哪个国家。

总之，韩国的政治肯定是存在一些问题的。秦国任命甘茂攻打韩国之时，韩国派来应战的都是有公仲、公叔之类尊称的公族人士。他们并没有什么能力，只不过顶着公族的头衔尸位素餐。而甘茂在秦国并无任何根基，他独自来到秦国，经过了战争的考验才在秦国站稳了脚跟。那么，韩国的公族会是甘茂的对手吗？他们的气度实在有天壤之别。而且韩国的公族还分成了好几个派别，有的支持秦国，有的支持齐国或魏国。《战国策·韩策》里记载了这样一个故事：韩宣惠王想要并用公仲、公叔执掌国政，有一位叫作摎留的人劝说韩王不要这样做。

"大王不可以并用公仲、公叔。（中略）魏国并用公孙衍、张仪而失去了西河之外的土地。现在大王想同时任用两个人执政，势力强的那个一定会在国内树立自己的党羽，势力弱的那个也一定会凭借国外权势损害国家。群臣之中在国内树立自己党羽的人，必会对他的君主专横擅权；在国外结交的人，必会分裂国家土地。那样一来，大王的国家就一定会很危险了。"

这段话说得鞭辟入里，可韩王并没有采纳他的意见，韩国要遭受的磨难也没有结束。前文我们已经提到过，秦楚在丹阳和汉中大战，韩国袭击了楚国的后方，楚国不得不后退。当然楚国也曾背叛过韩国，它假装帮助韩国，却使韩国陷入了疲敝的境地。在这次战争中，楚国依旧不会帮助韩国。现在韩国受秦国的威胁更严重，凋敝的程度更甚，楚国也在渐渐地向韩国的方向发展。韩国在宜阳之战中失败以后，楚国就攻打了韩国凋敝的雍氏，当然楚国在攻打之时也巧立名目，言之凿凿地说攻打雍氏是出于旧怨，但实际上楚国是乘人之危，它看到韩国已然气息奄奄，才会发兵讨伐雍氏的。

我们再来看公仲侈是如何朝秦暮楚的。楚国包围了韩国的雍氏以后，韩国便向西周征兵调粮。①周君很忧虑，便向苏代讨教这件事。苏代回答说："大王何必忧虑呢？臣能让韩国不在西周征兵调粮，还能为大王得到韩国的高都。"周君说："如果先生能办成，请让寡人把国家大事交给先生管理。"

于是苏代便作为西周的使节，去拜见韩国的相国公仲侈。苏代对公仲侈说："先生没有听说楚国的计策吗？楚国将领昭应曾经对楚王说：'韩国疲于战争，粮库空虚，无力守城，我们趁韩国闹饥荒去攻打它的雍氏，不到一个月一定可以攻下来。'如今楚军围困雍氏，五个月还没有攻下来，这就暴露了楚军的困窘。楚王这时已经不相信昭应的计策了，可先生现在竟然向西周征兵征粮，这明摆着是在告诉楚国，韩国已经精疲力竭。如果昭应知道了，一定会劝说楚王增兵攻取雍氏，雍氏定会被攻陷。"

公仲侈说："先生说得对，可派往西周的使者已经启程了。"苏代说："先生为什么不把高都之地送给西周呢？"公仲侈听了以后生气地说："我不向西周征兵征粮已经很对得起西周了，为什么还要把高都送给西周呢？"苏代说："假如先生能把高都送给西周，那么西周会再次（背叛秦国）跟韩国修好，秦国知道以后，必然大为震怒，不仅会焚毁西周的符节，还会断绝使臣的来往。这样先生就能用破败的高都换取一个完整的西周了。"于是，公仲侈就果断决定不向西周征兵征粮，并且把高都送给了西周。

这段故事太富有戏剧性了，可信度不高。韩国已经失去了宜阳，哪还有什么能力觊觎西周呢？就算韩国割地给西周，也已朝不保夕了，西周也不可能去依附它。这大概是后人看到焦虑的韩国竟然去阿谀奉承西周，又想到公仲侈的变化无常，才杜撰出来的。总之，公仲侈爱耍小伎俩几乎是尽人皆知了。如果韩国真的割地给西周，那就证明韩国的纲纪已涣散到无可救药的地步了。

---

① 出自《战国策·西周策》。

韩国如今只能相信秦国了，于是公仲侈派使者出使秦国，乞求曾经的敌人甘茂，秦国的应对表现得很从容。

在这里我们要插播一段中国历史上脍炙人口的"淫荡"故事。司马迁大约是觉得这段故事实在难以启齿，便大幅缩减了这段故事，而《战国策·韩策》里则有详细的记载。

楚军包围了韩国雍氏城长达五个月，韩王不断派出使者向秦国求救，恰逢秦武王薨，秦昭王立，因秦昭王年幼，便由宣太后执政。宣太后本是楚国人，曾经被韩国所欺凌，因此对韩国的请求只是顾左右而言他。她对韩国的使臣尚靳所说的一番话，可谓精彩绝伦。她说："我服侍先王时，先王把大腿压在我身上，我感到疲倦不能支撑，可是他把整个身子都压在我身上时，我却不感觉重，这是为什么呢？因为他对我有益处。秦国想帮助韩国，但兵力不足、粮食不多，没有办法解救韩国。解救韩国的危难，每天要耗费数以千计的银两，难道不能让我得到一点好处吗？"

宣太后以男女之事为喻，但这并非淫荡的调笑，而是高度精练的外交言辞，她难道不是在暗示尚靳，韩国必须把整个国家交给秦国，才能得到帮助吗？为了获得利益，宣太后磨磨蹭蹭地不去救韩国，甘茂也对韩国使者的求助置若罔闻。秦国的算盘是等楚韩两败俱伤之时再介入，但绝对不会允许楚国占领韩国。后来韩王又派张翠出使秦国，张翠谎称自己有病，出使之路走得很慢。张翠一到秦国，甘茂就问他说："看来贵国已经很危急了，居然会让先生抱病前来求助。"张翠说："我国还没到危急的时刻，只是快要危急了。"甘茂说："我国堂堂大国，我王智慧圣明，贵国的危急之事我国没有不知道的。现在先生却说贵国并不危急，这说得过去吗？"张翠说："我国一旦危急就转向归顺楚国了，我怎么还敢来贵国？"甘茂对张翠机敏的言辞表示敬佩，他说："（我知道了，）先生不要再说了。"

然后甘茂就进宫游说秦王说："公仲侈以为能够得到我国的援助，所以才敢抵御楚国。现在雍氏被围攻，而我军不肯去援救，这就势必要失去韩国。公仲（亲秦派）因为得不到我国的援救而忧郁不上朝，公叔（亲楚派）就会趁机让韩国向南去跟楚国讲和。楚国和韩国结为一体，魏国就不敢不听从，这样一来，楚国就可以用这三个国家的力量来图谋我国，它们共同进攻我国的形势就形成了。不知是坐等别人来进攻有利呢，还是主动进攻别人有利呢？"

秦王于是采纳了甘茂的建议，出兵去解救韩国，楚国很快从韩国撤军。甘茂一旦决定救援韩国，就立刻在决定性的瞬间发兵救韩。相反，当时甘茂围攻宜阳五个多月，而楚国的景翠却没有采取任何行动。这大概就是秦国和楚国、甘茂和景翠的差别吧。

甘茂离开秦国——生活仍要继续

虽然甘茂为秦国立下了汗马功劳，可他仍然只是一名客卿，而这位客卿离开秦国的时刻猝不及防地来临了，因为他的支持者秦武王忽然薨逝了。秦武王是一位壮士，喜欢炫耀力气。他与诸位力士比赛举鼎，没想到鼎掉下来砸断了他的腿，他就这样意外身亡了。这件事情发生在甘茂攻克宜阳的第二年，碍于甘茂刚立了大功，他并没有立刻被逐出秦国，但公族对他的攻击日甚一日。甘茂无论做什么，都会有人诽谤他，而且列国也害怕甘茂，都纷纷展开攻势，希望能把他拉下台。于是，甘茂去攻打魏国时，决定在中途逃走①。甘茂与张仪不同，他从不行欺诈之事，而是专注于建立军功，所以当他离开秦国的时候，心情应当是苦涩的。

甘茂离开秦国，目标国家是齐国。据说甘茂在离开时，在路上偶遇了出使秦国的苏代。苏代的故事我们将在下一章里详细讲述。《战国策·秦策》里记载了这段传说般的故事，虽然它真实性比较低，

---

① 这段故事出自《史记·樗里子甘茂列传》，但《史记·秦本纪》里记载说秦武王一死，甘茂就到魏国去了。因为《列传》记载比较详细，所以这里采用了《列传》的说法。尽管年度记载稍有不同，但秦武王死后甘茂就动身向东确是事实。

但可谓《战国策》中顶尖的优美文章。甘茂出了函谷关以后，遇见了苏代①，便凄然地对苏代倾诉自己的身世。

甘茂说："您听说过江上女子的故事吗？"苏代说："没听说过。"

甘茂说："江边生活着很多女子，其中有一个家贫买不起蜡烛的。其他女子就一起商量要把她赶走。家贫无烛的女子准备离去了，她对其他女子说：'我因为没有烛，所以常常先到，一到便打扫屋子，铺席子。你们何必爱惜照在四壁上的那一点余光呢？如果赐一点余光给我，对你们又有什么妨碍呢？我自认为对你们还是有用的，为什么一定要赶我走呢？'其他女子听了以后，又相互商量，认为她说得对，就把她留下来了。现在我由于没有才德，被秦国赶走，出了函谷关，愿意为先生打扫屋子，铺席子，希望不要把我赶走。"②

苏代说："好，我将设法让齐国重用将军。"

苏代很怜悯甘茂的处境，便到秦国为甘茂游说，此时秦武王已死，接替他的是秦昭王。苏代说："甘茂是贤能之士，并不是一般人，他在贵国受到几朝重用。从崤山、函谷关到鬼谷③，贵国的险阻要冲，他无不了如指掌。万一他通过敝国联合韩、魏，反过来图谋贵国，就会对贵国十分不利。"

秦王说："那可怎么办呢？"苏代说："大王不如多备厚礼，以高位重金聘其回国。他要是回来了，就把他软禁在鬼谷，让他老死在那里，诸侯又凭什么图谋贵国呢？"秦王说："原来如此。"

于是，秦国给甘茂以上卿的高位，又拿了相印到齐国去迎接他，

---

① 《战国策·秦策》里这段文章的前半部分记载的是"苏子"，而后半部分记载的则是"苏秦"。在这里依据《史记》的记载，应写作"苏代"，当时苏秦已死。

② 《史记·樗里子甘茂列传》中甘茂曾对苏代恳切地说"茂之妻子在焉，原君以徐光振之"，意思是拜托他照顾自己的妻子儿女。

③ 《战国策·秦策》中的原文是"自殽塞、溪谷"，意思很模糊，《史记·樗里子甘茂列传》中这句话变成了"自殽塞及至鬼谷"，这里采用了《列传》的说法。

甘茂却推辞不就。苏代又到了齐国，对齐王说："甘茂是贤能之士，眼下秦王给他上卿的高位，拿了相印来迎接他。甘茂却因为感激大王的恩德而不去秦国，情愿做大王的臣子。现在大王到底打算怎样对待他呢？如果大王不挽留他，他一定不会再感激大王。以甘茂之才，如果让他统帅强秦的军队，那就难对付了。"齐王说："好。"于是赐甘茂为上卿，让他留在齐国。

甘茂的子孙都留在了秦国，为秦国服务。秦国虽想让甘茂回来，但甘茂却再没有回去。诸侯害怕甘茂再回到秦国发挥自己的才能，因此对甘茂回秦之事也加以阻碍，可此时秦国已经用尽了他的才能。

3. 赵国的大改革——胡服骑射

赵武灵王曾起用苏秦谋求合纵，是一位当之无愧的英雄君主，接下来他又要进行一场军事大改革，而这场改革在中国战争史上也是数一数二的。除此以外，赵武灵王在外交上也罕见地实行了一贯的政策。合纵失败以后，赵国遭遇了几次战争，但从此以后，赵武灵王宣布不再介入诸侯争端，而将赵国的战略方向转移到了北方。当时秦国占领蜀地时并没有受到诸侯的干涉，赵武灵王便效法秦国，将北方的诸多胡族赶走，并且也没有受到诸侯的牵制。但秦国会对赵国的发展坐视不理，眼看着这位曾主导合纵的英雄君主所向披靡吗？况且赵武灵王的改革里还隐藏着其他意图。

我们首先来考察一下骑兵战术的历史意义。创立世界帝国的波斯人曾经骄傲地宣称他们凭借战马的力量建立了国家，那么什么是"战马的力量"呢？

战马在战斗中发挥着两种作用。其一，战马可以拉战车。用战马拉着的战车在平地上可以制服步兵。其二，战马可以载人。人类骑马的历史悠久，可追溯到迄今 6000 多年以前[①]。但是人类学会骑马射箭还需要 3000 年的时间，因为在马上射箭，需要一种双重弯曲形复合檀弓，而这样的弓箭要到公元前 1000 年前后才会出现。倘若弓箭太长，人骑在马上的时候就不能前后左右、自由自在地射箭。当弓箭的性能有了极大的提高，弓箭的长度也大大缩短以后，才产生了最早的初级骑兵。几百年以后，波斯和斯基泰人的弓箭手才能在马上得心应手地射箭。又过了不久，亚洲北部草原上的胡族也开始骑马射箭。

秦国在与赵国、胡族作战的过程中，已经知道了骑兵的存在，并逐渐意识到了骑兵的重要性。骑马作战拥有很多优点。首先，当地势崎岖不平时，骑兵可以让战车部队瘫痪，这也是波斯早期征服希腊和巴比伦定居民族的原因。骑兵可以灵活地左冲右突，而战车只能往几个固定的方向回转。骑兵本身虽然打击能力有限，但如果将骑兵、战车、步兵编成混合军团，就会产生巨大的威力。其次，骑兵的威力并非仅仅体现在战斗中，他们还有更大的侦查范围，从而提高了作战的弹性，加之骑兵可以不必在意地形，随意移动，因此作战范围也相应地拓宽，且骑兵的移动速度也有了无可比拟的提高。

那么，中国为何在那么长的一段时间里都没有采取骑射的战术呢？当然，这有可能是因为骑射更适合草原，对于春秋时代的战车战和战国时代的攻城战来说，骑射并没有多大的作用。不过，与战车战相比，骑射战发展得也太慢了，当然，保守性也是骑射战发展滞后的原因之一，中原人认为骑射部队是蛮族才有的军队。在骑兵

[①] 最近，有学者通过研究马匹牙齿的方法，将人类骑马的历史追溯到了更早以前。"在公元前 3700 年以前的黑海—里海草原上，也就是哈萨克草原上就已经出现了骑马的痕迹。在公元前 3700—前 3000 年，骑马术通过黑海—里海草原传播到了其他地方。"（David W. Anthony, The Horse, the Wheel, And Language,Princeton University Press【2007】,P.277）

普及之前，如果作战时遇到复杂的地形，士大夫要从战车上下来，与步兵一同战斗。在讲述春秋时代的故事时，我们曾经提到过，作战时士大夫都不想从战车上下来，因此司令官往往要强制性地把他们从战车上拉下来。

驾驶战车射箭是士大夫的特权，然而赵武灵王却要打造一支骑射部队，于是引发了朝野上下一片反对之声。要成为骑兵射手，首先要有好马，更要有资本支持他们进行长时间训练。因此，在农耕社会里要成为一名骑兵并非易事，这与游牧社会有很大的不同，这种情况也阻止了骑射部队的产生。

然而，赵国终究还是建造了养马场和训练场，意图培养骑兵，这次主导变革的人正是赵国的君主。那么，士大夫会认可骑射部队吗？赵国的朝野之上，因此展开了一场激烈的辩论。

有独知之虑者，必被庶人之怨

接下来让我们通过《史记·赵世家》来聆听这场关于"胡服骑射"的争论[①]。

首先，赵武灵王在自己的一干宠臣面前进行了一场著名的演讲，他指出，胡服骑射的确是一种强兵的措施。

接下来，赵武灵王十九年（前307）正月，信宫举行了一场盛大的朝会。赵武灵王召见了肥义，同他讨论天下大事（当然是指外交），谈了五天才结束。赵武灵王到北边巡视中山国的地界，到了房子县，又去了代地，北到无穷，西到黄河，登上黄华山顶。然后，赵武灵王召见楼缓商议说："先王趁着世事的变化，做了南边领地的君长，连接了漳水、滏水的险阻，并依此修筑长城，又夺取了蔺城、郭狼，

---

① 关于这一内容，《战国策》的记载比较详细，但与《商君书》混杂严重。当然，《史记·赵世家》中的很多句子也与商鞅的游说类似，但司马迁凭借自己独到的眼光已经进行了一次过滤。因此，在这一部分里我们采用了《史记·赵世家》的内容。

在茬地打败了林胡人，可是功业尚未完成。如今中山国在我们腹地，北面是燕国，东面是东胡，西面是与林胡、楼烦、秦国、韩国的边界，如果不追求强兵，这样下去国家早晚要灭亡，怎么办呢？要取得高出世人的功名，必定要受到背离习俗的牵累。（夫有高士之名，必有遗俗之累。）寡人要穿起胡人服装。"楼缓说："很好。"

楼缓曾经附秦，后来又回到了赵国。虽然他曾经有过种种令人不信任的举动，但此时他似乎是赵武灵王最亲近的大臣。可是其他的大臣都不同意穿胡服，赵武灵王于是强调穿胡服的目的是为了攻打北方。当时肥义在旁侍奉，赵武灵王对他说："简子、襄子二位主君曾积极地图谋胡、翟之利。做臣子的，获得了荣誉就应有明孝悌、知长幼、顺从明理的德操（孝悌长幼顺明之节），通达时应建立既可利民又能益君的功业，这两方面是臣子的本分。如今寡人想继承襄主的事业，开拓胡人、翟人所住之地，这可是从前的主君都没有实现的事情。与力量较弱的人为敌，用力少而能取得更多的功效，可以不耗尽百姓的力气，就能继续两位先主的勋业。凡是高出世上功业的人，就要承受背弃习俗的牵累；有独特智谋的人，就要听任傲慢民众的埋怨。如今寡人要穿胡人服装、骑马射箭，并把这个教给百姓，可是世人一定要议论寡人，怎么办呢？"

肥义是一位忠诚、正直、刚毅的臣子。他说："臣听说做事犹疑就不会成功，行动犹豫就不会成名。大王既然已决定承受背弃风俗的责难，就无须顾虑天下的议论了。追求最高道德的人不附和世俗，成就大业的人不找凡夫俗子商议。从前舜跳过有苗（三苗）的舞蹈，禹穿过裸国的衣服，他们不是为了满足欲望和愉悦心志，而是用这种方法宣扬德政，并取得了成功。愚蠢的人事情成功了他还不明白，聪明人在事情尚无迹象的时候就已看清楚了。大王还犹疑什么呢！"

赵武灵王说："穿胡服的作用寡人不犹疑，寡人恐怕天下之人要嘲笑寡人。无知的匹夫以为快乐的事情，也就是聪明人所以为的悲哀；蠢人讥笑的事，贤人却能看得清楚。即便是顺从寡人的人，也不知道穿胡服的功效。即便世人都来嘲笑寡人，胡地和中山国寡人也一定要占有。"

于是赵武灵王就穿起了胡服，并派人转告公子成。公子成是赵武灵王的叔父、公族的长辈，也是一位野心勃勃的人物①。赵武灵王明白，只要能够说服公子成，那么公族都会照做的，这大约也是公子成曾表示反对的缘故吧。赵武灵王要求公子成率先穿上胡服，并用有些强势的语气向他施压。

赵武灵王说："寡人将要穿上胡服上朝，也希望叔父穿上它。家事要听从双亲，国事要听从国君，这是古今公认的行为准则；子女不能反对双亲，臣子不能违背君主，这是兄弟间通用的道理②。如今寡人制定政令，改变服装，可是叔父倘若不穿，寡人恐怕天下人要议论。治国有常规，利民是根本；处理政事有常法，令行禁止最重要。宣传德政要先从平民谈起，而推行政令就要先让贵族信从。

"如今寡人穿胡服的目的，不是为了满足欲望和愉悦心志。事情要达到一定的目的，功业才能完成；事情完成了，功业建立了，然后才算妥善。如今寡人唯恐叔父违背了处理政事的原则，助长人们对叔父的议论。况且寡人听说过，做有利于国家的事，行为不会偏邪；依靠贵戚的人，名不会受损害。所以，寡人愿仰仗叔父的忠义，来成就胡服的功效。"

但公子成反对改革之事，这应该也是当时领导阶层的普遍观点。公子成再拜叩头说："臣已听说了大王穿胡服的事，臣无能，卧病在床，不能奔走效力、多多进言。大王即命令臣，臣便斗胆回答，这是为了尽臣的愚忠。

"臣听说中原是聪明智慧的人居住的地方，是万物财用聚集的地

---

① 《史记·苏秦列传》中公子成曾经以奉阳君的身份出现，他很憎恶苏秦。但《史记·赵世家》里记载他的封号是"安平君"。

② 原文是"子不反亲，臣不逆君，兄弟之通义也"，意思不通顺，似乎有遗漏的内容。

方，是圣贤进行教化的地方，是仁义施行的地方，是诗书礼乐应用的地方，是特异敏捷技艺试验的地方，是远方观览趋赴的地方，是蛮夷乐于效法的地方。如今大王舍弃这些而穿起远方的服装，那就是变更古时的教化，改易古时的正道，违反众人的心意，背弃学者之教，远离中原风俗，所以臣希望大王仔细考虑此事。"

使者回去如实禀报，于是赵武灵王便决定亲自出面，他说："寡人本来就知道叔父抱恙，要亲自去请求他。"赵武灵王于是前往公子成家中，对他进行了一番演讲。

赵武灵王说："衣服是为了便于穿着，礼是为了便于行事。（中略）剪掉头发，身上刺花纹，臂膀上绘画，衣襟开在左边，这是瓯越百姓的习俗；染黑牙齿，额上刺花，戴鱼皮帽子，穿粗针大线的衣服，这是大吴国的习俗。礼制服装各地不同，但为了便利这一目的却是一致的。（中略）我国东有黄河、薄洛津，并和齐国、中山国共享这些河流，可没有舟船设施。从常山直到代地、上党，东边是燕国、东胡的国境，西边是楼烦、秦国、韩国的边界，可迄今我们仍然没有骑射的装备。没有舟船的设施，住在河两岸的百姓，将用什么守住黄河、薄洛之水呢？所以寡人认为，我们应该改变服装、练习骑射，以防守同燕、三胡、秦、韩相邻的边界。

"况且从前简主（赵简子）没有堵塞晋阳和上党的险要，襄主（赵襄子）吞并戎地、攻取代国以排斥各地胡人，这是愚人和智者都知道的事实。从前，中山国依仗齐国的强大兵力，侵犯、践踏我国土地，掳掠我国百姓，引水围困鄗城，如果不是社稷神灵保佑，鄗城几乎失守。先王以此为耻，可这个仇至今还没有报。如今有了骑射的装备，近可以使上党的地势更为有利（近可以便上党之形），远可以报中山国之仇。可是叔父却要顺从中原的习俗，违背简主、襄主的遗志，厌恶变服的恶名而忘掉了鄗城被困的耻辱，这不是寡人所希望的。"

公子成再拜叩头回答说："臣愚钝，没能理解大王的深意，竟敢乱说世俗的见解，这是臣的罪过。如今大王要继承简主、襄主的遗志，顺从先王的意愿，臣怎敢不听从王命呢！"

于是公子成便穿上胡服上朝，这时赵武灵王才发布了改穿胡服的命令。不过公族中仍然有许多人不愿意遵守命令。但赵武灵王的意志很坚定，他说："先王习俗不同，哪种古法可以仿效？帝王们不互相因袭，哪种礼制可以遵循？（中略）效法古代的学说，不足以治理今世（法古之学，不足以制今）。你们不懂这个道理啊！"

赵武灵王于是着手全面打造骑射部队。他之所以有精力做这件事情，是因为他退出了列国的诸多纷争，为赵国赢得了一段相当长时间的和平。

接下来我们就跟随《史记·赵世家》的脚步，看一下赵武灵王推行胡服骑射以后的举动。第二年（前306），赵国攻打中山国，达到宁葭，攻打胡族，到达了榆中。当年，林胡王向赵国进献马匹。回来后，赵国派楼缓出使秦国、仇液出使韩国、王贲出使楚国、富丁出使魏国、赵爵出使齐国。让代相赵固掌管胡地，招募胡地士兵。第三年（前305），赵国再次攻打中山国，过了一年，又一次攻打。就这样，赵国不停地攻打北方，版图终于囊括了云中、九原。

赵国之所以要向诸侯各国派出亲近他们的使臣，是为了稳定外交，例如楼缓是亲秦派，而富丁则是亲魏派。一般的君主可能并不愿意将亲秦派的臣子派往秦国，将亲魏派的臣子派到魏国去，赵武灵王之所以这样做，为的是向列国表示自己并没有与列国为敌的意思。我们还需要注意的一点是，赵武灵王在不断地招募胡地的士兵。那么，他为什么要这么做呢？

兼并中山，图谋攻秦

赵武灵王很有主见，不会轻易被臣子的言辞所左右。他尽可能地先去攻打其他诸侯不会干涉的土地，比如，对中山国，他势在必得。中山国位于山地之中，易守难攻，赵国打了很久也没有攻克。

但如果放任中山国不管，它又总是和齐国联合起来牵制赵国。那么，究竟该如何攻克？为了避免赵国发动大规模的攻势，中山国故意没有修建大路，因此要攻打它，就需要能越过山地的骑兵。下面我们通过《战国策·赵策》去看一下赵国攻打中山国的过程。

时间为公元前299年，当时齐国正驱使韩、魏攻打秦国，齐国的薛公孟尝君已经开始全权负责齐国的政治。富丁主张赵国与齐、魏联合，而楼缓则主张齐国和秦、楚联合。富丁担心主父（当时赵武灵王已经退位，成为太上王，被称为主父）会听信楼缓的话与秦、楚联合，司马浅便为富丁向主父游说。他的言辞中暗含着攻打中山国的秘密策略。

他说："我们不如顺从齐国。如果我国不顺从齐国讨伐秦国，秦、楚必定联合起来进攻韩、魏。韩、魏向齐国求救，齐国（当时已经和楚国联合）不想讨伐秦国，必定用我国（赵国曾想联合诸国讨伐秦国，可当时诸国没有同意，事情就变成这样了）作为推辞的借口，那么我国（不得不）讨伐秦国，（如果赵国讨伐秦国时不积极），韩、魏必定怨恨我国[①]。齐国的军队不向西进攻，韩国一定（忍不住）听从秦国的指挥背叛齐国，背叛齐国而亲近秦国，（秦韩联合的）兵祸一定会来到我国头上。

"倘若我们顺从齐国，而齐国仍然不向西进攻，韩、魏必定断绝与齐国的邦交，它们断绝与齐国的邦交之后，就都会来侍奉我国。况且，即便我们顺从齐国，齐国也不会向西进攻的。从前，楼缓在魏国住了三个月，都没能拆散齐、魏的邦交。如今我们顺从齐国，如果齐、魏果真向西进攻，这就是破败齐国和秦国的好办法，我国

---

① 原文是："必以赵为辞，则伐秦者赵也。"鲍本的《战国策》上，后一句是"则不伐秦者赵也"，也就是说，增加了一个"不"字。那么，鲍本中的这句话可以解释为"不讨伐秦国是因为赵国"。无论怎样解读，这句话都是指齐国最初想攻打秦国，却以赵为借口没有攻打，所以赵国被大家埋怨。

154

中山国的文物错金虎（左）、错金龙（右）　中山国地势险要，可以轻易阻止战车部队。而且中山国一直与齐国联合起来牵制赵国，因此赵武灵王对中山国势在必得。

一定会成为天下诸侯重视的国家。"

可是主父的原则是不介入诸侯纷争，他说："我们跟三国一起进攻秦国，会与他们一同破败。"

富丁则指出"我们的目的并非攻秦"，并提出了一种"声东击西"的新奇策略。

司马浅说："不是这样的。我们与三国（齐、韩、魏）结盟，并通告秦国，但是还没有把中山国牵扯进来。三国想要进攻秦国是真心，必定会满足我们的要求（同意赵国占领中山国，或是占领中山国的土地与中山国讲和），与我们呼应。中山国如果听从，我们就能依靠三国力量撼动中山国而取得土地；如果中山国不听从，三国一定和它断绝邦交，这是孤立中山国的好办法。三国如果不回应我们，我们可以（向秦国）少派一点远征兵。我们分兵孤立中山国，使它削弱，中山国一定灭亡，然后用剩余兵力与三国一起攻打秦国，这是我们一举从秦国、中山国两处割取土地的好办法。"

当齐、魏、韩三国打算攻打秦国时，赵武灵王并没有要参与的意思，关于这一点我们将在下一章详细讲述。他很清楚联合军各有自己的算盘，那么富丁提出的这条计策如何呢？趁着三国的注意力都放在西方秦国的身上时，赵国佯装帮助他们，实际上却去攻打中山国。这正是赵武灵王想要的，因此他最终没有听从楼缓的计策，而是采纳了富丁的建议。富丁是亲魏派，但意志不坚定，经常左右摇摆，而楼缓是亲秦派，后来带着赵国内部情报到秦国去了，因此也不值得信赖。但是，当主父还健在的时候，情形就不同了，因为他懂得如何利用他们。只要君主具有深刻的洞察能力，即使臣子没有节操，也可以为其所用。

《战国策·赵策》里有这样一段记载：

> 韩、齐、魏三国进攻秦国，赵国攻打中山，夺取了扶柳，五年以后独占了滹沱河。

公元前299年，恰逢赵武灵王让位给儿子，而他成为太上王，被称为"主父"之时。赵武灵王采纳了富丁的计策，实现了赵国的夙愿。那么，为何赵国一直以来垂涎于中山国却无法得手，直到赵武灵王时期才得以实现夙愿呢？这正是赵武灵王招募了胡地士兵的缘故。赵武灵王二十一年（前305）的记载清楚地展现了赵国的军事编制，而此时赵国已经做好了攻打中山国的准备，我们来看一下这段记载：

> 赵袑率领右军，许钧率领左军，公子章率领中军，武灵王统率三军。牛翦率领车骑（战车队，或是战车队和骑兵的混合部队），赵希一并率领胡与代的士兵。赵希与诸军通过陉口，到曲阳会师……（原文为：赵袑为右军，许钧为左军，公子章为中军，王并将之。牛翦将车骑，赵并将胡代。赵（希）与之陉，合军曲阳……）

这段记载在军制史上十分重要。它表明，在赵国的军事编制里，除了战车队（或是战车队和骑兵的混合部队）以外，还有一支部队，这支部分就是由胡人和代人组成的骑兵部队，他们肯定是赵国的雇佣兵。他们骑马行进，因此可以在山脉中断的地方，也就是山势陡峭的地方随意移动。中山国之所以能够坚持到今天，是凭借着险峻的山势，阻挡战车部队的缘故。但这次战役中，赵国的三军选择了走大路，而骑兵则选择了走狭窄的山路，最终在中山国会师。春秋时代，人们在作战时尽量不分散军队，因为分散以后很难确定会师地点和出发地点。但有了骑兵以后，情报传递起来就会比较容易，也就可以兵分两路进行袭击了。面对经过山谷、山坡，兵分多路进击的赵军，人口稀少的中山国怎么能够抵挡呢？被孤立的中山国终于迎来了灭亡的时刻。

　　赵武灵王招募胡族和代国的骑兵，真的仅仅是为了攻打中山国吗？他的野心远不止于此。赵武灵王企图通过改革实现赵国的中兴，他在继位二十七年之际让位给了儿子，自己则制定了一个宏伟的计划：在攻打胡族的同时，利用胡人的骑兵，直捣秦国。这是一个全新的计划，是从前山东诸国从未想过的。下面我们就通过《史记·赵世家》中的一段记载，来领略赵武灵王为普通人所无法企及的雄才

梦想中兴赵国的赵武灵王　赵武灵王企图通过改革实现赵国的中兴，他在继位二十七年之际让位给了儿子，自己则制定了一个宏伟的计划：在攻打胡族的同时，利用胡人的骑兵，直捣秦国。可惜他的这番宏图还未实现，就因大臣李兑而死于非命。

伟略。

> 主父想让儿子（惠文王）自主治国，自己就穿上胡服，率领士大夫到西北巡视胡地，并想从云中、九原直向南方袭击秦国，于是他亲自乔装成使者进入秦国。秦昭王没有觉察，过后惊怪他的状貌特别魁伟，不像人臣的气度，立即派人追赶，可是主父早已飞马奔出了秦国的关口。昭王仔细询问（其他的人），才知道那是主父，秦人非常惊恐。主父所以要进入秦国，是想亲自察看地形，并趁机观察秦王的为人。

他的计划具有划时代的意义：直接将函谷关变成无用之地，从北方一举攻克咸阳。从北方南下的道路并不适合战车、牛车行进，但骑兵完全可以克服这些障碍，不过骑兵的速度很关键。作战时不可能依靠骑兵攻城，因此必须一举拿下。为此，必须切实地熟悉秦国的地形，所以赵武灵王才会亲自入秦。正因为这份远大的计划，他才会远离列国之间的纷争，将主要精力放到了北方的胡地上，正如当初秦国占领蜀地一样。

壮志未酬，祸起萧墙

但赵武灵王的这一雄伟计划却未能付诸实施，因为在他还未来得及率领胡兵攻打秦国时，就死于非命了，而且祸起萧墙。在处理外部事宜的时候，他是一个快刀斩乱麻的快意男儿，但是在家庭中，他却是一个优柔寡断的男人。历史上很多君王都因为私人感情而破坏了原则，赵武灵王也步了他们的后尘。让我们通过《史记·赵世家》来解读赵武灵王令人唏嘘的结局。

赵武灵王的长子章是一位颇为出众的人物。在攻打中山国之时，他曾率领中军作战，由此可见他也很有将才，所以被赵武灵王立为太子。可赵武灵王后来遇到了一位心爱的女人，也就是吴娃，之后，吴娃便几乎享受了赵武灵王的专房之宠，后来吴娃生下了儿子何。赵武灵王老来得子，对何十分宠爱，以至于在太子并无大错的情况下，改立何为太子。等何长到十多岁的时候，赵武灵王就退位做了太上王，人称主父，即君主之父。何最终登基为王，是为赵惠文王。赵武灵王退位为太上王之时，章已经有了封地代，封号为安阳君。

可当赵武灵王看到章在朝廷上做自己弟弟的臣子时，心下又觉得不忍，便想让赵章做代国之王。一国怎能有两君呢？赵武灵王的这种想法相当于要将赵国一分为二。由于众人的反对，这一计划最终作罢，可公子章会对此作壁上观吗？他被弟弟夺去了王位，本就心怀不满，如今父亲似乎有些回心转意了，他怎能错过这一机会？于是他等待着合适的时机。

大臣李兑一直密切地注视着公子章的动态，他建议相国肥义要么先发制人，要么将政治托付给公子成以避祸。他说："公子章强大、健壮，并且心志骄狂，党徒众多，野心很大，恐怕会有私心吧！仁人博爱万物，智者防患于未然，不仁不智，怎能治理国家？您何不声称抱恙，不出家门，把政事移交给公子成呢？不要成为怨恨汇集的地方，不要做祸乱发生的阶梯。"

肥义是支持赵武灵王胡服骑射改革的名臣、忠臣，正因为如此，赵武灵王才会把政事托付给他。肥义当场就拒绝了这一建议。他说："不行。当初主父把新王托付给我的时候说：'不要变更你的法度，不要改变你的想法，坚持一心，直到你去世。'（毋变而度，毋异而虑，坚守一心，以殁而世。）我再拜之后接受王命，并且谨记了下来。如今惧怕他们作乱而忘记我谨记的王命，有什么罪过比这样的变节更大的呢！上朝接受了庄严的王命，退朝后却不全心全意，有什么错误比如此负心更严重的呢！您已对我赐教，并给我忠告，尽管如此，我已有言在先，始终不敢违背。"

然后李兑便私下去见了公子成，提醒他预防叛乱，肥义则叫来了值得信赖的高信，让他准备应对叛乱；并且，肥义担心君王的安危，规定有人请见君王一定要先同他见面。

主父很喜欢游山玩水。这天他和惠文王到沙丘游览，分住两处宫室。公子章就利用党徒和田不礼作乱，诈传主父命令召见赵惠文王，他打算等赵惠文王一进来就把他杀死。那时他已经授命手下将他的父亲关押起来了。肥义担心君王的安危，便先进入了主父的行宫，结果公子章的手下立刻将他杀死了。谁料高信站到赵惠文王的身边，并带着武装士兵与他们作战。这段时间里，公子成和李兑已从国都调集了大规模的军队来到沙丘。

叛乱最终平定了，那么主父会安然无恙吗？这时事情却出现了反转。公子章被打败后，逃到了主父的房间里，主父开门收留了儿子，可最终公子章还是死了。公子成和李兑商量说："由于赵章的缘故，我们包围了主父，即使现在撤兵，我们这些人也是要被灭族的啊！"于是，他们就对宫中的人说"最后出来的人灭族"，宫里的人全出来了。主父想出宫但出不来（出来就会被杀死），宫里面又没有食物，他只好去掏雏雀充饥，三个多月以后，宫里再也没有吃的东西了，主父就饿死在了沙丘宫。他的死令人想起春秋时代的霸主齐桓公，实在是令人唏嘘不已。赵武灵王一世英名，却最终因为儿子死于臣子之手。

司马迁对这一事件的解释是，当时赵惠文王年少，公子成、李兑专政，两人害怕被杀，所以围困主父。据《史记·六国年表》记载，赵武灵王得到吴娃生下公子何，也就是后来的赵惠文王，是在公元前310年。那么，赵武灵王死时，赵惠文王不过十五岁。由此推算，赵惠文王继承王位时也不过十几岁。放着好好的长子不立，反而让一个乳臭未干的小毛孩儿继承王位，势必会让长子的周围聚集起一帮人来。而李兑虽然很有能力，却不像肥义那么正直、忠诚。于是，这位在北方攻城略地，又图谋从北方用骑兵攻打秦国的一代英雄就这样带着自己未竟的事业，与世长辞了。

赵武灵王执政之时举国安定，这在史书上都有记载。在胡服骑射改革前后二十年的时间内，他尽量避免与列国发生战争，切实地开拓了包括中山国在内的北方领土。此时恰逢合纵破裂，秦国屡屡欺侮楚、魏、韩，而魏、韩也经常与齐、楚产生龃龉、发生战争。为了与秦国一争高下，齐国曾试图建立新的、由东方主导的反秦联合。而赵武灵王从不介入这些纷争，专注于培养自己的力量，壮大赵国的军队。正是在这一时期，赵国兼并了小而强的中山国，让自己的实力切实地凌驾于燕国之上。

　　在赵武灵王辞世五年多之后，秦国已经可以随意蹂躏韩国和魏国了，从此便正式开始攻打赵国。战国时代，一个国家如果错失了机会，就一定会遇到危机，这几乎是一个定律。赵武灵王去世三十年之后，赵国遭遇了整个战国时代，甚至是世界战争史上最令人发指的灾难，而制造这场战祸的精锐部队正是秦国的骑兵！赵武灵王在九泉之下必定会为这一情形叹息不已吧。

第 6 章

合纵的破裂，连横的变形
——孟尝君的第二次合纵

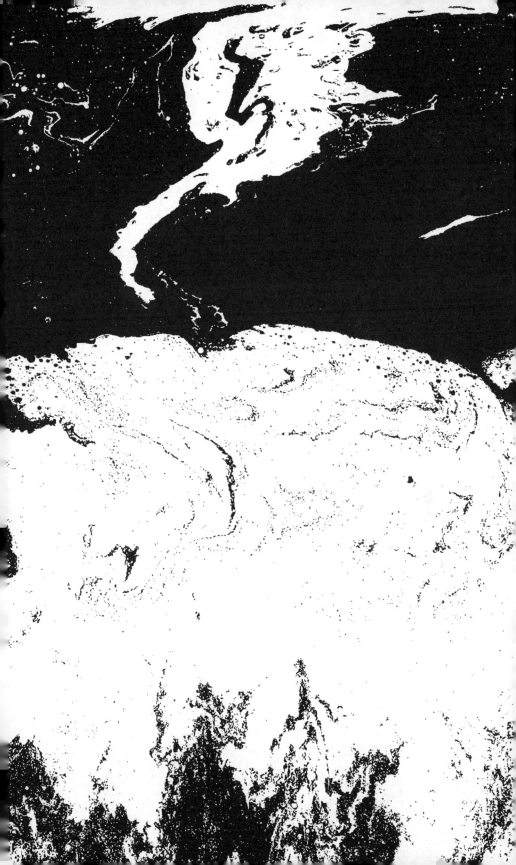

本章中我们会看到由孟尝君发起的第二次合纵。当第二次合纵再次破裂时，连横便华丽变身，实现了新的发展。本章中我们首先会接触到政治家孟尝君，他在公元前300年前后登上历史舞台，屹立在战国时代政治的风口浪尖二十多年。然后，我们会通过孟尝君的举动，分析当时两大强国，即齐国和秦国的举动。但本章依然要从楚怀王——这位用贪婪治理国家的君主说起。楚国反复无常，一会儿亲齐，一会儿亲秦，这些举动都遭到了齐国和秦国的讨伐，而齐国此时负责国政的人正是孟尝君。孟尝君组织起了第二次合纵迫近秦国，主导了各国的外交，而且其规模不亚于苏秦的第一次合纵，但最后却被齐国的君主扯了后腿，导致第二次合纵失败。

在孟尝君的全盛时代结束之时，主理秦国政治的人正是宣太后的弟弟、秦昭王的舅舅魏冉。他长于谋略，精于人事，任用了杰出的军事家白起。白起和吴起一样，都是百战百胜的名将。他意志坚强，行事残酷，他的存在支撑起了秦国的强硬政策。在伊阙之战中，白起甚至制造了尸体堆积如山的大屠杀，他仅凭军事力量就给了三晋联合以致命的打击。三晋联合本是合纵的核心，如今就连它也难以为继了。

当春秋战国这部大片徐徐落下帷幕的时候，齐、燕之间展开了一场谍报战，而这场谍报战的主人公就是苏秦的弟弟、双重间谍苏代，任用苏代的人正是齐湣王与燕昭王。齐湣王在东方图谋霸权，而燕国差点为齐国所灭，这让燕昭王受到了严重的心理创伤。苏代偶尔也会为齐国出谋划策，但基本上来讲，他自认为燕国才是自己的母国。

本章将从楚国的彷徨讲起，然后探究孟尝君的第二次合纵与白起的军事作战问题，最终以燕昭王与苏代相遇，制订图谋齐国的计划结束。下一章我们会继续讲述苏代和乐毅合作无间攻打齐国的故事。

面对越来越强大的秦国，山东诸国会没有自己的对策吗？但是，秦国东面有函谷关横亘，山东诸国实在拿秦国没有办法。函谷关固若金汤，它阻挡着山东诸国的所有计划。这段时期，三晋忙于阻挡秦国东进；楚国反复无常、不断动摇，最终自毁长城；齐国贪得无厌、差点亡国；燕国意图以齐国为跳板成为强国，但心有余而力不足。下面就让我们置身于这20年的全景图中，欣赏这段波澜壮阔的历史。

1. 左冲右突的楚国外交——楚王遭遇监禁

有人说"战争乃国之大事，必须慎重"，而外交既可以阻止战争，也可以让战争走向胜利，因此对战争谨慎的人，必定会对外交同样谨慎。赵武灵王当政之时，国家之所以能安享太平，是因为赵武灵王实行了一贯的、稳定的外交政策。财匮力绌却轻易发动战争或应战，无缘无故抛弃老朋友或更换伙伴，这些都是治理国家的君主所应竭力避免的。当然，如果能与周边的所有国家都维持友好的关系是再好不过的，但在交到新朋友的时候，也绝不能怠慢了老朋友，这才是大国的外交。即使心中有所希冀，也不能轻易地显露出来，否则就会招来敌人。如果想向比自己强大的国家复仇，只能韬光养晦、广交朋友。

楚国为什么会引来血雨腥风，最终丢失了汉中呢？直接原因当然是楚怀王为张仪所欺骗，但根本的原因却在于楚怀王的贪婪，他妄图获得土地而背叛了齐国，最终才导致了这场祸患。汉中之战已然结束，接下来的几年，楚国一直在等待卷土重来的机会，没有与秦国作战。幸运的是当时秦武王正在集中精力攻打韩国。

等韩国的宜阳也落入了秦国之手，战火会再次蔓延到楚国，恰好这时，齐宣王派人给楚王送来了一封信，据推测，这件事应该发生在公元前306年或公元前305年[①]，这封信的内容大抵如下：

"大王还在侍奉秦国吗？如今韩国和魏国都争相侍奉秦国。如果韩国、魏国侍奉秦国，那么燕国、赵国也会跟着侍奉秦国。四国争相侍奉秦国，那么贵国就会成为秦国的一个郡县。大王为何不与我协力收服韩、魏、燕、赵，和他们合纵一起尊崇周王室，以便按兵养民，号令天下？那时，大王率领诸侯共同讨伐秦国，一定能打败秦国。大王便可以夺下武关、巴蜀、汉中地区，占有吴国、越国的财富，贵国将比现在强大百万倍。况且大王被张仪欺诈，丧失汉中，大军在蓝田受挫，天下人没有不替大王心怀愤怒的。今天大王竟想先侍奉秦国！望大王仔细考虑吧。"

齐湣王所说的这些话颇有道理，但眼下楚国已经与秦国讲和，尽量回避战争。朝堂之上意见纷纷，有人主张侍奉秦国，有人主张接受齐国的提议，此时大臣昭雎站了出来。

昭雎说："我们应当和齐国联合。即便大王您从东边的越国得到再多的地盘，如果不能从秦国收回失地，都不足以雪耻。秦国在宜阳打败韩国，可韩国依然侍奉秦国，韩国这样做只不过是为了免于灭亡。如果秦国攻打韩国之时，赵国和我国相互呼应，韩国必定会灭亡。韩国要免于灭亡，就必须依靠我国。如果我们和齐国亲善，可以让韩国侍奉我国，我国也就能够从秦国收复失地了。"

于是楚国便与齐国联合了起来。实际上像楚国这样的大国，自

[①] 接下来的故事是以《史记·楚世家》为基础整理而成的。据《楚世家》的记载，这封信是齐湣王派人送来的，但实际上应当是齐宣王。《楚世家》还记载说这封信是在楚怀王二十年时收到的，实际上从昭雎的回答来看，这件事情应当发生在两年以后，也就是宜阳落入秦国之手、韩国要回武遂之后。

主选择友邦并不是什么大问题，当楚国想要和齐国亲善之时，秦国也下功夫想收买楚国。秦国之所以想与楚国交好，只不过是暂时需要集中精力攻打韩、魏，而且秦武王突然崩殂，秦昭王刚刚登基，秦国亟须稳定外交罢了。楚国如果想向秦国复仇，就应该注意不忤逆其他国家的心意，但楚国的举止却很轻率。而且楚国作为一个大国，为提高自己的身价而进行欺诈外交是很危险的。

当秦国积极地向楚国表达亲善之意时，楚国再次同意了。秦楚结成婚姻同盟，秦国还把楚国上庸归还给楚国，两国在黄棘订立盟约。总之，楚国就是这样反复无常，问题就出在这里。齐国本想成为第二次合纵的盟主，但楚国却再次附秦，原计划破裂，因此齐国便率领着韩、魏的军队联合讨伐楚国。楚国让太子到秦国当人质请求救助，秦国就派客卿通率军救助楚国。关于这场战争，历史上并没有留下什么记载，从这一点来看，规模应该不是很大。

但事情就是这样的跌宕起伏，在秦国做人质的楚国太子竟然惹了麻烦。公元前302年，楚国太子在秦国做人质时，与秦国一位大夫私下殴斗，楚太子杀死了他，并逃回了楚国。那个年代在殴斗之时，偶尔会发生身份高的人杀死对方的事情。但如果自己身负国家的命运，在别国做人质，做出这样的事情，首先应当向该国的君主说明事情的经过，乞求对方的宽恕吧。在没做出任何解释的情况下就逃回本国，是对对方的无视。愚蠢的太子逃回了楚国，战火也随着他蔓延到了楚国。

次年，秦国就和齐国、韩国、魏国共同攻打楚国。据《史记·秦本纪》的记载，这件事情发生在公元前299年，但《史记·六国年表》以及各世家都将这件事情的时间记载为公元前301年。在这场战争中，楚国大将唐昧死去。

然而事情远没有结束，次年，秦国再次出兵攻打楚国，杀死两万楚兵，楚国将军景缺战死。情势危急之下，楚国派太子到齐国做人质求得和解。第三年，秦国又攻打楚国，夺取了八座城邑。楚国并非弱国，不至于屡战屡败，如此不堪一击，只是如今四方树敌，无法集中精力与秦国作战。

为什么会这样呢？当楚国的力量还不够强大的时候，它背叛了秦国，与齐国联合起来，将自己的意图袒露无遗。当秦国将上庸归还给楚国之时，楚国又与秦国联合起来，招来了齐国的怨恨。当齐国和魏国联合起来攻打楚国时，楚国又把太子送到秦国做人质，请求秦国的救援。但太子却因为私事背叛了国家，逃回了楚国。这次的错误明显在楚国，因此秦国便拉拢齐国和魏国，名正言顺地攻打楚国。随着秦国的攻势越来越猛烈，楚国又把太子送到齐国去做人质，与齐国联合。楚怀王总是被利益蒙蔽了双眼，在决定国家外交的重大事宜时太过感情用事。正当楚国焦头烂额的时候，秦昭王派人给楚怀王送来了这样一封信：

"当初寡人和大王结拜为弟兄，在黄棘盟约，大王让太子做人质，关系十分融洽。太子杀死寡人的要臣，竟不道歉就逃走了，寡人确实愤怒之至，便派军侵占大王的边境。今天听说大王让太子到齐国做人质求得和解。我国和贵国接壤，本来就结成了婚姻，互相亲善友好很长时间了。当今秦楚两国关系恶化，就无法号令诸侯。寡人希望和大王在武关相会并盟约，订立盟约后再分离，这是寡人的愿望。"

这件事情发生在楚国屡屡败给秦国之际，此时秦国提议会盟，楚国很难拒绝。但如果楚王真的赴会，又担心秦国会耍什么花招。对此，昭雎劝楚怀王不要赴会。

昭雎说："大王不要前去赴会，只要派军队加固边境防守即可。秦国乃是虎狼之国，不能相信，它有吞并诸侯的野心。"

可是王子兰却劝楚怀王前往，他说："我们为什么要断绝与秦王的友好关系呢？"

最终楚怀王听了儿子的话，到了会盟的地点。但楚王一到，秦兵就关闭了武关，劫持楚怀王到了咸阳。到咸阳以后，秦昭王对待楚怀王就像对待附属国的臣子一般，不用平等的礼节。不仅如此，秦昭王还要挟楚国割让巫、黔中的郡县给秦国，才会放楚怀王回去。楚王想先订立盟约，可秦王想先得到地盘。遭到这样的侮辱之后，楚怀王终于表现出了最后的气概，他生气地说："秦国欺诈寡人，又强迫要挟寡人割让地盘！"

楚怀王不同意割地给秦国，秦国因此扣留了他。在秦国的残暴之下，不仅楚国人，就连其他诸侯也都战战兢兢。如今楚王被扣留，太子在齐国做人质，楚国应该怎样打开局面呢？

在这种情况下，秦国和楚国都希望齐国能站到自己这边来。此时齐国有一位政治人物站到了政治的风口浪尖上，他便是薛公田文，更以"孟尝君"这一封号而闻名。基本上来说，他是一位合纵主义者。恰逢齐国迎立新君，这位新君就是才华横溢、野心勃勃的齐湣王。当秦国和楚国相互结怨，都想拉拢齐国做自己的友邦时，齐国的国际地位便有了大幅的提高。那么，齐国会有怎样的举动呢？

2. 具有君王气度的王子

孟尝君田文的父亲靖郭君田婴以供养众多的食客而闻名。但是与父亲相比，孟尝君的气度更加轩昂，几乎将所有的财产都用于养士，因此门下聚集了很多食客。他出身公族，却周游于列国，左右着齐国的外交，甚至还率领军队，睥睨天下。

他自出生之时就很不寻常，《史记·孟尝君列传》里记载了这样一个故事。

当初，田文的父亲田婴有四十多个儿子，田文是田婴的小妾所生。当时民间有种说法，即五月生的孩子将来会伤害父母，而田文是五月初五日出生的。因此，田文一出生，田婴就让他的母亲把他扔了，可田文的母亲还是偷偷把他养活了。等他长大后，他的母亲便想办法把他引见给田婴。田婴原本以为这个孩子已经扔掉了，见到这个孩子以后便愤怒地对他的母亲说："我让你把这个孩子扔了，你竟敢把他养活了，这是为什么？"田文的母亲还没回答，田文立即叩头大拜，接着反问田婴说："您不让养育五月生的孩子，是什么缘故？"田婴回答说："五月出生的孩子，长大了身长跟门户一样高，会对父母不利（伤害父母）。"田文说："人的命运是由上天授予呢，还是由门户授予？"（人生受命于天乎？将受命于户邪？）田婴不知怎么回答好，便沉默不语。田文接着说："如果是由上天授予的，父亲何必忧虑呢？如果是由门户授予的，那么只要加高门户就可以了。"田婴无言以对，只能说："你不要说了！"后来，田婴终于看到了儿子的才干，便让他接待宾客，宾客来往不断，日益增多。

田文就是后来的孟尝君，他凭借封地薛城，掌控着全国的政治，那么他究竟有着怎样的气度呢？他在历史上留下了许多脍炙人口的故事，其中关于他的气度的故事更是不胜枚举。下面我们就来看看《战国策·齐策》中关于他的几段故事。

孟尝君门客之中，有个人十分爱慕孟尝君的夫人。有人把这事告诉了孟尝君，并说："食君之禄，却与君之夫人私通，此人也太不够义气了，您何不杀了他呢？"孟尝君说："悦人之貌，渐生爱心，此亦人之常情，您不要再提此事啦。"

过了一年，孟尝君招来那个爱慕自己夫人的门客，对他说："先生在我这里的时日也不算短了，却一直未能为先生觅到好职位，小官职先生又会不屑一顾，恰好如今的卫君与田文是布衣之交，田文愿替先生准备车马钱币，请您去报效卫君。"

这位门客便到卫国做事，后来齐、卫两国关系一度出现剑拔弩张的局面，卫君很想背叛齐国，这时那个门客站出来威胁卫君说："大王听从臣的劝告也就罢了，如若不听，像臣这样不肖的，也会把自己颈项之血溅在大王的衣襟之上！"

当然，食客的这种言行只不过是无赖之辈的威胁手段，并非掌管国家之事的人应有的举动。但从这段故事中我们可以管窥到孟尝君收买人心的能力。

还有这样一段故事。孟尝君出巡诸侯各国，到达楚国时，楚王要送给他一张用象牙制成的床，而把这张床运到齐国去的事情就托付给楚国人办了。可有谁愿意搬运这么贵重的象牙床去齐国呢？承担这件事情的人便找到了孟尝君的门客公孙戌，请他帮忙。那个人说："那张床价值千金，稍有损坏，我即使卖掉妻室儿女也赔不起。先生不如设法让我免掉这个差使，我愿以先人宝剑为报。"

于是公孙戌去见孟尝君，说："臣请求您不要接受楚人馈送的象牙床。"孟尝君问："为什么呢？"公孙戌说："诸国之所以以相印授公，是因为听说您在齐地有怜恤孤贫的美德，在诸侯中有存亡继绝的美名，诸国君主才以国事委任于您，这实在是仰慕您的仁义廉洁。可您在楚国就接受了象牙床这样的重礼，巡行至其他小国，他们又该拿什么样的礼物馈赠于您呢？所以臣希望您万不可受人之礼。"孟尝君有所感悟，便说："我接受你的建议，不再接受象牙床了。"

因为这件事，孟尝君在门扇上写道："谁能传扬田文名声，而谏止田文犯过，即使私自在外（外国）获得珍宝，也可迅速来谏！"

孟尝君备受诸侯的信赖，具备合纵长的资质。但正如前文所指出的那样，孟尝君的家族以薛为封地，势力强大，颇受齐国王室的忌惮。

《战国策·齐策》里还记载了一段故事，而这段故事发生的具体时间不明。当时孟尝君在薛地，楚国来攻。淳于髡[①]为齐国出使楚国，回来时经过薛地。孟尝君让人准备大礼，亲自到郊外去迎接他，并对他说："楚国人进攻薛地，可先生却不为薛地忧虑，我（肯定会战败）以后不能再伺候先生了。"淳于髡说："恭敬地听从殿下的命令。"

---

① 《史记·滑稽列传》中的淳于髡是一位擅长讲笑话，但却真心为别人着想的典型。

淳于髡回到齐国，汇报完毕，齐湣王说："先生在楚国见到什么了？"淳于髡回答说："楚国人似乎一定要开战，然而薛地人也太自不量力了。"齐湣王说："先生说的话是什么意思？"淳于髡回答说："薛人自不量力，为先王建立宗庙。楚国人固执地一定要攻打薛地，宗庙肯定危险。所以说薛人不量力而行，楚国人也太固执了。"齐湣王听到淳于髡的话以后，脸色变得和蔼了起来，他说："啊！先君的宗庙在那里呀！"便急速发兵去援助薛地。

薛地本就是齐国的领土，为何齐湣王要听了臣子的游说才发兵营救呢？这是因为齐湣王对孟尝君很忌惮，这就暴露了齐国田氏王族的弱点，他们带有篡权者的原罪意识，很害怕别人篡夺自己的权力。齐湣王比齐宣王更加有勇有谋，而孟尝君在国内外也树敌颇多。

当秦国扣留楚怀王，向齐国示好之时，正是孟尝君当政之时。那么，当这个政治课题摆在孟尝君的面前时，他要如何应对呢？孟尝君算是一位合纵主义者，因此他意图以此为借口攻打秦国。可是，秦国也将秦王的弟弟泾阳君送来当人质，想与齐国亲善。如果接受泾阳君做人质，齐国就需要给对方一份答礼。礼物是什么呢？正是合纵主义者孟尝君。秦国之所以把孟尝君叫到本国来，是为了巩固秦齐联盟，图谋三晋和楚国。因此，孟尝君忽然陷入了必须到秦国去的处境。这个扣留了楚怀王的国家，值得信任吗？

3. 孟尝君逃跑事件

秦国连年掠夺楚国，并费尽心机地亲近齐国。可孟尝君绝非等闲之辈，他知道自己如果入秦，势必会负责齐秦外交，那么只能无可奈何地支持齐秦友好，孟尝君为此斟酌再三。关于孟尝君入秦事件，《战国策·齐策》里有一段颇具文学色彩的、隐秘的对话。

孟尝君准备西入秦国，劝阻的有数千人，但他一概不听。苏代[①]也想劝他，孟尝君也不听他的，说："人世间的事情，我都知道了；我所没有听说过的，只有鬼怪之事罢了。"苏代说："臣这次来齐国，路经淄水，听见一个土偶和桃人交谈。桃人对土偶说：'你原是西岸之土，被捏制成人，到了八月，天降大雨，淄水冲来，你就残缺不全了。'土偶说：'你的话不对。我是西岸之土，即使为大水所毁也仍是西岸之土。而你是东方桃木雕刻而成的，天降大雨，淄水横流，你随波而去，还不知止于何地呢？'现在那秦国关山四塞，状如虎口，而殿下入秦，臣不知道殿下能否安然而出。"相传孟尝君听了之后就取消了行程，但这不过是一段野史，实际上孟尝君遵从了国家的命令，动身去了秦国。

孟尝君从很早之前就努力搜集秦国情报，掌握秦国的实力。据《战国策·齐策》的记载，他早已派自己的人到秦国去试探秦昭王的能力了。下面这段对话大约发生在孟尝君入秦的前夕，而此时孟尝君已经倾向于合纵了。当时诸侯之间的谍报战十分激烈，当公孙弘知道孟尝君决定图谋合纵之后，就对孟尝君说："殿下不如先派人观察一下秦昭王是一位怎样的君王。观察之后，如果认为秦王是帝王一样的君主，殿下将来恐怕会担心不能做他的臣子，哪有闲暇实施合纵来与他为难？观察之后，如果认为秦王可能是个不才的君主，那时殿下再实施合纵与他为难，也不算晚。"孟尝君说："好，希望先生趁机亲自前往观察一下吧。"

公孙弘答应以后，便率领十辆兵车到了秦国。秦昭王听到这个消息，想要用言辞羞辱他。公孙弘拜见秦昭王之后，秦昭王就问："薛公（孟尝君）的封地有多大？"公孙弘回答说："方圆一百里。"秦昭王说："寡人的土地有数千里，目前还没有人敢与寡人为敌。如

---

① 《战国策·齐策》里记载为苏秦，此处按照《史记·孟尝君列传》修改为苏代。

今孟尝君的封地不过方圆百里，却要与寡人为敌，这能行吗？"公孙弘唐突地回答说："孟尝君尊重贤士，大王不尊重贤士。"

秦昭王问："孟尝君尊重贤士，到什么程度呢？"公孙弘说："只要合乎正义，即使不做天子之臣，不做诸侯之友，也在所不顾。得志，即使做人君，也当仁而不让；不得志，也不曲意作为人臣。像这样的人，他算得第三个。如果说到治理国家，他可以做管仲、商鞅的老师，若他的君主喜爱正义之理，听信正义之行，他能使君主成就称霸称王的大业，像这样的人，他算得第五个。如果大王身为令人敬畏的万乘之君，却侮辱外交使节，使节就将和大王同归于尽，像我这样的人，要算第十个。"

秦昭王笑着向公孙弘道歉，说："贵客何必这样，寡人只是跟贵客谈论问题罢了！寡人跟孟尝君很友好，希望贵客一定把寡人的心意转告给孟尝君！"公孙弘说："谨遵君王的命令。"

秦昭王想与孟尝君为友，又派泾阳君去做人质，齐湣王很难拒绝。实际上，齐湣王内心讨厌孟尝君，很想把他送到秦国去。齐湣王长于权谋，他心中殷切地期盼秦国去攻打三晋和楚国。当秦国攻打东方时，齐国不可能遭遇直接攻击，因此，他打算伺机攻打那些国家的后方，尤其贪图宋国的领土。于是孟尝君不顾别人的忧虑，经函谷关入秦。

孟尝君到了秦国以后，秦昭王就委任他做宰相。可秦国的谋略家都很清楚，孟尝君基本上并不亲秦。而且孟尝君供养着数量庞大的食客，秦国有很多人将会因为孟尝君的食客而官职不保。其中有一位名叫金受[1]的人向秦王进谗言说："孟尝君的确贤能，可他是齐王的同宗，现在担任我国宰相，谋划事情必定先替齐国打算，而后才考虑我国，我国可要危险了。"

---

[1] 《史记·孟尝君列传》里并没有出现进谗之人的名字，但《史记·秦本纪》里面则出现了"金受"这一名字。

当然，的确存在这种可能性，因为孟尝君原本就是合纵论者。于是，秦昭王就打消了将政事托付给孟尝君的打算，并把他囚禁起来，企图杀掉孟尝君，但笔者并不相信秦国要杀死孟尝君的记载。秦齐并不接壤，秦国没有办法获得齐国的土地，秦国干吗要杀死孟尝君与齐国结怨呢？但可以确定的是，秦国的确不再对孟尝君委以重任，并意欲清除他的政治势力。孟尝君可不像楚怀王那样会束手待毙，他的麾下拥有数千食客。这里笔者想插播一段有趣的野史，增加阅读的趣味性。

　　孟尝君察觉到了秦国的意图，便决定逃走，但又实在没有办法，便派人去见秦昭王的宠妾请求解救，那个宠妾提出条件说："我希望得到孟尝君的白色狐皮裘。"

　　那件白色狐皮裘天下无双，但孟尝君到秦国后已经将它献给了秦昭王。孟尝君问食客，谁能想出办法。这时有一位食客站出来说："我能拿到那件白色狐皮裘。"在座的人回头一看，原来是一个会学狗叫、偷东西的人。当夜，他化装成狗，从狗洞中钻入了秦宫中的仓库，偷出献给秦昭王的那件狐白裘。宠妾得到狐白裘之后，便替孟尝君向秦昭王说情，秦昭王于是释放了孟尝君。

　　孟尝君获释后，立即驱车向东逃离。秦国知道孟尝君出逃以后，立刻派出追兵追捕他。夜半时分，孟尝君到了函谷关，按照关法规定，鸡叫时才能放来往客人出关。眼看追兵就要赶到，万分危急的时刻，宾客中有个会学鸡叫的人开始学鸡叫。他一学鸡叫，附近的鸡随着一齐叫了起来。守关的士兵于是打开了关门，孟尝君得以逃出函谷关。

　　诸位读者可能很难相信这种野史。即便秦国没有杀死孟尝君的意图，可孟尝君受到威胁逃出秦国确有其事。孟尝君对秦国憎恶之极。从此以后，他更加坚定了实行合纵的决心："秦国必定会成为我国的敌人。"

4. 孟尝君的第二次合纵

孟尝君回到齐国以后，立刻着手谋划反秦联合作战。当时图谋合纵的人物都非同一般，陈轸就是其中的一位，他曾经多次提出各种出奇制胜的谋略，下面我们就来听一下他的合纵理论。

继苏秦的第一次合纵之后，孟尝君主导了第二次合纵，因此陈轸的这段游说之辞可以看作是彼时的作品，他的言辞是毅然决然的。当秦国攻打魏国的时候，陈轸联合起韩、赵、魏之后，又东到齐国游说齐王：[1]

古代圣王兴兵征伐，都是为了匡正天下、建立功名，以便能够造福后世、流芳千古。如今齐、楚、燕、韩、魏、赵等六国，彼此互相侵略征伐越来越甚，不但不足以建立功名，反倒使秦国强大、本国衰弱，这绝对不是山东诸侯的战略对策。

能够灭亡山东诸侯的只有强秦。如今六国不但不联手抗拒强秦，反而互相削弱，到最后必然两败俱伤，被秦国吞并，这是臣为山东诸侯担忧的主要原因。秦国毫不费力，天下诸侯就拔刀相向；秦国连柴火都不必用，天下诸侯就自动替秦国烹煮自己。（天下为秦相割[2]，秦曾不出力；天下为秦相烹，秦曾不出薪。）秦国真是聪明，山东诸侯又是多么愚鲁啊。但愿大王能多多注意！

古代的三皇、五帝、五霸兴兵征伐，都是为了铲除无

---

① 这段游说出自《战国策·齐策》。

② 这句话经常被解释为"天下诸侯就互相割让土地给秦国"，但这与后面的句子不呼应。虽然韩、魏曾割地给秦国，但齐国和燕国并没有。"相割相烹"，笔者认为解释为"六国相互之间为了争夺土地或复仇而拼命争斗"更合理。

道的暴君，但是现在秦国征伐天下（山东诸国）恰好与古代相反，结果只能是亡国之君死于屈辱，亡国之民死于掳掠。现在韩、魏人的眼泪还没有干，只有贵国人侥幸还没有惨遭秦国蹂躏，这并不是由于贵国和秦国亲善，或者由于韩、魏与秦国交恶，只是由于贵国离秦国远，韩、魏离秦国近罢了。现在贵国离灾难已经不远了，因为秦国正想要攻打魏国的绛县和安邑，等秦国占领了绛县和安邑之后，再继续往东沿黄河进兵，如此必然能顺着黄河往东攻打贵国[①]，占领贵国土地一直达到东海之滨，接着更向南进兵，使韩、魏、楚陷于孤立，向北进兵使燕、赵陷于孤立。如此贵国就无计可施了，希望大王慎重考虑。

现在韩、魏、赵三国已经又联合在一起，再度成为兄弟之邦，而且相约共同出精兵去保卫魏国的绛县和安邑，这都是长远的计划。贵国如果不赶紧出精兵联合韩、赵、魏三国，那贵国必将后患无穷（必有后忧）。韩、赵、魏三国联合以后，秦国必然不敢攻打我国，而是转过头往南攻打楚国，楚、秦既然兵连祸结，那时韩、赵、魏三国由于愤恨贵国的不肯支援，必然出兵攻打贵国。这就是臣所说的贵国必有的大后患，因此贵国应该赶紧出兵联合韩、赵、魏三国。

齐国果然采纳了陈轸的策略，马上出兵联合韩、赵、魏三国。孟尝君组织起了一支联合军，既可以为当初秦国意欲监禁自己的行为报仇，又可以为秦国监禁楚怀王而讨伐秦国。孟尝君兼具信义与能力，这次又是强大的齐国主导了合纵，因此，备受秦国欺凌的韩

[①] 原文是"表里河以攻齐"，直译是"以黄河为表里，向东攻打秦国"，这里的"表里"是什么意思呢？有两种可能的解释，一种是沿着黄河的南岸和北岸东进，另一种是沿着水路和陆路东进。

国和魏国不可能不同意。《史记·六国年表》上记载说韩魏、齐曾攻打秦国，《史记·孟尝君列传》里也有同样的记载，但《史记·秦本纪》中却记载说是齐、魏、韩、赵、守、中山共同攻打秦国。由于赵武灵王采取了不介入的政策，赵国应该没有参与这场战争，或者说只派了极少的兵力。前面一章我们已经观察过，当时赵国正在不断攻打中山国，并有意选择了三国攻打秦国的时机。这场战争跟以前的完全不同。《史记·六国年表》中记载黄河和渭水曾经停流了一天。司马迁制作《六国年表》的依据是秦国的史书《秦记》，如果说这场战役秦国取得了胜利，那么史书上必然会有相应的记载，还会记载各诸侯国死亡的人数，但是《六国年表》上并没有。这场战争应当相当惨烈，士兵们的尸体将黄河和渭河的水都堵住了，而且秦国必定是失败了。因此，这场战争中联合军的气势应当十分雄壮。《战国策·秦策》中有如下的一段记载，秦国狼狈地与对方要求讲和，看来秦国的形势确实很危急。

三国（齐国、韩国、魏国）攻打秦国到了函谷关以后，秦昭王对楼缓说："三国的军队已经深入腹地了，寡人想将河东的土地割让给他们来讲和。"

秦昭王认识到，当时的形势已是千钧一发，三国的军队如果进入函谷关，咸阳就岌岌可危了。因此，秦昭王割让了河东的三座城邑予三国讲和。根据《秦本纪》的记载，联合军攻打到了盐氏（地址不详），秦国向韩、魏割让了河北和封陵，与他们讲和。孟尝君将楚国在齐的人质——楚太子送回了楚国，并一跃成为天下政治舞台上的一位巨人。

楚怀王最终的结局如何呢？他在秦国结束了悲惨的一生，尸体被运回了故国。他在位期间做出了各种错误的决定，但临终之前拒绝了秦国的要求，展现出了英雄气概的一面。但因为楚怀王，原本强大的楚国没落成了一个中等国家，这是一个不争的事实。

5. 谋神与战神主导的伊阙之战

下面我们将西方和东方进行一番对比。齐湣王精明强干，但性格傲慢多疑。他一直视薛邑为眼中钉、肉中刺，随着孟尝君名望渐盛，齐湣王的不满也越来越多，而且不断有人举报孟尝君意欲谋反。恰好孟尝君的一位门客威胁了齐湣王，因此孟尝君不得不逃到国外去。齐湣王调查了一番之后，并没有发现孟尝君谋反的证据，因此孟尝君又回到了齐国，但他请求回到薛邑，安静地颐养天年，齐湣王同意了他的请求。

此时，西方秦昭王的舅舅穰侯魏冉正忙着招贤纳士。当初，魏冉杀死了所有威胁王位的人，稳定了秦昭王的地位，而且秦昭王的背后还有女中豪杰宣太后。魏冉是宣太后的弟弟，宣太后是秦昭王的母亲。魏冉的弟弟芈戎也很有领兵作战的天赋。秦昭王年幼之时，魏冉负责守卫咸阳，宫中之事大体上都是由他和宣太后处理的，因此魏冉的势力仅次于君王。

时间到了公元前294年，积极的合纵主义者孟尝君失势以后，韩、魏立刻遭到了秦国的欺凌。秦国首先攻打了魏国，接着又攻打了韩国。于是魏、韩联合起来对抗秦国，由于孟尝君不在政治中心，齐国并没有出面参加联合。这场战争中，秦国军队的将领正是白起（在下一章中我们将会目睹白起的各种活跃表现）。对于三晋来说，谋神魏冉任用战神白起是一场灾难。那么白起是如何击退联合军的呢？

白起率领的秦军和韩、魏、东周的数十万大军在伊阙对峙，结局如何呢？答案是，白起全歼韩魏联军二十四万人，生擒了韩国的主将公孙喜，夺取了五座城池，越过黄河攻打了安邑。全歼二十四万人会是真的吗？出乎意料的是，史书中对这场战争的描述很少，但它居然出现在了《战国策·中山策》白起与秦王的对话中。白起是这样回忆伊阙之战的：

伊阙之战，韩国势单力孤，只考虑利用魏国，不想先驱使自己的军队。魏国依赖韩军训练有素，想把韩国军队推到前面做先锋。两国军队只顾自己方便，力量不均衡，因此臣下才能设下疑兵与韩军对阵，另派精锐军队冲击魏军，出其不意。魏军已经失败，韩军自然也就溃退了，乘胜追击败北的军队，臣下因此才能立下战功。这都是因为考虑了地形是否有利、军队的形势如何才顺理成章，哪有什么神兵啊。

韩、魏相互看彼此的眼色，韩国本来就势单力薄，为了不损害自己的军队，便想把战争推给魏国主导。而魏国认为韩国是精锐部队，便将先锋的任务推给韩国，没有做什么准备。当韩军和秦国的诱敌部队（疑兵）对峙之时，白起却忽然率领全军攻打魏军，出其不意地打败了魏军之后，韩军也就溃退了。看来伊阙之战中，韩、魏都已溃不成军，完全在被动挨打，因为联军中没有一位像孟尝君这样的主导性人物。

逃走的魏军吓破了胆，从此以后，魏国的政策便由攻击转向了防御。《战国策·西周策》中记载了伊阙之战以后的事情。白起在伊阙打败了魏将犀武之后，便来攻打帮助魏国的周国。周赧王便到魏国去求救，魏昭王却以上党形势紧急为由推辞。周赧王在返回途中，看见了魏国梁地的苑囿，很是羡慕。从他的立场上来说，如此华丽的苑囿却不是自己的，必定感到很气愤吧。于是，一位叫綦母恢的人便为周赧王去见了魏昭王。

魏昭王因为不能向周国派去援军而感到抱歉，他问："周天子怨恨寡人吧？"綦母恢回答说："周天子不怨恨大王，又有谁怨恨大王呢？臣真为大王忧虑啊。周天子是一位有智谋的君主，他用全国的力量为大王抵御秦国，而大王却没有抗敌的表示。在臣看来，周天子势必要用整个国家来侍奉秦国了，如果秦国发动塞外的全部兵力和西周的民众统统用来攻打南阳，那么上党的交通就阻断了。"

魏昭王说："既然这样，那寡人该怎么办呢？"綦母恢说："周天子是因为处于不利的形势才侍奉秦国的，而且他还贪图小利①。现在请大王派三万人去为他戍边，再送给他温囿，他获得了这些利益以后，就会对（前来援助的）父兄百姓表示感谢，并且享受温囿带来的利益，这样就不会附秦了。"魏昭王于是派人把温囿送给周天子，并答应为周天子戍守边城。

《战国策·西周策》里还记载周国曾想要把赵国也拉进来。伊阙之战以后，战胜国秦国前来攻打西周，有人向赵国的大臣李兑游说道："您不如阻止秦军攻打西周。贵国的上策，莫过于让秦、魏两国再次交战，倘若现在秦国进攻西周取得了胜利，那么它的士兵伤亡一定很多。秦国如果在西周取得胜利，就一定不会再进攻魏国了。秦国如果进攻西周未能取胜，它前面有战胜魏国的功绩，后面有进攻西周的失败，便再也无力进攻魏国了。现在您如果阻止秦国进攻西周，秦国必定不会与魏国讲和。如果贵国让秦国停止进攻西周，它一定不敢不听从，这样就成就了您让秦国退兵的名声而安定了西周。秦军离开西周，必定会再去攻打魏国，魏国无力抵抗，一定会依靠您去讲和，那么您必定会得到倚重。如果魏国不肯讲和，而是硬要极力抵抗，这样您便使西周生存下来而让秦、魏再次交战，这样只有贵国的地位会变得更加重要。"

这个计策究竟有没有得到实施，如今我们已不得而知。但历史上确实没有记载表明赵国采取了任何军事行动。赵国的介入是西周所希望的，但赵国并不想招惹秦国。

经过此役，秦国的威势更加壮大，接下来秦国给楚国送去了一封威胁信，说是要驱使韩、魏攻打它。而楚国只有战战兢兢的份儿，

---

① 原文是"周君形不小利事秦而好小利"，笔者推测前面的"小"应为谬误，应当删去。

根本不敢想与秦国对抗。由于白起的登场，以后战争的规模和强度都上升了一个层次。与白起作战，绝不可能不温不火地结束。白起作战必要完胜，而战胜之后他便允许自己的部下随意摘取敌人的首级。

6. 忍辱负重的燕昭王

子之之乱时，齐宣王几乎将燕国灭国，但随后却失去了燕国，燕国的王族对此倍感耻辱。虽然燕昭王由齐国所立，但内心并不服从于齐国。燕、齐正如春秋末期的吴、越一样，它们都隐藏自己内心真实的想法，等待攻打对方的机会。由于燕国曾差点被齐国灭国，所以燕国对齐国表面总是阿谀奉承，背后却厉兵秣马，伺机复仇。

燕国夏都的城墙 虽然燕昭王由齐国所立，但内心并不服从于齐国。燕、齐正如春秋末期的吴、越一样，它们都隐藏自己内心真实的想法，等待攻打对方的机会。燕国的陪都夏都地势险要、易守难攻。

燕昭王是一位英明的君主。燕地偏僻，缺乏人才，他便首先着手招贤纳士的工作。即位后，他礼贤下士，用丰厚的聘礼来招募贤才，意图振兴伤痕累累的国家，向齐国报仇雪恨，正如当初越王勾践重用范蠡和文种向吴国复仇一样。为了招贤纳士，燕昭王首先向郭隗问政，《战国策·燕策》中记载了他们的谈话。

　　燕昭王说："齐国趁着我国内乱攻破我国，寡人深知我国势单力薄，无力报复。寡人希望得到贤士与寡人共商国是，以雪先王之耻，这是寡人的愿望。请问先生，要报国家大仇应该怎么办？"

　　郭隗回答说："（前略）大王若是真想广泛任用国内的贤士，就应该亲自登门拜访，天下的贤人听说大王的这一举动，一定会赶着到我国来的。"

　　昭王说："寡人应当先拜访谁才好呢？"郭隗说道："臣听说古时有一位国君想用千金求购千里马，可是过了三年也没有买到。宫中有个掌管扫除的官吏对他说道：'请让我去买千里马吧。'国君就派他去了。可他居然花了五百金买了一匹死马的脑袋回来向国君复命。国君大怒道：'我要买的是活马，哪里让你为死马而浪费五百金呢？'掌管扫除的官吏回答说：'买死马尚且肯花五百金，更何况活马呢？天下人一定都以为大王会买良马，千里马很快就到了。'于是不到一年，三匹千里马就到手了。如果现在大王真的想要招揽人才，就请先从臣郭隗开始吧。臣尚且被重用，何况那些胜过臣的人呢？他们难道还会嫌千里的路程太遥远了吗？"

　　于是燕昭王便优待郭隗，消息传开，乐毅从魏国赶来，邹衍从齐国而来，剧辛也从赵国来了，人才争先恐后地集聚到燕国。

　　这些人才后来将主演燕国导演的这出精彩复仇剧。燕国隐藏起自己对齐国的仇恨，稳扎稳打地为攻齐做准备，其中最重要的人物当属军事方面的乐毅和外交方面的苏代。他们是怎么来到燕国的呢？

　　首先来看乐毅。据《史记·乐毅列传》记载，乐毅是乐羊的后代，乐羊曾帮助魏文侯攻打中山国。乐羊的后代所生活的土地后来被赵国占领，乐毅就在赵国做官。但赵武灵王在沙丘行宫撒手人寰之后，他就离开赵国来到了魏国，因为他怀抱着经天纬地的雄心壮志。

赵武灵王的儿子赵惠文王十分好战。《庄子·论剑》中记载了赵惠文王是喜欢舞刀弄剑之人的故事，庄子批评他"有天子之位而好庶人之剑"。实际上，赵武灵王死后，赵惠文王时期的赵国频繁地介入诸侯的争端，乐毅当然不想侍奉这种君王。因此，当他听说燕昭王礼贤下士的事情以后，便来到了燕国，接着就向燕昭王提出了一个计策：联合赵、楚、魏攻打齐国。

我们再来看一下苏代。众所周知，苏代是苏秦的弟弟。燕昭王接见苏代的场面在《战国策·燕策》里有记载。苏代是什么时候入燕的呢？《燕策》里记载说，苏秦死后，苏代就来到燕国游说燕王哙，希望能够接替哥哥的位置[①]。但实际上苏代所游说的人是燕昭王。

苏代说："臣是东周卑贱之人，听说大王的举止很高尚，很能顺应人心，便来到了这里。"燕昭王便向他询问攻齐的策略，他回答说："齐国轮番攻打楚、燕、秦、宋，已经疲敝了，而齐湣王陶醉在胜利之中，性格傲慢。因此，请大王派人到齐国为质，赢得齐国的欢心，收买齐国的大臣，然后等待齐国攻打宋国的机会。"

然后，苏代主动请缨，表示自己愿意到齐国去做反间（双重间谍）。他说："如果内寇不在里面呼应，外面的敌人就无法进来。大王在外面治理，臣在（齐国）里面呼应，就形成了灭亡齐国的形势。"

---

① 燕王哙因子之之乱而丧命是在公元前314年。如果这段记载属实，那么苏代应该是在子之之乱之前就来到了燕国，可当时苏秦还活着，因此年代不符。这种年代错误本身是小事，但笔者在这里需要指出的是燕王哙绝对不可能接受苏代。燕王哙是无能的代名词，而且他在位之时，燕国也不曾受到齐国的重创，如此一来这段记载就矛盾重重了。鲍本在《战国策》中也指出，这里应当是燕昭王，而绝非燕王哙。《史记》中去掉"哙"字，直接写作了"燕王"，他们都清楚地看到了《战国策·燕策》中的问题。

燕昭王回答说:"寡人同齐国有深仇大恨,想要报复他们已经有两年了。齐国是寡人仇视的国家,意图攻击的对象。"

　　下面我们就通过《战国策·燕策》里的其他记载,来解读一下当时的状况以及苏代的计策①。通过下文的记载,我们可以把握几点重要的事实,其中最重要的一点是,齐湣王在驱使燕国的过程中,完全没有回馈给燕国任何利益,而燕国不能忍受此等侮辱。下面是齐国在攻宋时,苏代呈给燕昭王的信笺。苏代忠实地履行了反间的任务,他首先劝告燕昭王,不要帮助齐国攻打宋国:

　　　　我国是列入万乘的大国,却向齐国派遣了人质,这使我国名声卑下,权威减轻;帮助齐国攻打宋国,劳民伤财,即便攻破宋国,侵占楚国的淮北,也只能壮大齐国,也就是说,使仇敌强大而削弱自己的国家。这三方面都对我国很不利,大王想这样做,无非是为了取得齐国的信任。可齐国未必会更加信任大王,反而对我国的忌恨会越来越深,因此大王去侍奉齐国是错误的。劳民伤财,没有寸尺的功劳,攻破宋国却扩大了仇敌的领土,甚至让世代都背负上齐国的祸患。把宋国与楚国的淮北加在一起,力量抵得上一个万乘国家,倘若齐国吞并了它,就如同增加了一个齐国。北夷纵横七百里,再加上鲁国和卫国等小国,力量也抵得上一个万乘之国。齐国如果吞并了它们,就等于增加了两个齐国。一个强大的齐国,我国都不能同它抗衡,如今有三个齐国来面对我国,那灾祸必然更严重了。

　　那么苏代提出了怎样的对策呢? 他居然大胆地提出把秦国拉拢

---

① 《战国策》中有几个句子不甚通顺,笔者参考了《史记·苏秦列传》,将其中不通顺的部分进行了修订。

过来攻打齐国。齐国打算趁着秦国等诸侯国不干涉的时候攻打宋国，可如果秦国背叛齐国的话会怎么样呢？苏代建议燕国去联合赵国的力量：

　　大王想转祸为福、转败为胜吗？莫如怂恿各国尊奉齐国为霸主，派遣使臣到周王室去公然结盟，烧毁秦国的信符，宣告说："最高明的策略就是攻破秦国；其次是永远排斥秦国。"秦国遭到各国共同的排斥，面临被攻破的威胁，秦王必定为此而忧虑。秦国连续五代都是诸侯的盟主，如今却屈居齐国之下，秦王一定会下定这样的决心，倘若能迫使齐国走投无路，不惜失掉一座国都也要求得成功。既然如此，大王何不派遣一个平民百姓，用能使齐国陷入困境的道理游说秦王：

　　"燕、赵攻破宋国，扩大齐国的领土并尊重齐国，屈居于齐国之下，并不是因为这对燕、赵有什么好处，而是为客观形势所迫，不得不如此。为什么说为客观形势所迫呢？那是因为它们不相信秦王（意思是秦国有可能会扰乱它们的后方，或是不援助它们）。既然如此，那么大王何不派可信之人沟通燕国和赵国，让泾阳君、高陵君（他们都是秦昭王的亲弟弟）先到燕国、赵国去，如果秦国背信弃义，就用他们做人质，这样燕国和赵国就相信秦国了。如此一来，秦国在西方称帝，燕国在北方称帝，赵国在中部称帝，并立三帝在天下发号施令。假如韩国、魏国不服从，那么秦国就出兵攻打它们；齐国不服从，燕国、赵国就出兵攻打它，这样一来，天下还有谁敢不服从呢？天下都服从了，就趁势驱使韩、魏攻打齐国，说：'必须交出宋国的失地，归还楚国的淮北。'

　　"交出宋国的失地，归还楚国的淮北，对燕国和赵国都是有利的事；并立三帝，也是燕、赵共同的愿望。它们实际上得到了（削弱齐国的）好处，名分上也如愿以偿（获得了帝王的称号），那么让燕、赵抛弃齐国，就像扔掉破草鞋一样毫不吝惜。现在如果您不去沟通燕、赵，那么齐国称霸的事一定会成功。当诸侯们都拥护齐国而唯独大王不服从，就会遭到各诸侯国的讨伐；诸侯们都拥护齐国而大王也服从它，这就会使大王的声望降低。所以说，大王如果不联合燕、赵，国家就会危险，声望就会降低，而大王如果联合燕、赵，可使国家安定，声望尊崇。抛弃名声的尊贵和国家的安宁，而选择名声的低贱和国家的危险，明智的人是不会这么做的。"

秦王听完这些话，一定心痛如刺，那么大王为何不派遣一位有才能的人用这些话去游说秦王呢？秦国必然会进攻齐国。结交秦国，是上等的外交；讨伐齐国，是正当的利益。奉行有利的外交政策，追求正当的利益，是圣王所从事的事业。

燕昭王认为苏代的这封信写得很好，表示叹服：

先王曾对苏家有恩德，后来因为子之之乱，苏氏才离开了我国，我国要向齐国报仇，非得苏氏不可。

于是，燕昭王就召回苏氏，重新善待他，和他一块儿策划攻打齐国的事情。

现在我们该归纳总结一下这一章节了。首先，作为一个大国，楚国的举止反复无常，失去了做盟主的资格。魏、韩虽然与秦国进行了正面作战，但因为离心离德导致最后惨败。秦国意图与齐国亲善，而齐国则伺机攻打宋国。合纵主义者苏秦的弟弟苏代为燕国提出了打败齐国的策略，而苏代并不是一个典型的合纵主义者。秦国分别与各国结盟进行各种军事活动，但其他国家却没有这种能力。它们只是临时组合，真正能够率领它们采取攻势的人只有孟尝君而已，可孟尝君却因齐湣王的厌恶而失势。此时赵武灵王已经薨逝，他的儿子赵惠文王有勇无谋，只知道四处招惹战事。

因此，合纵便最终破灭了，转变成了连横。下一章中我们会看到以东方霸主自居的齐国是如何走向没落的；与此相反，当时的秦国日益强盛，它驱使各诸侯国到东方攻打齐国，连横的发展速度实在令人惊叹。

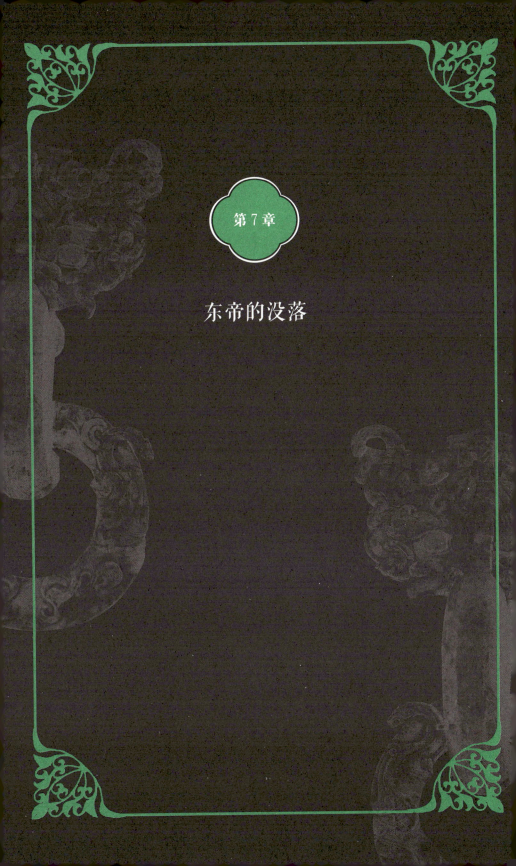

第 7 章

东帝的没落

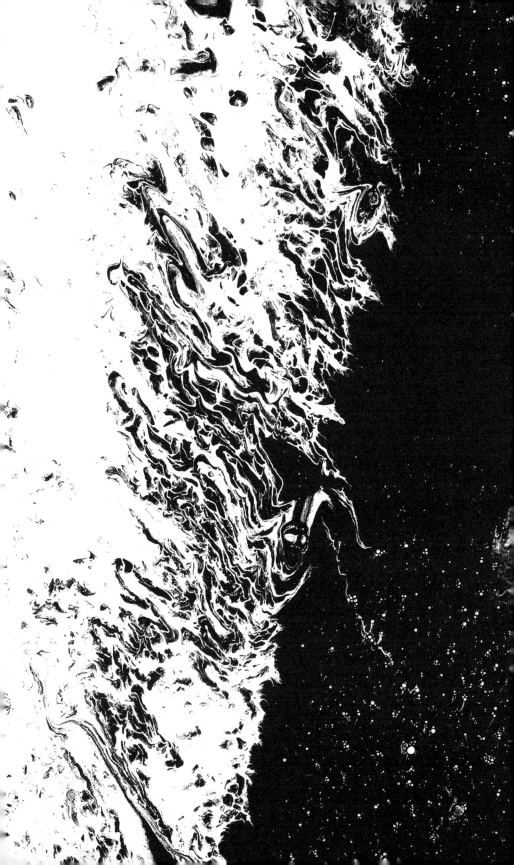

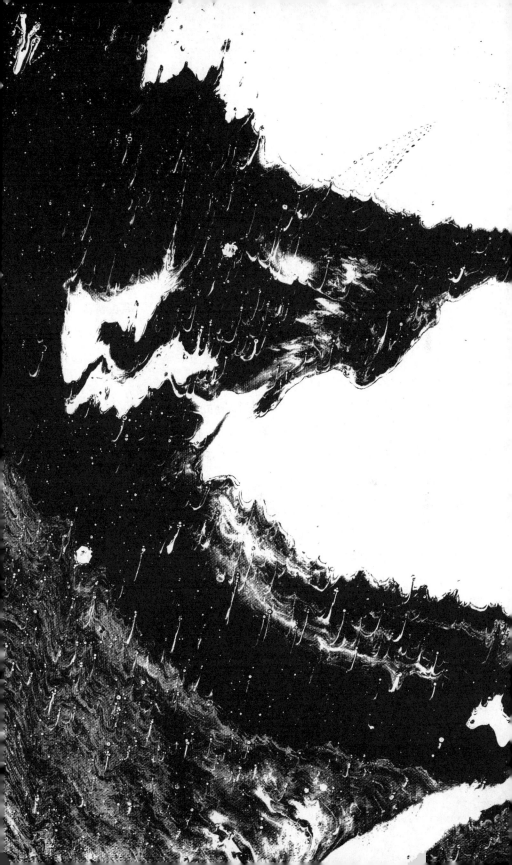

在上一章节中，我们看到了肆意以贪念治理国家、最终客死他乡的楚怀王。接下来的十年，东方即将迎来一场狂风暴雨，暴雨过后究竟会留下什么呢？让我们拭目以待。精明强干、雄心勃勃，却傲慢、没有德行，最终成为众矢之的的齐湣王；国小民寡，却妄想称霸，最终落得国破家亡的宋康王。通过这两位历史人物，我们能够学习到什么呢？

权谋横行的战国时代，仅凭德行是无法获得天下的，然而如果品行不端，却有可能会失去所有的一切。打江山易，守江山难，百姓乃国之根本，如果不重视百姓，反而重视最末端的外交，那么所有的努力都是白费力气，这些道理在战国的乱世中得到了很好的证明。

任何时代的领导人都应该懂得量力而行、适可而止，还要懂得与其他人分享成果。并非只有圣人才要如此，就算是盗贼，也要懂得分享赃物，偷窃之事才能长久，不懂得分赃的盗贼首领最终会被除掉。当东方的巨人气若游丝之时，西方的巨人露出会心的微笑。通过齐湣王的失败，我们终于明白苏秦主张的不要成为列国目标的缘故了。

1. 东帝、西帝事件

公元前 288 年，秦国的使者来到齐国，为齐国献上了一份奇特的礼物。这位使者说："贵国称东帝，我国称西帝，怎么样？"

魏冉提出这样的计策，真实的目的是为了完全架空孟尝君的合纵，进一步驱使魏国和韩国。可齐湣王的野心远不止于称东帝，他觊觎着宋国和楚国的淮北地区。齐湣王会接受秦国的提议吗？此时苏代正在齐国，他虽实际上为燕国服务，但有时也会根据情况为齐国出谋划策，而他反对秦国的这一提议。

苏代从燕国来到齐国之后，齐湣王说[①]："唉！先生可来了。秦国派魏冉送来帝号，先生认为怎么样？"

苏代说："如今若是不听从，秦国就会憎恨我们；如果听从，天下人的反应则令人恐惧。不如答应秦国的要求，但是必须让秦国先

[①] 这段故事以《战国策·齐策》为基础，原文虽记载为苏秦，但《史记》中已经修改为苏代。这里当然不可能是苏秦。

称帝，我们再跟着称帝。"

晚称帝并没有什么损害，因此齐国没有必要率先称帝，受到诸侯国仇视。如果诸侯国仇视秦国，齐国不称帝就行了，因此齐国只要仔细观察秦国称帝之后诸国的反应便可。

可苏代内心为燕国考虑，他真的能够为齐国出谋划策吗？当齐国与其他列国交手时，苏代会为齐国献言献计，但涉及燕国的问题时，他会优先考虑燕国的立场，他的举动具有双重性。苏代的情况可能与苏秦类似，即苏代的言论很多也是后世的游说家假托其名所留下的，这些言论将苏代塑造成了一位多重人格的人。

故事仍在继续。苏代让齐国放弃称帝的虚名，获得占领宋国的实际利益。让齐国放弃称号是正确的，但让齐国攻宋却很可疑。我们记得在上一章中，苏代曾经告诉燕王让他等待齐国攻宋的机会。

苏代说："齐、秦两国称帝，相约讨伐赵国，和讨伐宋国相比，哪个更有利？"

他接着说："讨伐赵国不如讨伐宋国有利。所以臣希望大王放弃帝号的虚名，来获取天下。（中略）大王可以趁此机会攻占宋国。占据了宋国，那么魏国的濮阳就危险了；占据了淮水之北，那么楚国的东部地区就危险了；占据了济水以西的土地，那么赵国的河东地区就危险了；占有了阴地（陶）、平陆，那么魏国都城大梁的门就不能打开了。因此，我们放弃帝号、进攻宋国，以表明与秦国怀有二心，那么我国就会被天下重视，名声也会更尊贵。燕、楚因形势归附我国，天下诸侯不敢不听从我们，这是商汤、周武王的举动。"

这段话听起来像不像忠臣的肺腑之言呢？让秦国拥有虚名，而自己则去占领宋国。但苏代的言辞实在有些夸张，竟然为齐湣王种下成为商汤和周武王的梦想，总让人觉得有些奇怪。

大概是苏代的游说起了作用，齐湣王很快就放弃了称帝。因此，秦国也放弃了称帝的虚名，这件事并不单纯地关系到名声。倘若秦、齐一同称帝，图谋中间的国家，将会是多么可怕，但齐国勘破了这件事情的危险性。秦国的地形易守难攻，可齐国三面的地形很容易同时受到军队的攻击，因此不能轻易成为别人袭击的目标。齐国放弃虚名的举动是很明智的，但齐国占领宋国时可以做到不成为其他诸侯的敌人吗？

2. 双重间谍的告白

　　齐国打算攻打宋国，而燕国正等待着这样的机会。燕昭王很擅长利用间谍[①]，而苏代就是他最顶尖的间谍。苏代似乎和他的兄长一样，发自内心地热爱燕国。下面这段"鹬蚌相争，渔翁得利"的故事出自《战国策·燕策》，也是苏代为燕国所谋划的。

　　赵国打算攻打燕国，苏代向赵王游说道："我这次来，经过易水，看见一只河蚌正从水里出来晒太阳，一只鹬飞来啄它的肉，河蚌马上闭拢，夹住了鹬的嘴。鹬说：'今天不下雨，明天不下雨，你就变成肉干了。'河蚌对鹬说：'今天不放你，明天不放你，你就成了死鹬。'它们俩谁也不肯放开谁，一个渔夫走过来，把它们俩一块儿捉走了。现在贵国将要攻打燕国，燕、赵如果长期相持不下，老百姓就会疲惫不堪，我担心强大的秦国就要成为那不劳而获的渔翁了。"

　　实际上，获得渔翁之利的不是秦国，而应当是齐国。这里写作了秦，应当是记载过程中的谬误。总之，苏代离间了赵、齐的关系，以此来守护燕国，并最终打败了齐国，壮大了燕国。下面我们就来解读一下苏代这位双重间谍内心的悲喜。他的肺腑之言既令人感到

[①] 《战国策·燕策》中有一段故事证明了燕昭王对间谍的重视。在攻打齐国的前夕，有一个齐国人在燕国做官，燕昭王把他招来，让他公开反对自己出兵伐齐，并私下对他说："请您反对出兵伐齐，而我会坚持出兵。然后您趁此离开燕国去齐国。"他想，如果与齐国作战失败，需要和齐国重新讲和，便可以通过他来进行了。

悲伤，也令人恐惧，没想到中国的间谍活动居然可以追溯到那么久远的历史当中去。我们就从《战国策·燕策》开始。

苏代向赵国的奉阳君（李兑）游说，怂恿赵国和燕国联合起来攻打齐国，可奉阳君没有听从。于是，苏代就到齐国中伤赵国，让齐国和赵国绝交。齐国和赵国绝交以后，苏代又来到燕国告诉燕昭王说：奉阳君说齐、赵关系破裂都是臣在背后捣的鬼。以此向燕昭王倾诉了自己处境的危险：

> 奉阳君说："我一定要让士兵看守您。"他的话恶毒极了。尽管如此，大王也不要担忧。（中略）即便臣死去，只要能够让齐国憎恨赵国，臣下虽死犹生。齐、赵两国已经绝交，就可以让他们彻底分道扬镳。

苏代说，虽然赵国的奉阳君认为齐、赵绝交责任都在自己，但幸好奉阳君的确对齐国很愤怒，他叮嘱燕国不要错过这次机会。他堆砌了各种修辞，向燕昭王表示自己的忠诚，倾诉间谍活动的种种难处：

> 如果现在不彻底地离间齐、赵，等它们以后和解、重新联合起来，就对它们无可奈何了。所以，齐、赵两国的联合倘若会改善，死不足以作为对臣的惩罚，逃亡隐居不足以雪臣的羞耻，做诸侯也不能使臣引以为荣，披散头发、漆黑脸面、满身长癞也不足以除去臣的耻辱。然而，臣仍有担心的事情，臣死之后，它们又会互相效力，这是臣所忧虑的。尧、舜那样贤能都死去了，禹、汤那样智慧都死去了，孟贲那样勇猛都死去了，乌获那样有力也死去了，活着的万物难道有不死的吗？顺应必然的事理，完成大王的愿望，大王还有什么疑虑的吗？

那么苏代究竟做了什么事情呢？下面我们就综合《战国纵横家书》①和《战国策》的内容，考察苏代在齐国的所作所为②。《战国纵横家书》中不通顺的地方，如果和《燕策》重合，则参考《燕策》进行了修订。这是间谍和任用间谍的人之间隐秘的对话。苏代在齐国给燕昭王写了一封信，汇报了他在齐国的情况：

我国和齐国相互憎恶已经很久了。臣身处于我国和齐国之间（处理燕国和齐国的外交），深知将来必然会不被信任。臣的策略如下：齐国将来肯定会成为我国的大患，臣被

---

① 《战国纵横家书》必定是《战国策》的一部分，其成书的年代较早，也没怎么被重新加工过，因此文体带有很原始的色彩。但并不是说年代越早就越准确，正如《史记》反而比《战国策》更准确一样，刘向所编纂的《战国策》也有可能比《战国纵横家书》更为准确。但无论这本书谬误成分的多寡，从它的原始性来讲，是具有杰出的文学价值的。笔者在这里选择性地译出了《战国策》与《史记》中完全没有出现的部分，这些故事对现存的史书是很好的补充。因为没有可以参考的书籍，译文中可能会出现一些谬误，但这些可以让本书的内容更加丰富，请读者们谅解。

② 苏代正在策划一个很大的阴谋。《战国策·燕策》中《自齐献书于燕王》篇与《战国纵横家书》中《自齐献书于燕王》的后半部分相同。因此，我们几乎可以确定《战国纵横家书》是《战国策》的一部分，但《战国纵横家书》中有"臣秦"的句子，因此说话者是苏秦。但是《战国策·燕策》中的说话者却肯定是苏代。《战国策》中对苏秦和苏代的行为做了一些区分，年代较早的是苏秦，而年代靠后的则是苏代，但有时还是会出现弄混的情况，不过《史记》中年代比较靠后的人名都改为了苏代（或苏厉）。因此，即便《战国纵横家书》中的说话者是苏秦，我们也应当将其看作是苏代才是比较准确的。《战国策》中关于苏秦和苏代的内容很多都搅在一起，因此司马迁进行了一定的整理，刘向也很清楚其中的问题。笔者认为，《战国纵横家书》中为燕国服务的人肯定是苏代。《史记》中与秦国相关的记载都是以《秦本纪》为基础的，因此比较明确的是，苏代肯定不是张仪的对手，而是后来出现的人物。关于苏秦的活动时间前文已经屡屡进行了分析，苏秦为燕国和六国描绘了一幅宏大的理想蓝图，而苏代则主要是为燕国攻打齐国出谋划策。

齐国所任用，首先可以使齐国不能图谋我国，其次可以让齐国和赵国相互憎恨，以便成就大王的大事。这是大王与臣已经约定好了的。

　　臣负责齐国的外交已经有五年了，期间齐国的军队屡次出征，但从未攻打过我国。齐国和赵国的关系时好时坏，时而联合，时而破裂。我国不是和齐国一起图谋赵国，就是和赵国一起图谋齐国。齐国太相信我国了，甚至把北地（与燕国接壤的地方）空出，运用其军队。（但）大王却听信田代和缲去疾的话攻击秦国（应当是意图攻击秦国的意思），这让齐国十分警惕，不再相信我国①。臣苏代②本不想做这件事情，但大王震怒，不敢推辞。赵国疑心我国，于是便不攻击齐国了，国王就把襄安君派到东边去以方便行事，臣怎敢忤逆君王呢？齐军和赵军相遇于阿地，大王很担心。与臣相见并相互约定"攻打秦国，让它不能称帝"，虽然这将花费一些费用，但的确是消除齐国和赵国的忧患、一雪君臣耻辱的方法。

　　在这里我们需要注意的一点是，苏代指出赵、齐会盟之时，将"攻打秦国"作为会盟的目的之一。齐湣王想亲近秦国，可苏代却意图让齐国疏远秦国，让齐国四面树敌。我们继续来看苏代的告白。

　　齐国杀张庳，臣将事情托付给别人，辞掉了齐国的职务。（但）大王却派盛庆来告诉我说，到齐国去，不要让我国陷

---

① 《战国纵横家书》的原文"王信田代缲去疾之言攻齐，使齐大戒而不信燕"，与《战国策·燕策》的原文"今王信田伐与参去疾之言，且攻齐，使齐犬马而不信燕"比较类似，但后面的长句子却断掉了。

② 原文是"臣秦"（臣苏秦），但这里根据《战国策·燕策》，应该改为"苏代"。说话者不是苏秦，而是苏代，这是很明确的。

入危险的境地，无奈臣只能冒死掌管燕、齐的外交。后来
大王又和薛公（孟尝君）、韩徐为相互约定一起攻打齐国，
奉阳君就出卖了臣，归罪于我国，目的是让齐国帮助他稳
定自己的封地。

苏代表示自己并不愿意做这件事情，可燕昭王却不断命令他去
做，他也无可奈何，而且通过上文，我们也知道孟尝君的确存有反
心。后面我们也会提到，孟尝君与齐湣王实际上是仇敌的关系。奉
阳君李兑又怎么样呢？他光顾着稳定自己的封地了，出卖了苏代，
只有苏代身处险境。

大王之所以能够定夺事情（或者说能够坚持），那是因
为臣在做事时以死相拼。后来秦兵撤退，齐国和赵国曾经
在一起谋议。齐国和赵国从来没有图谋过我国，都争相在
天下称王称霸。臣虽然没有大的功劳，但私以为可以免去
罪过。如今齐国说了一些过于无礼的言辞，大王您因为齐
王的不忠而愤怒，因此而责备臣，臣实在害怕。（中略）大
王说："齐王的不忠有很多方面，杀妻逐子，而这些他都不
认为是罪过，你还有什么可以埋怨的？"并强迫臣到齐国去。
这两件事情都是大罪，但是大王您却赦免了臣，臣接受了
您的恩赐。

这里面蕴含着一些错综复杂的故事，我们无法弄明白苏代说的
所有内容。他的观点是"我只为燕国服务，请大王一定要相信我"。
从上面的这段文字来看，齐湣王的私生活也很有问题。接下来的句
子似乎是来自另一封信，而且大部分内容也和《战国策·燕策》相
似，其中苏代倾吐间谍命运的部分令人感到凄凉。这里面也包括苏
代和燕昭王秘密约定的内容。

臣这次来到齐国，本来就知道有人会在国内进臣的谗言，所以临行之前给大王呈上书信："如果将来臣在齐国得到显贵的地位，我国士大夫就再也不会信任臣；如果臣的地位卑贱，他们就会看不起臣；如果臣受到重用，他们会怨恨臣；齐国对我国有什么不友好的地方，他们又会归罪于臣；若是天下诸侯不进攻齐国，他们又将说臣一心为齐国打算；若是天下诸侯进攻齐国，他们就会和齐国一起抛弃臣。臣的处境有累卵之危。"

大王对臣说："寡人一定不会听信那些闲言谗语，寡人将会斩钉截铁、毫不动摇地信任先生。请记住，最主要的是在齐国能够得到重用，其次是获得信任，即使最不理想，只要死不了就行了。没有你做不成的事情，只要你认为可以做的，去做就行了。先生也可以离开我国到齐国，甚至也可以与齐国图谋我国。只要最后能够成事就行了。"臣相信了大王的教诲，便向齐王作出各种游说，最终得到了任用。然而，大王现在却听信别人的闲言谗语，要问臣之罪，臣深感恐惧。大王对臣有恩，让贫贱的臣变得富贵起来，让受人侮辱的臣变得显贵起来，臣无以为报。成为齐国的卿、获得封地，这并不是臣的意思。

最后他委婉地表达了自己的怨恨：

臣受大王的恩德，深入骨髓。如果死去、受辱可以报答大王的恩德，臣甘愿为之。如今，大王又派盛庆告诉臣："寡人要任用合寡人心意的人在齐国工作。"假使大王真想任用那样的人，那么请让臣去辅助他。如果大王真要罢免臣而专任所谓合意的人，那么请让臣回国后解除职务。只要臣能够见到大王，也就心满意足了。

下面我们再来看一下《战国纵横家书·苏秦自赵献书燕王章》的内容。后半部分的内容似乎发生在齐国攻打宋国的前夕。苏代不断向齐国放出情报，证明赵国虽然表面上想与齐国亲近，但实际上却在图谋齐国，以此来离间赵国和齐国的关系。他将自己的工作过程报告给了燕昭王。

事情最好的结局就是齐、赵相互极度地厌恶；中间的结局就是五国合纵而不排除我国；最坏的结局就是赵国、齐国、秦国相互联合图谋我国。如今臣的打算是让齐国憎恶赵国，然后臣离开赵国，对齐王说，"赵国表面上要和齐国联合，实际上却意图排除齐国，图谋齐国（赵之禾（和）也，阴外齐、谋齐）"。那么齐国、赵国必定会憎恶彼此。奉阳君和徐为都不相信臣，臣很不愿意到齐国去，也不愿意到韩、梁去[1]。（中略）臣非常忧虑赵国会不放臣走。智慧可以拯救一国的危难，却不能拯救臣自身的困境。

苏代派韩山给燕王献书[2]。

臣让盛庆向大王报告这件事情以后，徐为对臣所说的话实在很险恶。死亡也是一件大事，但心情很不愉快地死，臣很不喜欢。（省略一句[3]）大王让盛庆告诉臣："先生对国家没有益处，对此寡人感到很忧虑。"因此臣未敢离去。（中

---

① 后面的句子是"燕事小大之诤（争），必且美矣"，但意思太模糊了，笔者未能译出。

② 出自《苏秦使韩山献书燕王章》。

③ 这句话是"故臣使辛调大之"，但语句不通顺，意思不甚明了。

略）如今齐王派李终到赵国，对赵国扣留臣、不让臣离开的做法表示很愤怒。

间谍苏代强调自己已经离间了齐国和赵国的关系，接下来他又嘱咐燕王说：

> 希望大王派使臣来赵国，反复地说一些关于臣的言语，务必不要让臣在赵国停留的时间太久。

下面的这一篇也是苏代献给燕王的书信。出土的帛书上，这封信上有许多缺字，但这一部分也有许多复杂的权策①。

> 如今齐王派宋窃告诉臣："奉阳君让周纳告诉寡人，'燕王请求不要向苏代委任任何事情。'"

齐湣王也阴险地将赵国奉阳君对自己所说的话透露给了苏代，他是想恐吓苏代。齐湣王并没有完全信任苏代，因此苏代的周围布满了监视的眼线。苏代强调，对赵国示好并不重要，而应当离间赵国和齐国的关系。

> 如今大王说："必须善待赵国，才会有利于国家（必善赵，利於国）。"但臣却不知道这是为什么。奉阳君想要的，是善待齐国、秦国，以稳定其封地，这是他的上计；其次是善待齐国，稳定自己的国家（赵国），齐国和赵国关系融洽是我们燕国的大患。倘若在齐国面前美化赵国，会对我国有害；而如果让齐国憎恨赵国，臣将来应当如何处身呢？臣想

---

① 出自《使盛庆献书燕王章》。

让齐国喜欢赵国是很简单的，但是这对我们燕国不利。如果不是要和赵国一同攻齐，那么赵国有什么用处。（赵非可与功齐也，无所用）。赵国以不受齐国的憎恶为最好的事情，但齐、赵如果不相互憎恶，那么国家（燕国）就不得安宁，臣也就不能成就功名。

然后他在文中增加了这样一段呐喊：

如果赵国扣留臣，让其他人到齐国去，肯定会对我国有害。臣滞留于赵国，为人鱼肉，臣的智慧反而不利于臣自身啊[1]。

3. 齐湣王的阴谋

下面笔者将要揭露齐湣王的一个巨大阴谋，而这一阴谋在任何史书中都未曾提及[2]。齐国为了防止秦国等诸侯的干涉，驱使三晋的军队攻打秦国，意图趁机占领宋国，而这一工作的执行者正是苏代。苏代所推崇的合纵是为燕国服务的，苏代和燕昭王佯装参加合纵，实际上却企图让天下诸侯攻打齐国。

欲壑难填，齐湣王正一步步地陷入欲望的泥潭。苏代在赵国时，给齐湣王也送去了一封信。他强调说，韩、赵、魏都站在齐国这边，因此请齐王不必忧虑，也不要对攻打秦国的计划有所疑虑。这个双重的阴谋是这样展开的：

---

[1] 原文是"臣（缺字）不利于身"，因为苏代曾经说过："用智慧可以拯救一国的危难，却不能拯救臣自身的困境。"因此推测缺字大概是"知"字。

[2] 出自《苏秦自赵献书齐王章》。

臣来到赵国所听到的事情是，韩、魏要攻打秦国的意志并没有改变，只是因为下雨未能早日进行。臣从奉阳君那里听说，如果韩、魏联合，赵国将来就会出动上党的所有军队攻打秦国。奉阳君对臣说："楚国倘若不是为了帮助齐国拉拢秦国，是不敢和齐会晤的。如果齐、楚会晤，那一定是齐王跟秦国有了勾结。"臣希望大王原谅魏国，重新与魏王会晤。赵国所忧虑的，只不过是我国和秦国重新联合起来，从两侧夹攻赵国罢了。

然后，苏代又向齐王说明了以燕国为对象所做的工作，他的意思是燕国不足为虑，这里暴露了他为燕国着想的心思。

臣将大王与臣所约定的事情告诉了燕王，说："臣在齐国过得很好，齐王终臣之身不会图谋燕国。如果臣得以被燕国任用，那么燕国终臣之身不图谋齐国。"于是，燕王对能够与我国睦邻友好感到很高兴。事情能否成功全仰仗于大王。如果大王团结它们，三晋也会跟随大王，如果大王要攻打秦国，楚国也会跟随大王。

然而大王也有难处。即便天下都憎恶燕国，也请大王信任燕国。燕国必定会竭尽全力侍奉我国。首先，燕王和秦国绝交而后与我国修好，还将儿子派到我国来做人质，武装两万士兵并自备粮食以攻宋，又武装两万士兵并自备粮食以攻秦，韩国、魏国如何能从燕国获得这些支持呢？燕国竭尽全力侍奉我国，然而大王反而听信那些讨厌燕国之人的言辞，燕王对此感到深深的苦恼，臣希望大王肯为臣安定燕王之心。只要燕国和我国关系友好，大王何患得不到天下呢？

听了这些话以后，齐王还怎会怀疑燕国呢？

接下来笔者要讲述的是另外一段故事，这段故事似乎应当发生在齐国几乎已经占领宋国的时候。这封信中提到了孟尝君的实际情况，看来苏代还想离间孟尝君和齐湣王的关系。

薛公在我国担任宰相伐楚已经有九年，攻秦已经有三年，我国意图灭亡宋国，占领淮北，然而宋国没有灭亡，淮北之地也没有得到。以齐（齐地）封奉阳君，也让韩国和魏国献地，以此拉拢赵国，但最终也没有成功，而且孟尝君还亲自率领魏王和韩国的成阳君到邯郸北面侍奉奉阳君，依然没有成功拉拢赵国。但是，大王抛弃薛公以后，亲自处理事情，成了帝王（王弃薛公，身断事，立帝），成为帝王之后攻打秦国就成功了，谋取赵国也得到了，攻打宋国，宋国也灭亡了，这正是因为大王的圣明。

苏代一直在吹捧齐湣王，他说孟尝君做宰相时图谋合纵，实际上却一无所成，而齐湣王亲自出马，所有的事情就都成功了。这里既出现了齐国拉拢赵国攻打宋国的策略，也出现了薛公孟尝君。从记载来看，此时的孟尝君可能已经因为与齐湣王的权力倾轧而出逃，也有可能被派为了使者。但《史记·孟尝君列传》中却说当时他还没有出逃，仍然在薛地。

虽然如此，请大王明鉴，这并非是其他，而是因为臣以燕国的事情侍奉大王。韩聂告诉臣说："伤害齐国的必定是赵国，秦国虽然强大，但从来不敢到关外来，越过黄河，经过中国（指的是三晋）攻击齐国，楚国、越国太远，宋国、鲁国太弱，燕国则跟随齐国，韩国、魏国有秦国的祸患，因此伤害齐国的肯定是赵国，但我最终也没有成功拉拢赵国，这可怎么办呢？"臣回答他说："我们共同胁迫赵国吧。如果您利用我国的大国地位提高臣苏代的地位，臣苏代将来会让燕国侍奉我国，我国和燕国联合起来，韩、魏必然顺从。如果赵国强势，就攻伐它；如果顺从，就带领赵国攻打宋国。"韩聂说好。

（中略）

如今，三晋会不会扣留薛公，臣还不知道。然而，就算三晋扣留薛公，臣也会保证燕王侍奉大王，三晋必然不敢生变。齐、燕合一，就算三晋有变，事情也会随着时势发展。（接下来的句子无法解读）虽然如此，臣能否成就这件事情，取决于大王是否亲近燕国。大王疑虑燕国，要善待燕国；不疑虑燕国，也要善待燕国。如果大王向天下昭示拥有燕国（王明视天下以有燕），可臣却不能让大王得志于三晋，那么臣也就不能侍奉大王了。

下面的这段报告如实地展现了赵国的掌权者奉阳君李兑的阴险。苏代首先报告齐湣王说，已经将"齐王担忧魏国"的事情转达给了李兑。

臣奉命向奉阳君转达了大王的意思。"寡人（齐湣王）之所以忧虑，是有原因的。寡人之所以要攻打秦国，大部分是为了魏国。（但是）魏国却将齐国的军队滞留在观地，数月不来迎接，这是其一；把我们齐国的军队放在荥阳、成皋，数月不攻打宋国，这是其二；寡人在攻打秦国时，曾经请求魏国关闭城门，不要与宋国通交，可魏国却没有同意。等寡人占领了宋国，与宋国讲和了，魏国又来争取，这是其三；如今燕国和赵国的军队都来了，他们才更加迅速地攻打蓄地（大概是宋国的领土），这是其四。

"寡人还听说,魏国曾经两次派出使臣私下与秦国讲和,而且你还说,'如果我们想免于魏国的祸患,就不能推辞。'这一点韩国也是一样。寡人担忧魏国会抛弃同盟国家,而独自附秦。(有缺字,因此句子意思不明。)攻击秦国是寡人最希望的对策,而讲和则是寡人最讨厌的计策。"

总之,齐湣王对以机会主义处事的魏国非常不满。齐国拉拢魏国一起攻打宋国时,魏国并不帮忙,拉拢魏国共同攻秦时,魏国也很犹豫。齐湣王向赵国的实际掌权者李兑倾吐了内心的这些想法,并想与之商议将曩送回的事宜。那么,赵国的李兑又是如何答复他的呢?苏代向齐湣王转达了李兑的回复。

奉阳君李兑是这样答复的:"(前略)请大王不要离弃友好的国家,也不要先单独联合秦国;不离弃篠、曩(篠、曩等应该都是负责齐国和三晋联合的使者),也不召回,大王何患不能得偿所愿。如果魏国首先背叛,那么贵国和我国就会同时攻打魏国,贵国一定可以占领大梁以东,我国必然会取得河内,而秦国虽然不曾和我们约定,但必定会响应,大王何必担忧魏国呢?只要魏国和韩国没有变化,三晋和燕国为大王攻打秦国,以便大王攻打宋国,大王会有什么不利的地方呢?如今,大王倘若抛弃三晋,而联合秦国,遣回曩,这是破坏三晋的关系,再次让天下向大王称臣的做法。那么,天下将来会割让土地给秦国,向秦国送去重要的人质,对秦称臣,却怨恨大王。臣以为这些都对大王不利,希望大王搞好和三晋的关系。"

如今奉阳君已经做好了双重打算。从赵国的立场上来讲,当然希望齐国先出面攻打秦国,而赵国最担心的事情就是秦、齐联合起来夹击它。如今三晋都已经附齐，攻打秦国是没有问题了，于是李兑便要求齐国集中力量攻打宋国，可很快我们就会目睹李兑所领导的赵国背叛齐国的情景。

下一封信中出现了楚国和薛公孟尝君的故事。苏代对齐湣王说，楚国也不足为虑。这封信的开头出现了"竖"等具体人名，而这些人名在其他的史书中并没有记载，因此无法考证。但这并不重要，我们只要读懂它主要的意思就可以了。

臣担心楚王会对竖（竖应该是楚国人）之死表示忧虑，而大王却正好因为宋国的问题不能去辩明这件事情。臣让苏厉去告诉楚王："竖的死并非齐王的命令。杀死了别人的母亲，却不向她的儿子致礼，竖的罪过理应当死。如果宋国以淮北之地和齐国讲和，那么就请大王攻打宋国和赵信。齐国不会埋怨大王的，反而会为大王杀死赵信，以惩罚他对大王的边吏无礼的行为。请大王不要因为竖的私人恩怨，而背叛齐国的道德。"

苏代的游说所向披靡，楚国也被他安抚了下来。如今剩下的就是问题男儿薛公孟尝君了，可苏代却说先不要招惹孟尝君，他建议齐王利用孟尝君的信义动员三晋，牵制秦国。

大王曾经跟臣说过："让薛公欢喜，以成就事业。"臣认为大王说得很对。如今爽和强得二人都说大王不信任薛公，薛公很恐惧，这对行事不利。如果没有薛公的威信，就无法联合三晋攻打秦国，请大王善待薛公。臣如今背负着我国和燕国的名义侍奉薛公，薛公必然不敢背叛大王。假如薛公有二心，臣必然会阻止他。（中略）如果攻秦之事成功，那么三晋将完全依附于我国，我国就可以随意纵横（合纵连横），利益尽占。（和秦国）讲和之后回国也是利益，包围而不放过它也是利益，回来让士民休养生息然后再攻击它，让它和中山国一样（孤立），也是利益。

但如果攻秦失败，那么与三晋的联盟就会破裂，三晋争相附秦，一切就都有害了。因此臣奉命说："薛公约束三晋，奉劝三晋联合一体，督促它们尽快攻打秦国，并一定要打败秦国；否则，就要排斥秦国。不然就要和齐国一同讲和，再次图谋。"三晋必然会以为大王爱惜自己，忠于自己。现在攻打秦国的军队刚刚集结起来，大王又想获得军队攻打平陵，这对攻秦是有害的。那么天下的士兵都会离开秦国，和我国争夺宋国（有缺字不可解）。请大王不要让三晋恐惧，而独让楚国得利。楚国虽然不会攻打宋国，（但楚国如果恐吓的话）宋国必然会听从楚国。如果大王和三晋联合起来攻打秦国的话，秦国肯定不敢去救宋国。

苏代主张：只要占领宋国，一切就都结束了。齐王可以让孟尝君发挥作用，但必须先提出条件。当三晋攻打秦国的时候，要迅速地结束攻宋的事宜。并且苏代还自信满满地表示，可以在三个月以内将齐湣王变成天下的霸主。

只要让弱势的宋国服从，那么大王的事业很快就可以定下来了。（中略）如果三晋攻打秦国，那么还没有到秦国，大王已经结束了宋国的战事，让百姓休养生息了。臣保证燕国会侍奉大王，因此三晋必然不敢生变。三晋如果肯听大王的话，大王就可以驱使它们；如果它们不听大王的，那么大王就联合秦国切断它们的后方，三晋怎敢在大王面前骄横呢。倘若三晋联合攻打秦国时想要背叛大王，去联合秦国，那么臣一定会先知道。如果大王联合燕国，带领着楚国、秦国攻打晋国（指魏国），那么三晋必然会被攻破。因此，只要臣在做这件事情，三晋绝对不敢背叛。臣会百般设法防备祸患，大王只要为臣安抚燕王之心，不要听信那些坏事的人所进的谗言，如果过了三个月，大王还不能成为天下之主，那么请赐臣死。

臣之所以豁出性命，以成就这番事业，不仅仅是为了大王，也是为了臣自己。如果大王赐臣以恩德，不图谋燕国，那么臣就相当于对燕王有恩了；如果大王可以成就霸王之业，而臣成为三公，那么臣在世间就有了可以自豪炫耀的事情了。因此，这件事情倘若真的可以成功，那么臣即便死也没有愧疚了。

如今，这个巨大的阴谋已经浮出水面。齐湣王意欲驱使三晋向西攻打秦国，趁此机会占领宋国，而且他假定楚国是不敢营救宋国的。齐湣王虽然讨厌孟尝君，但却没有除掉他，因为孟尝君已经取得了三晋的信赖，齐湣王还打算把这件事情交给他去负责。而苏代则不断地增加齐国潜在的敌人，扩大事端，燕昭王正等待着时机。那么，这个复杂的计划能否成功呢？齐湣王虽然没有完全地信任苏代，但对苏代的这个计划是深信不疑的，即驱使三晋和燕国的军队全部向西攻打秦国，自己趁机占领宋国。

4. 十个国家十个梦想

现在，奉阳君李兑、孟尝君田文、齐湣王似乎已经是一条线上的蚂蚱了，而苏代则游走于他们之间。可实际上，苏代、奉阳君、孟尝君却各有打算。《战国策·燕策》中记载了奉阳君很讨厌苏秦的故事，这里我们只要把苏秦换成苏代就可以了。李兑^①曾经对奉阳君说过这样一段话：

> 在燕国控制政事的人是苏秦（夫制于燕者苏子也），然而，燕国是一个弱国，在东面不如齐国强大，在西面比不上赵国强大，怎么可以东面失去齐国的联合、西面失去赵国的邦交呢？您又对苏秦不友好，苏秦怎能守着一个弱小的燕国而在天下受到孤立呢？这是逼着燕国与齐国联合。再说燕国被攻破之后（且燕亡国之余也），燕昭王凭借权力做了国君，用宝物寻求外国的支持，利用侍奉贵人的方法树立权威。所以我替您考虑，认为苏秦好，您就应该结交他；认为苏秦不好，您也应该结交他。

李兑这是在进行一种更高层次的反间计，竟然要反过来利用间谍苏秦（苏代）：

> 如果燕国和齐国相互怀疑，我国就显得重要。齐王如果怀疑苏秦，那么您就会得到更多的资助。

因此，奉阳君便派使者去与苏秦结交了。这段故事究竟有几分真实性，我们不得而知，但战国时代确实存在反间中的反间。说白了，他们只是相互利用，齐湣王、苏代、李兑都不会完全相信彼此。

那么孟尝君究竟是怎么想的呢？《战国策·秦策》中记载了一种令人难以置信的说法：孟尝君派人给魏冉送去了一封信。《史记·孟尝君列传》中记载，孟尝君送去这封信以后，秦国就攻打了齐国，

---

① 李兑就是奉阳君。这里应当是记载错误，或是在李兑成为奉阳君之前，有一位封号相同的人，指的大概是赵成。

可这一点已经难以确认。我们可以确定的是，在齐湣王的怀疑下，孟尝君已不复当初的忠诚了，他变成了一个自私自利的人，只考虑保住自己的封地和职位。大概司马迁也对孟尝君的变化感到很讶异，因此他在《史记·孟尝君列传》中修订了部分句子，去掉了太过赤裸的部分。

当齐国努力攻打宋国之时，齐湣王最初的计策并非驱使三晋攻打秦国，而是意图与秦国亲善。因此，齐湣王本打算任用来自秦国的吕礼，而苏代并不欢迎这个计策。因为只有齐国和秦国打起来，燕国才能攻打齐国。他向孟尝君进行游说，提醒孟尝君，如果吕礼来到齐国，那么他的位置就保不住了。孟尝君相信了苏代的话，替魏国向魏冉送去了书信：

> 文（孟尝君）听说秦王想要吕礼来交结齐国，以此来救助天下（治理天下）。

魏冉与吕礼是宿敌，魏冉曾经因为讨厌吕礼而把他赶走。孟尝君向魏冉提出了一个出人意表的建议：我会暗中帮助秦国，请秦国攻打齐国。

> 那么，您一定会被轻视的。我国和贵国互相联合去对付三晋，吕礼一定会兼任齐、秦两国的相国，这就等于您交结我国而加强了吕礼的地位。我国（因为吕礼的友好政策）消除了各国的军事威胁，它一定会深深地仇视您（因为魏冉驱使天下的军队攻打齐国）。您不如劝说秦王命令鄗邑（薛邑）的兵力去攻打我国。我国失败了，我愿意把所取得的土地送给您。如果我国失败而晋国（主要指魏国）强大，秦王惧怕魏国的强大，一定会重用您去交结魏国。即便我国给魏国薛邑，魏国也不能抗拒贵国，那么魏国一定会借

助您来交结贵国。这样，您打败我国建立了功勋，又凭借魏国巩固了地位。这样一来，您打败了我国，巩固并扩大了自己的封邑，贵国和魏国就都会重视您；但如果我国不遭受挫败，吕礼再次被重用，那您一定会非常困窘。

于是魏冉果然攻打了齐国，吕礼便逃离了齐国，而这正是苏代所要的结果。

看到这段记载，读者大概会感到很诧异。孟尝君怎么能这么做呢？要知道，就在几年之前，他还让秦国闻风丧胆呢！而他现在居然要将昨天的敌人引来，自己做内应。他是不是认为齐国占领宋国之后，薛邑就要完蛋了呢？或者他认为自己已经绝对不能再和齐湣王共事了呢？孟尝君不会不知道，齐湣王不过是想利用他罢了。齐国占领宋国之后，会将宋国作为直辖的领地，因此不可能放任薛邑不管。笔者也不知道这段记载究竟是否属实，但孟尝君后来的举动的确增加了这封信的可信度。

5. 齐国占领宋国、失掉本国

现在齐国已经做好了攻打宋国的准备。与齐国相邻的赵国和燕国虽然各有想法，但表面上却表示会积极地帮助齐国。恰好宋国的最后一位君主很暴虐，甚至被称为桀宋（暴君桀的宋国），齐国之所以觊觎宋国也是想趁此机会攻下宋国。

公元前286年，齐国的军队终于消灭了宋国，不仅如此，齐军还向南占领了楚国的淮北，周围的小国都向齐国称臣，齐湣王的权势如日中天。他原本就很骄纵，现在又凭阴谋和实力占领了宋国，便产生了称霸天下的欲望。齐湣王占领宋国之后，就想立刻除掉孟尝君（看来孟尝君的担忧并非杞人忧天）。于是，孟尝君立刻逃到魏国去，反手联合秦国和三晋，制定了攻打齐国的计划。

赵国和燕国原本就害怕齐国的强大，现在齐湣王整个儿占领了宋国，甚至还获得了楚国的淮北地区，却没有给赵国、燕国分享一丁点利益，更引起了它们的不满。而且齐国占领楚国的淮北之后，把楚国也变成了自己的敌人。宋国也是一个大国，面积仅次于燕国，要将宋国消化掉原本就需要很长的时间，而安抚诸侯也需要一定的时间和资金，可是齐湣王却想要独占这份可怜的"赃物"，并除掉有能之士孟尝君，于是强大的秦国也忍不住出面干涉了。齐湣王驱使三晋攻打秦国，并趁机占领了宋国，这是大家都心知肚明的事情，于是三晋也背叛了齐国。

这样，齐国便成了众矢之的，反齐联盟的先锋正是燕国，而率领先锋军的将军正是乐毅，甚至熟知故国地形的孟尝君也率领敌军攻进了自己的故国。这位梦想称帝的野心家就这样被逼入了绝境。

各国之间拥有怎样的利害关系呢？下面我们就来通过魏国的举动，来推测一下其他国家的态度。《战国策·魏策》中记载了这样的一个故事：魏国的芒卯到秦国去，提议将魏国的土地割让给秦国，自己做秦国的间谍，条件是借秦国的军队攻打齐国。他想把魏国从秦国这里失去的在齐国那里夺回来，这应当是齐国占领宋国以后，成为众矢之的时的事情。

芒卯对秦昭王说："大王的属下没有在诸侯国中做内应的，臣下听说贤明的君王要等待内应，然后才举事。大王想向魏国索要的是长羊、玉屋、洛林的土地。倘若大王能让臣做魏国的司徒，那么臣就能让魏国献出它们。"秦王说："好。"于是，芒卯就在秦国的帮助下成了魏国的司徒。

然后芒卯对魏王说："大王所担忧的是上郡的土地。秦国想从我国得到的是长羊、玉屋、洛林的土地。大王把它们献给秦国，那么上郡的土地就没有忧患了。献出土地以后，大王就请求秦国出兵向东进攻齐国，一定可以侵夺扩张很多土地。"魏王说："好。"

魏国就把长羊、玉屋、洛林之地献给了秦国。可土地已经归属秦国几个月了，秦国的军队还是没有向东出兵。魏王对芒卯说："土地已经归属秦国几个月了，秦国军队还是没有出兵向东，这是为什么呢？"芒卯说："臣犯下了死罪，但如果臣死了，那么大王即便被秦国所欺骗，也没有什么可以责难秦国的。大王如果赦免了臣的罪过，臣替大王到秦国责难他们的负约。"

　　于是芒卯就去了秦国，对秦王说："魏国之所以献出长羊、玉屋、洛林的土地，是有意依靠大王的军队向东进攻齐国。现在贵国已接受土地，而贵军还不肯向东，臣就将成为一具死尸了。而且，以后山东的士人不会再有用好处来服事大王的了。"

　　秦王惊恐地说："国家有事，还没有来得及出兵向东，现在就派军队跟从您。"十天后，秦国派兵向东。芒卯同时率领秦国、魏国的军队向东进攻齐国，占领了齐国二十二个县的土地。当时魏国在齐国都获得了这么多土地，那么赵国和燕国就更不用说了。

　　就这样，三晋、燕国和秦国的军队同时攻入了齐国。从《史记·燕召公世家》和《史记·田敬仲完世家》的记载来看，当时的齐国正如几十年前的燕国一样，只能束手待毙。此时，齐王的军队已经被瓦解，联合军中列国的军队都已经撤退，只有乐毅所率领的燕国军队继续无情地进攻，最终攻入了齐国的首都临淄。左军攻占胶东、东莱；前军攻占琅琊；右军驻扎在东阿、鄄城，与魏军遥相呼应；后军镇守千乘；中军占领临淄。

　　据《资治通鉴》的记载，刚进入临淄的时候，剧辛劝乐毅说："过境不攻，一味深入，很危险。"乐毅反对说："齐国政令贪虐暴戾，百姓十分怨愤。现在齐国军队已全部溃败，如果我们乘胜追击，齐国百姓必然反叛，内部发生动乱，齐国就可以被收服；如果不抓住时机，等到齐王痛改前非，体贴臣下，抚恤百姓，我们就难以谋算了。"

　　此时列国的军队都已经撤退，只有燕国的军队攻入了临淄。在乐毅到来之前，齐湣王已经出逃到了卫国。他虽是亡国之君，却一度也是东方的强者，因此在卫国时态度十分倨傲，于是卫国人就把他赶走了。又跑到邹国、鲁国，在那里他依然表现出傲慢的神气，最终被赶到了莒国。这时，楚国派淖齿领兵救援齐国，但淖齿并没有竭尽全力。整个齐国都已经陷落，只剩下莒和即墨，淖齿感觉帮助齐国没有胜算，竟产生了别的念头，把齐湣王杀了，并与燕国一起瓜分了掠夺来的宝器。

淖齿杀死齐湣王的场面十分残酷，《战国策·齐策》里记载了这个故事。

淖齿决定杀死齐湣王，历数齐湣王的罪状："那次在千乘与博昌之间数百里的地方，天降血雨，污秽了人衣，此事大王可知？"齐湣王说："不知。""嬴、博之间，大地裂开，涌出泉水，大王可知？"齐湣王又说："不知。""有人在宫门前啼哭，出门寻找则不见有人，走开却又听见声音，大王可知？"齐湣王还是说："不知。"淖齿说："天下血雨污衣，这是老天示警；地裂出泉，这是大地示警；望宫门而泣，这是人事示警。天、地、人都做了警示，而大王却不加警惕，又怎能不受到天谴呢？"

淖齿把齐湣王的筋活生生抽出来当绳子，把齐湣王悬吊在宗庙的房梁上。这位野心勃勃、一心称帝的人物最终却落得如此悲惨的下场。可齐湣王该有多么残酷，才导致前来援助的别国将领都要抛弃他呢？

我们已经看到孟尝君背叛了齐湣王，可刚开始的时候孟尝君并非唯利是图之辈。《吕氏春秋·审己》中记载了这样一个故事。齐湣王逃到卫国去的途中，一边步行一边对公玉丹说："寡人已经流亡国外了，却不知道流亡的原因。寡人之所以流亡，究竟是什么原因呢？"公玉丹回答说："寡人以为大王已经知道了呢，大王还不知道吗？大王之所以流亡国外，是因为大王太贤明。天下的君主都不肖，因而憎恶大王的贤明，于是他们相互勾结，合兵进攻大王。这就是大王流亡的原因啊！"

笔者看来，这段话像是在讽刺齐湣王。流亡之后，齐湣王还在流亡地摆出各种架子，然后屡次被人赶走，这证明他的性格中有极大的缺陷，这都是他自认为太过聪明而导致的后果。

6. 齐国复国

几年之后，齐国几乎所有的城邑都被燕国攻下，只剩下即墨了。齐国果真能够坚持得下来吗？虽然齐湣王愚蠢，可齐国一向人才济济，而且齐国是一个一度图谋建立帝国的国家，不可能被燕国这样的小国一举消灭。因此，齐国的有志之士很快就聚集了起来。

下面让我们通过《史记·田单列传》和《资治通鉴》来看一下烈士王蠋的故事。

乐毅听说画邑人王蠋有才有德，就命令军队说："画邑周围三十里之内不许进入。"不久，燕国又派人对王蠋说："齐国有许多人都称颂您的高尚品德，我们要任用您为将军，还封赏给您一万户的食邑。"王蠋坚决推辞，不肯接受。燕国人便开始威胁他说："您若不肯接受的话，我们就要带领大军，屠平画邑！"王蠋说："尽忠的臣子不能侍奉两个君主，贞烈的女子不能再嫁第二个丈夫。（忠臣不事二君，贞女不事二夫。）齐王不听从我的劝谏，所以我才隐居在乡间种田。齐国已经破亡，我不能使它复存，现在你们又用武力劫持我当你们的将领，我若是答应了，就是帮助坏人干坏事。与其活着干这不义之事，还不如受烹刑死了更好！"然后他就自己吊死在树上了。

这就是名言"忠臣不事二君"的由来。王蠋虽只是一介平民，却坚守了节操，那些四散奔逃的官员为此感到很羞愧，便聚集在一起，立太子为王。

要重新建立国家，首先得处决杀死君主的仇人淖齿。《战国策·齐策》里记载了少年王孙贾利用义军的力量向淖齿报仇的故事。

王孙贾当年十五岁，侍奉齐湣王。齐湣王逃亡后，王孙贾不知道齐湣王逃到什么地方去了，只好回家。接下来的这段故事发生在莒地。

看到王孙贾独自回到家中，他母亲就责备他说："你早晨出去晚上回来，我就倚门望你；你晚上出去不回来，我就倚着闾门望你。你如今侍奉君王，君王逃走了，你却不知道他的下落，你还回来干什么？"

王孙贾听了母亲的话，就四处寻找齐王的下落，终于得知齐王已死。于是就走进市场，大喊："淖齿搅乱了齐国，杀死了大王，想要跟我一起去诛杀他的人，将右臂袒露出来！"市场上立即有四百人跟随他，王孙贾便与他们一起刺死了淖齿。

这些故事证明齐国仍然有自己的凝聚力，有自己的文化力量，即墨与莒就支撑了五年都没有投降。

燕国的乐毅是一位英明的将领，他采取的战略是：攻齐之时要迅速，取得胜利之后要慢慢地收服民心，他很清楚三十年之前齐国占领了燕国又很快将燕国归还的原因。当战争相持不下时，乐毅便开始着重于收服民心。他在齐桓公和管仲的祠堂中祭祀，并为勇敢抗敌的烈士王蠋设墓；而且他不掠夺百姓，反而救济流民，轻徭役，因此大家都很爱戴他。

当即墨和莒眼看就要支撑不下去的时候，喜从天降：乐毅的支持者燕昭王薨逝了。下面轮到即墨的大夫田单大展拳脚了，我们就通过《史记·田单列传》来看一下齐国的复国过程。

在即墨被围的日子里，士大夫们都来到城外，与燕军作战而死，齐国似乎已经失去了希望，此时人们忽然想起了田单。田单在戍守安平时，曾让他的同族人把车轴两端的突出部位全部锯下，安上铁箍。不久，燕军攻打安平，城池被攻破，齐国人争路逃亡，却都因为在路上被撞得轴断车坏，而被燕军俘虏。只有田单和同族人因用铁箍包住了车轴得以逃脱，人们想起了这件事情，认为田单很懂得军事。

时势造英雄，他将来的确会拯救齐国。当田单听到燕昭王去世、燕惠王登基的消息之后，就立刻散布这样的消息，说："齐湣王已被杀死，没被攻克的齐国城池只不过两座而已。乐毅是害怕会被杀掉而不敢回国，他以讨伐齐国为名，实际上是想和齐国的兵力联合起来，在齐国称王。齐国人心还未归附，乐毅因此暂且拖延时间，慢慢攻打即墨，等待时机成熟再称王。齐国人担心的是其他将领来齐国带兵，那么即墨城就必破无疑了。"

　　与父亲燕昭王相比，燕惠王作为君王的资质就差得多了。他认为，作为父亲的宠臣，乐毅的权势太大了，对此他无法接受。恰好这时有人向他进了一些捕风捉影的谗言，燕惠王便派大将骑劫去代替乐毅。骑劫到了齐国以后，改变了乐毅的怀柔政策，他削掉了俘虏的鼻子，用他们做箭靶，甚至还掘了齐人祖先的坟墓。因此，即墨人都义愤填膺，田单就趁机向燕军派出使者，佯装投降。田单还把自己的妻子姬妾都编在队伍之中，甚至把全部的食物拿出来犒劳士卒。

　　燕军确定即墨人都投降了，因此守备更加松懈。一天夜里，城外忽然燃起了一千多个火球。原来田单从城里收集了一千多头牛，在它们的角上绑好锋利的刀子，把渍满油脂的芦苇绑在牛尾上，点燃其末端。牛因尾巴被烧得发热，都狂怒地直奔燕军，而且它们身上都披着画有龙纹的红色被服，看起来奇怪又恐怖，这就是著名的田单火牛阵。五千壮士紧随着这些火牛悄然无声地杀出城来。

　　齐国瓦解的过程很快，而收复失地的过程也很快。原来齐国的七十多座城池都很快被收复，形势很快逆转，反而是燕军只能固守剩下的几座城池。

　　国家是人建立的，危急时也靠人来拯救。《战国策·齐策》里记载了这样一个故事：齐国收复失地之时，著名的游说家鲁仲连将守备城池的燕国将领逼入了绝境。燕国将领很担心回国之后会被处死，因此不敢回国，死守聊城。田单为收复聊城，攻打了一年多，将士死伤累累，可聊城仍然岿然不动。于是鲁仲连就写了一封信，绑在箭杆上，射到城内。信的内容是这样的：

　　我听说，智者不去做违背时势、有损利益的事，勇士不去做怕死而毁掉荣誉的事，忠臣总是处处为君王着想而后才想到自己。现在将军竟因一时的激愤，（首先死去）而不顾燕王失去一位（像您这样的）大臣，这不是忠臣所为；城破身死，威名不会在我国传播，这不是勇士的举动；战功废弃，英名埋没，后人不会称道，这不是聪明人的举动。因此，明智的人不会更改计划，勇敢的人不会贪生怕死，如今生死荣辱、尊卑贵贱，都取决于将军一时的当机立断，希望将军能够三思而行，不要与普通人一般见识。

　　实际上，当时的天下形势也已经发生了很大的变化。当燕国围攻齐国的两座城池，进行了长达 5 年的持久战时，秦已经对魏国、赵国、楚国轮番进行了猛烈攻击，因此鲁仲连说，即便齐国失去了南方的全部土地，也一定要得到聊城，将军不要妄想逃脱。

　　而且楚国进攻南阳、魏国进逼平陆，我国压根就没有分兵阻击的意思，认为南阳被（楚国）夺去之害，不及攻取济北（聊城所在的地方）之利，所以一心一意攻打聊城（我们一定会攻克聊城）。如今秦王出兵助齐，魏国再不敢出兵平陆；秦、齐连横之势已定，楚国此刻已岌岌可危。何况即便弃南阳、失右壤（平陆所属的地方），只要能保全济北，我国也会一意孤行，在所不惜。

　　如今楚、魏先后退兵，可贵国的援军仍然毫无消息，我国既没有了外患，就会与您相持下去，直至最终定出成败。一年之后，我恐怕您一定不能支撑下去了。我国一定在聊城与贵国决战，将军没有其他挽回的方法了。眼下贵国内乱，君臣谋划错误，上下惶惑，栗腹率领百万军队进攻赵国，五次在国外损兵折将，贵国本是万乘之国，却被赵国围困，土地被掠夺，国君遭困厄，为天下诸侯耻笑，将军知道这些事情吗？①

如今贵国国王正处在心惊胆战、孤立无援的境地，大臣不值得依靠，国家破败、祸患很多，民心无处归附。将军却能指挥早已疲惫不堪的聊城子民，抗拒我整个国家的兵马，一年都无法解围，将军确如墨翟一般善于攻守；士兵们饥饿到食人肉、炊人骨的地步，而始终没有背弃将军的想法，将军确如孙膑、吴起一样善于用兵。就凭这两条，将军足可成名于天下！

因此我替将军打算，不如罢兵休斗，保全战车军队，回国向贵国国王复命，他一定会很高兴。贵国的官吏子民见到将军，会如同见到父母一般敬爱热情，交往的朋友会抓着将军的胳膊赞扬将军的赫赫战功，这样将军就会名扬天下。然后，将军上可辅佐国君，统制群臣；下可存恤百姓，奉养说客；矫正国弊，改革陋俗，完全能够建立更大的功名。或者，干脆抛弃贵国，不管世俗的成见，向东投奔到我国来。我可以请求我王赐将军封地，使将军的富贵如陶、卫一般，代代称孤道寡，与齐并存，这是另一条出路。这两种计策都可以使将军名声显贵、实利丰厚，希望将军慎重考虑，选择其中一种。

根据《战国策·齐策》的记载，燕将深为这封信折服，然后便撤军回国了，而《史记》中则记载说那位将领自杀而死。这段游说是否属实尚且存疑，但是一个人的游说在战时竟然可以发挥如此

---

① 栗腹的事情发生在很久之后，是后世的事情。

巨大的作用，的确是事实。因此，乐毅灭齐强燕的计划便完全破产了。

7. 乐毅的剖白——君子交绝不出恶声

单从军事成就来看，乐毅足以超越吴起，与当时秦国的大将白起比肩。但政治不同于兵法，乐毅担心回到燕国会被人诬陷，便流亡到了赵国，赵国封他为望诸君。而齐国的田单击退了骑劫，收复了齐国的所有失地，燕惠王对此十分后悔，很害怕赵国会趁着燕军疲敝的时候攻打燕国，因此便派人给乐毅送去了这样的一封信[1]。

> 先王把整个国家托付给将军，将军为国打败了齐国，替先王报了仇，天下人无不为之震动，寡人怎敢有一天忘记将军的功劳呢！如今适逢先王撒下群臣（离开人世），寡人又刚刚即位，结果竟被左右侍臣贻误了。寡人所以让骑劫代替将军，是由于将军长期在外风吹日晒，于是召请将军回来暂且休整一下，以便共议国家大事。然而将军误解了寡人，认为和寡人有了隔阂，就丢下国家归附了赵国。如果将军为自己这样打算还可以，可将军又拿什么来报答先王对将军的知遇之恩呢？

乐毅读了这封信以后，便派人送去一封回信给燕惠王，这封回信是中国历史上一篇著名的文章，历来被称道，认为它是祖露真情的典范，诸葛亮的《出师表》也受到这篇文章的很大影响。乐毅的剖白并非辩解，可谓感人肺腑，但乐毅已经不想再回燕国了。这篇

---

① 出自《战国策·燕策》。

文章可以与苏秦后发制人的那篇文章并驾齐驱。

臣不才，不能遵行先王的教诲，顺从左右人的心思，又唯恐遭杀身之祸，这样既损伤了先王的英明，又损害了大王的仁义，所以臣才逃到赵国。臣背着不忠的罪名，所以也不敢为此申辩。如今大王派使者来责难臣的罪过，臣担心侍奉大王的人不能明察先王任用、爱护臣的理由，又不理解臣侍奉先王的忠心，所以才斗胆写封信来回答大王。

臣听说贤德、圣明的君主，不把爵禄随便封赏给自己的亲信，而是赐给功劳大的人；不把官职随便授给自己宠信的人，而是让胜任的人担任。所以，考察之后再授以相应官职的，才是能建功立业的君主；衡量一个人的德行再结交朋友的，才是能显身扬名的士人。

臣用所学的知识观察，先王举拔安置人才，有超越世人的胸襟，所以，臣才向魏王借来通行的符节，亲自到燕国进行考察。先王过高地抬举臣下，在宾客之中提拔臣下，让臣下的官职列在群臣之上，不与父兄商量，就任命我为亚卿。臣自以为接受命令、秉承教导，就可以有幸不获罪，所以臣就接受了任命而没有推辞。

先王命令臣说："寡人和齐国有深仇大恨，顾不得国力弱小，（一定）要把齐国作为进攻的对象。"臣回答："齐国承袭霸国的遗留教化，并且有多次取胜的功业，熟悉用兵，明习攻守。大王若想攻打齐国，就一定要联合天下的诸侯共同图谋它。要联合天下诸侯来对付齐国，最便捷的就是先和赵国结交。再说，齐国所占有的淮北和宋国故地，是楚国和魏国都想得到的地方。赵国如果答应与我国联合，那么我国再联合楚、魏以及被齐占领的宋国共同发兵，四国联合攻齐，就一定可以大败齐国。"先王说："太好了！"

于是臣领命，带好符节，出使到南边的赵国，待臣回国复命以后，随即起兵攻齐。

靠着上天的保佑和先王的圣明，河北之地随即归属先王，并且占领了济上。驻扎在济水边上的燕国军队奉命进击齐军，大获全胜。燕国的精锐部队长驱直入齐都，齐湣王仓皇逃到莒地，仅仅只身免祸。齐国的珠玉财宝、车马、铠甲、珍贵器物，全部收归燕国，齐国的大吕钟被陈放在元英殿，燕国原来的大鼎又回到了历室宫，齐国的各种宝器摆设在宁台里，燕都蓟丘的植物移种在（齐国）汶水的竹林里。

从春秋五霸以来，没有一个人的功业能赶得上先王。先王很满意，认为臣没有辜负使命，因此划分一块土地封赏给臣，使臣的地位能够比得上小国的诸侯。臣不才，但自认为遵从命令、接受教导，可以有幸不获罪，所以接受了封赏而没有推辞。

臣听说贤明的君王，功业建立后就不会半途而废，因而才能名垂青史；有先见之明的士人，名声成就后绝不毁弃，因而才能被后人所称颂。像先王那样报仇雪恨，征服了拥有万辆车的强国，收取它们八百年的积蓄，等到离开人世，先王仍发布遗诏，向后代申明遗嘱。那些执政管事的大臣，能够按照先王的法令，端正（王室的）嫡庶名分，施恩于平民百姓，这些都可以成为后世的典范。

在接下来的文字中，乐毅隐约地表达了自己对燕王处事方法的怨恨，以及不能再回到燕国的悲伤。

臣听说，善于做事的未必能成功，有好的开端未必有好的结局。从前，伍子胥的计谋被吴王阖闾采用，所以吴王的足迹能远踏楚国郢都。相反，吴王夫差对伍子胥的意见不以为然，将伍子胥装在皮口袋里投入江中。可见，吴王夫差不明白贤人有预见性的议论足以建功立业，所以他把伍子胥沉入江中也不后悔。而伍子胥不能及早预见如今的君主和先王的度量不同，所以即使被沉入大江也没有改变初衷。免除自己的杀戮，保全自己的功名，彰明先王的业绩，这是臣的上策。遭受诋毁侮辱，毁坏先王的名声，这是臣最害怕的事情。面对不可估量的大罪，把侥幸当作好处，从道义上讲是臣所不能做的。臣听说，古代的君子在交情断绝时也不说对方的坏话；忠臣离开本国时，也不为自己的名节辩白。（臣闻古之君子，交绝不出恶声;忠臣之去也，不洁其名。）①臣虽不才，也曾多次接受有德之人的教诲，臣担心大王听信左右的话，而不体察臣这个被疏远人的行为，所以才斗胆以书信作答，只请大王留意这些事情。

乐毅最终也没有回到燕国，但也没有攻打燕国，政治与文化的力量让这一代名将也无能为力。正如齐国占领燕国之后又把燕国还了回去一样，燕国虽一度占领了齐国，却不得不最终放弃，然后燕国又重新变回了一个弱小的国家。

8. 齐国政治的痼疾——王权和臣权的不和谐

下面我们再回到齐国，看一下历经风波之后的齐国政治。《战国策·齐策》里记载了田单拯救了齐国之后被人诬陷的故事。实际上，

---

① "不洁其名"的意思是"不洗刷自己的名声"。要洗刷自己的名声，就会弄脏别人，也就是说，不给别人留下污名，污名由自己背负的意思。

齐襄王可以说是由田单拥立的，可是君主不信任臣子是齐国政治的痼疾，这并不是君主品性的问题，而是一种结构性问题，是政治结构导致了君主的不信任，夺权的记忆如同原罪一般跟随着田氏。前文我们所提到的孟尝君因为同样也是田氏，所以他和齐湣王之间的裂痕就更大了。封建时代，同姓封君本是为了防止背叛，但封君坐大以后，君王的疑虑也就大了，而君王的疑虑越大，封君的警惕性就越高，这是一个恶性循环。

查遍历史记载，也找不到田单私下贪图王位的证据，他的磊落豁达在很多史籍中都有记载。即便如此，田单也和孟尝君一样受到了威胁。让我们看一下下面的这段故事。

貂勃经常中伤田单，他说："安平君是个小人。"田单听到后，特意摆设酒宴召请貂勃，说："我在什么地方得罪了先生，竟然在朝廷上被先生赞美？"貂勃的回答简直绝了，他说："盗跖的狗对尧狂吠，它并不认为盗跖高贵而尧卑贱，狗本来就会对不是它主人的人狂吠。"安平君的回答也很绝，他说："恭敬地听到先生的命令了。"第二天，田单就把他推荐给了齐襄王。

当时有九个人诽谤田单，总是想诬赖田单。他们对齐襄王说："燕国攻打我国的时候，楚王派将士万人帮助我国抵抗燕军。如今国家与社稷都已经安定了，为什么不派使者向楚王表示谢意？"齐襄王说："左右的人谁堪此任呢？"他们说："貂勃可以。"

于是貂勃出使到楚国，楚王接受了齐国的谢意并留貂勃饮酒，过了好几天貂勃也没有回国。于是，这些毁谤的人又纠合起来去对齐襄王说："一个普通的貂勃，竟然滞留在拥有万辆兵车的国君那里，难道不是因为仰仗安平君的势力吗？再说，安平君对大王没有君臣的礼节，上下没有分别，况且他心里还想要干坏事。他对内治理百姓，安抚民心，救济穷困，补勘不足，对人们广施恩惠，对国外安抚戎狄与天下的贤明之士，暗中结交诸侯中的英雄豪杰。他的内心想要篡位，希望大王详察。"

有一天，齐襄王说："把相国田单召唤来。"田单摘下帽子、光着脚、赤着上身觐见，然后退一步请求死罪。襄王对田单说："您对寡人没有罪过，您尽到您的臣子之礼，寡人尽到寡人的君王之礼就行了。"

　　貂勃从楚国回来，齐襄王当面赏赐他饮酒，酒喝得正高兴，齐襄王说："把相国田单叫来。"貂勃离开座席，稽首向齐襄王说："大王怎么能说出这种亡国的话呢？请大王向上和周文王比一下，谁更有才能？"齐襄王说："寡人不如周文王。"貂勃说："是的，臣下本来知道大王不如。请向下和齐桓公比一下，谁更有才能？"齐襄王说："寡人不如齐桓公。"貂勃说："是的，臣下本来知道大王不如。既然如此，那么周文王得到吕尚（姜子牙，即姜太公），把他尊为太公，齐桓公得到管仲，把他尊为仲父，如今大王得到安平君却偏偏叫'单'。再说自从开天辟地以来，治理百姓的人中，作为臣子，有谁的功劳能比安平君更大呢？可是大王却叫他'单，单'。大王怎么能说出这种亡国的话呢？

　　"再说当初大王不能守卫先王遗留下的国家，燕国人发兵来袭击我国故城，大王逃到城阳的山中。安平君凭借陷入忧惧的即墨城，靠着三里的内城，五里的外城，疲惫的七千士兵，却擒获了燕国的司马骑劫，使千里失地返归故国，这些都是安平君的功劳。当时如果安平君关闭城阳自立为王，天下人谁也不能制止他。

　　"然而安平君从道义上谋划，从大义出发，认为不能那样做，因此修建栈道、木阁，到城阳山中去迎接大王，大王才能返回故国，君临亲附百姓。如今国家已经安定，民众已经安生了，大王却叫他'单'，就是小孩，如果稍加考虑也不会这样做的。大王不如赶快杀掉这九个奸臣，以向安平君谢罪，不这样做的话，国家就危险了！"

　　齐王听到这些话以后感到很惭愧，于是这件事情就自然得到了平复。

　　接下来我们将继续讲述孟尝君的故事。

9. 孟尝君的结局

新立的齐襄王很畏惧孟尝君，所以并没有招惹他，但孟尝君也没有再回到齐国的政治一线。实际上正如荀子所说，孟尝君的确是一位"篡臣"，是一个叛徒，因为他带领别国的军队攻打了自己的祖国。可是，他并非一开始就如此，如果齐湣王不把他当作敌人，他一定会对齐国竭尽忠诚的。

下面是孟尝君从齐国逃走、在魏国从政时的一段故事，出自《战国策·魏策》，事情发生在公元前283年，当时秦国攻打到了魏国的大梁，孟尝君的故国——齐国正在和燕国进行着漫长的对峙，而他依然在为魏国做事。

秦国将要讨伐魏国，魏王听到这个消息以后，夜里紧急拜会了孟尝君，问他："秦国就要攻打魏国，先生为寡人想想策略，寡人该怎么办？"孟尝君回答说："如果有诸侯国来救援，那么魏国就可以保存下来。"魏王说："寡人希望先生做使臣去游说。"

因此，魏王为孟尝君准备了百辆车马，孟尝君先到赵国游说赵王。

他对赵王说："臣希望从大王这借兵来救助魏国。"赵王说："寡人不能借。"孟尝君说："臣冒昧地向大王借兵，是为了以此效忠大王啊。"赵王说："可以说给寡人听听吗？"孟尝君说："贵国的军队并不比敝国的强，敝国的军队也不比贵国的弱。但贵国的疆域每年都不会受到威胁，百姓也没有连年遭遇死亡的厄运；而敝国的疆域年年受到威胁，百姓也每年都有因战事而死的，这是为什么呢？因为敝国在贵国的西面为贵国竖起了一道屏障。现在贵国不救援敝国，敝国同秦国歃血结盟，这样贵国也就将与强大的秦国接界了，疆域也就将年年受到威胁，百姓也将年年有因战事而死的。这就是臣所说的效忠于大王的原因啊。"

赵王于是答应了孟尝君的请求，为魏国出兵十万，战车三百辆。

孟尝君又北上拜见了燕王。

他说："从前公子（有可能是指孟尝君的父亲）经常为燕、魏两王结交友好关系而奔走，现在秦国将要进攻敝国了，希望大王救救敝国。"燕王说："我国已经连续两年收成不好，现在又要跋涉几千里去援助贵国，这将怎么办呢？"

孟尝君说："跋涉几千里去拯救别人，这将给国家带来好处。现在我王一出城门就会望见敌军，即使想跋涉几千里帮助别人，能够做到吗？"

燕王还是没有答应。孟尝君接着说："臣献上好的计策给大王，大王却不采用臣忠诚的计策，臣请求离开，恐怕天下将要有大的变化了。"

燕王说："您说的大变化，可以让寡人听听吗？"孟尝君说："秦国攻打敝国，现在还没有攻克，但是台榭已被烧毁，游园已被夺走。然而贵国却不去援救敝国，我王烧毁符节，向秦国割地，把国土的一半送给秦国同秦国讲和，秦国一定会撤兵。秦兵撤离敝国后，我王倾韩国、敝国的全部军力，又西借秦国军队，再依靠赵国军队，用四个国家的力量攻打贵国，大王将会得到什么好处呢？大王是选择跋涉几千里帮助别人呢，还是在贵国的南门看到敌军呢？而且攻打贵国，道路与乡里很近，补给给养又很容易。大王认为哪种选择更有益处呢？"

燕王终于屈服了，他说："先生走吧，寡人听先生的。"于是，燕王为孟尝君发兵八万，战车二百辆。魏王大喜，说："先生借燕国、赵国的军队又多又快。"秦王很害怕，反而割让土地同魏国讲和。等事态平息了以后，魏国归还了燕国、赵国的军队，并且封赏了孟尝君。

孟尝君在侍奉魏国君主时都是如此尽心尽力，可见他并非小人。孟尝君虽被责难为"篡臣"，可问题在于他偏偏颇具气度与能力。如果他是齐国的国君，齐国一定不会被燕国凌辱。《战国策·赵策》中也记载了他在赵国的举动。

赵王把武城封给孟尝君，孟尝君在他的门客中挑选了一人去担任武城的守吏，并对他说："俗语不是说'用借来的车子驾车快跑，把借来的衣服披在身上'吗？"门客回答说："有这样的说法。"

孟尝君说："我可很不以为然。那借来的衣服和车子，不是亲友的就是兄弟的。赶着亲友的车子使劲地跑，把兄弟的衣服披在外面，我认为不能这样做。现在赵王不了解我的无能，而把武城封给我。希望你去之后，不要砍伐树木，不要破坏房屋，让赵王了解我的谨慎，日后我们才可以把封地原封不动地归还给他。"

孟尝君是一位多面、复杂的人物。《资治通鉴》引用了荀子对他的评价，指出是孟尝君和齐湣王的权谋斗争导致了国家的灭亡。齐国在已经兼并了宋国的情况下，和秦国联手才是正确的选择。但孟尝君却为了自己的封地，私下背叛了国家，引来了秦军，这是不争的事实。可我们不能强求在死亡的威胁下所有人都能泰然处之，尤其是对于一个拥有曹操般治世之能的人来说，让他同尾生一样死去，他能够接受吗？

孟尝君死后，他的封地被齐国收回。正因为他的能力比君王更出众，命运才会更加坎坷，与其说这是个人的问题，不如说这是齐国政治的结构性矛盾。

最后我们来看一下凄凉的间谍苏代的结局如何呢？在齐国大乱的时候，苏代活了下来，并安然回到了燕国。苏代的确心向燕国，可他也确实多次为齐国进献忠言。当他以一名合纵主义者的身份活动时，他是为齐国服务的。他劝说孟尝君不要入秦是出自真心，劝告齐湣王不要称帝也是如此。他的兄弟苏厉在齐国将要灭亡时，也曾拼死阻止赵国，让赵国撤军。正如在我们前文所看到的那样，史籍中的记载比较散乱，缺乏连贯性，很难确定那些言论究竟属于苏秦、苏代，还是别的什么人的。《战国纵横家书》在本章占了很大的比重，这并非因为它的文章更加准确，只是因为它更令人感觉真实。

现在我们能够做的就是阅读这些文献，从它的行文中做出判断。君主们只要倾听策士的言辞，采纳其中正确的部分就可以了。策士的言辞并不总是正确或错误的，他们也不总是对君王忠诚或总是背叛的。如果一定要为苏代找一个开脱的理由，那就是他跟孟尝君一样，并不是背叛了齐国，而是背叛了齐湣王。对于那时的说客来说，遇到一位圣明的君王是很重要的，因此他在国外活动时，究竟要侍奉燕昭王还是齐湣王就不言自明了。

十年之计和权宜之计

首先，笔者想向诸位读者表示感谢，谢谢你们能够跟随我的文字到达结论部分。我有时候也会想，也许像前辈钱穆先生那样，在谈及纵横家的游说时，直接无视或放弃历史背景，不把它们和历史背景联系起来，可能会更好一些。

　　由于史料本身充满矛盾，我们很难从纵横家的观点中找到连贯性，但我们仍然可以从这些故事中寻觅到大体的脉络。战国时代，政局每天都在发生变化，因此百年大计是不可能实现的，但一个国家如果连十年之计都没有，处理事情全凭权宜，那么就算是大国也会衰落，甚至灭亡。

　　当危机或利益近在眼前的时候，领导者绝不可以轻举妄动，也不能轻易根据情况的变化改变政策。在正文中笔者也已经强调过，如果遇事经常随机应变，就会陷入进退维谷的绝境，公仲侈就是最好的例子。

　　《战国策·韩策》中记载了这样一段故事。由于公仲侈屡次欺骗各诸侯，各诸侯便干脆不理他了。公仲侈打算举家投靠楚国，楚王也不同意。苏代对楚王说：

不如听他的，同时防备他的反复。公仲反复无常，常常是倚仗赵国而背叛贵国，倚仗齐国而背叛秦国。如今这四个国家都不听信他的话，他没有可以钻的空子了，也非常忧虑，这正是他该变成尾生的时候了（此方其为尾生之时也）。

苏代是说，虽然公仲侈喜欢欺骗之术，但如今他只能至死依附于楚国，没有别的办法了。既然无处依靠，那么值得信赖的除了楚国还有别国吗？文中所说的"尾生"，就是在桥下等待恋人，水漫上来了也不走，抱柱而死的人。

而且领导者绝对不可以轻言战争，楚怀王就是极好的反面教材，他发动战争时太轻率了。先发制人对国家会有大益处吗？当齐国意图讨伐魏国的时候，淳于髡曾经对齐王说了这样一番话：

韩子卢是天下跑得最快的狗，东郭逡则是世上数得着的狡兔。韩子卢追逐东郭逡，接连环山追了三圈，翻山跑了五趟，前面的兔子筋疲力尽，后面的狗也筋疲力尽，最后都跑不动了，各自倒在地上活活累死了。有个农夫看到了，不费吹灰之力捡走了它们。与之相同，要是齐、魏两国相持不下，双方士兵、百姓都疲惫不堪，臣担忧秦、楚两个强敌会紧随其后趁机进攻，以博取农夫之利。"齐王听后很是害怕，就下令休养将士，不再出兵。

能让一个国家不受损害的，首先当属百年大计。可楚怀王因张仪的欺骗而怒不可遏，派出了远征军，最后落得大败，让国家陷入了泥潭。所以说，被愤怒控制了情绪，随意决定国家大事也是一种禁忌。

倘若一个国家向本国发起挑战，本国是否要回避呢？绸缎能够阻挡刀剑的力量吗？倘若一个国家在应该出战时不出战，那么这个国家就会从内部灭亡。《战国策·楚策》中记载的下面这段文字说的就是这个道理。

有一位姓名不详的人向楚怀王游说，他感叹道，那些主张连横的人都是在出卖国家，国家的权威已经轻如羽毛了：

> 臣听说主张合纵的人想要联合天下诸侯来朝见大王，臣希望大王接受这种建议。在委屈的环境里伸张正义，在患难中奋进，有所建树，这是勇敢者义不容辞的事。预见到祸患而能把它转变为福事，控制少数而能把它变成多数，这是聪明人管理事情的方法。用报答（报复）偿还报答（报复），用沉默感化沉默（夫报报之反，墨墨之化），只有品德高尚的君主能驾驭它。祸与福相通，生与死为邻，无论生死，不做出决断，就不能获得大的名声[①]。不去掠夺、征伐，就不能横行于天下。秦国抛弃道德、违背天命已经很久了，可天下人并不知道。如今主张连横的人张嘴就说这是获得利益的机会，向上求得君主的欢心，向下谋取百姓的利益，标榜为公家谋划，实际暗中私自取利，这让国家的政权像鸿毛一样轻，而积累的祸患像丘山一样高。

不知道这段文字是出自当时的一员猛将呢，还是出自像屈原这样一位高洁的人士？

山东诸国如果割让土地给秦国，就会从其他更小的国家获得补

---

① 原文是："不偏于死，不偏于生，不足以载大名。"如果将"大名"放到秤上去称，就会倾斜或是平衡，二者中会有一个。也就是说，要成就大名，要么死，要么生。"不专一于致死，不专一于求生，就不能获得大的名声"，这种模糊的说法是解释不通的。

偿，它们自动献上土地，不断削弱自己的权威。国家是驱使军队的机构，没有权威的国家，军队会强大吗？在竞争激烈的战国时代，发动一些无用的战争，损伤自己元气的国家会首先灭亡。但倘若不遵守以牙还牙的基本原则，一个国家的纲纪就会混乱，这个国家也会灭亡。

还有一点需要注意的是，处于劣势的国家在争取利益之前，必须要有坚守的原则。楚国和山东诸国应当让合纵坚持得更久一些，那样才会对本国有利。从山东诸国的立场来看，合纵即便不是百年大计，也是十年之计。可就算秦国不去主动打破它们的合纵，山东诸国的贪欲也会让合纵破裂。让我们来听一下《战国策·赵策》中一位战略家游说赵王的言辞：

> 三晋联合，秦国就弱小；三晋疏远，秦国就强大：这是天下人看得明明白白的事情。秦国与燕国亲善则进攻贵国，与贵国亲善则进攻燕国；秦国与梁国亲善则进攻贵国，与贵国亲善就进攻魏国；秦国与楚国亲善则进攻韩国，与韩国亲善则进攻楚国：这是天下人看得明明白白的事情。然而，山东诸国不能改变秦国的连横之路，军队就变弱了。兵力弱小的国家又不能团结一致，秦国何等明智，山东六国是何等愚蠢[1]。这是臣为山东六国忧虑的地方。老虎将要靠近野兽，野兽却不知道，两个野兽互相斗得很疲惫，最终它们都将死在老虎的嘴下。因此，野兽如果知道老虎靠近自己，就决不会互相争斗了。如今，山东六国的君主不知道秦国正在靠近自己，总是互相争斗、两败俱伤，最终使自己的国家归于秦国，智慧比野兽差远了，希望大王仔细考虑一下这些事。

---

[1] 原文是"何楚之智而山东之愚耶"，但是从行文上来看肯定不是楚国，而应当是"秦国"。

那么面对复杂的国际政治，一国之君应该如何应对呢？对于一个国家来说，外交只是附属的，内政才是根本。如果全国人民上下一心守卫国家，别的国家除非用上几倍的力气，否则是不能攻克它的。为什么齐国在齐威王时期很安定，而在齐湣王时期却差点被灭国呢？这是因为齐威王很信任自己的臣子，而齐湣王却认为自己很了不起，而与他的臣子产生了纷争。

《战国策·齐策》中记载了这样一段故事。秦国向韩、魏借道攻打齐国。齐国方面由匡章出面迎战，而匡章非常聪明，他把军旗换成秦军的样子，然后派部分将士混入秦军。探兵大吃一惊，回来报告齐威王说："匡章率军降秦。"可齐威王听了之后并没什么反应。这样的报告来了好多次，一个朝臣问齐威王："众人异口同声地说章子打了败仗，可大王为何不遣将发兵攻打他呢？"齐威王回答说："他绝对不会背叛寡人，寡人为什么要派兵去攻打他呢？"

匡章果然大获全胜，这时大臣们感到很奇怪，就问齐威王："大王怎么知道匡章绝对不会背叛大王呢？"齐威王回答说："章子的母亲由于得罪他的父亲被杀死埋在了马棚下，当寡人任命他为将军时，曾勉励他说：'先生能力很强，等过几天率领全部军队回来时，一定要改葬将军的母亲。'可匡章却回答说，'臣并非不能改葬先母，臣的先母启曾经在臣父面前犯过罪，臣父没有留下遗嘱就死了。没有得到父亲的允许而改葬母亲，这等于背弃亡父的在天之灵，所以臣才不敢为亡母改葬。'他作为人子竟不敢欺骗死去的父亲，难道他作为人臣还能欺骗活着的君王吗？"

齐威王已经清楚地知道匡章的士兵和敌人的军队混在一起的情况，却仍然选择了信任匡章，而齐湣王却在孟尝君没有任何谋反意图的时候就不停地怀疑他。孟尝君并非不如匡章，但最终却背叛了君王。谁会不顾自己的性命，去侍奉一位傲慢的、疑心重重的君王呢？

总之，一个国家不会因为不够机敏而灭亡，却会因为在面临困难时失掉了原则，反复无常而导致灭亡。一个国家不应徒劳无益地轻举妄动，而应当少行欺诈之事、少发动战争、少因为眼前的利益而更换友邦，只有这样才更加安全。但当国家面临必须应战的情况时，如果一味回避也会让国家从内部倾覆，所以即便国力处于弱势，也应当上下团结、拼死抵抗，如此一来，即便不能进而取，至少可以退而守。

楚怀王与齐湣王之所以下场悲惨，是因为他们喜欢追逐利益而轻视原则，过分相信权谋而不能信赖臣子。楚怀王有陈轸，齐湣王有孟尝君，可他们却屡次贪图小利，对别国进行欺诈，最终落得国破家亡的下场也就理所当然了。

补 论

解读战国时代外交的关键词

——知人善用与换位思考

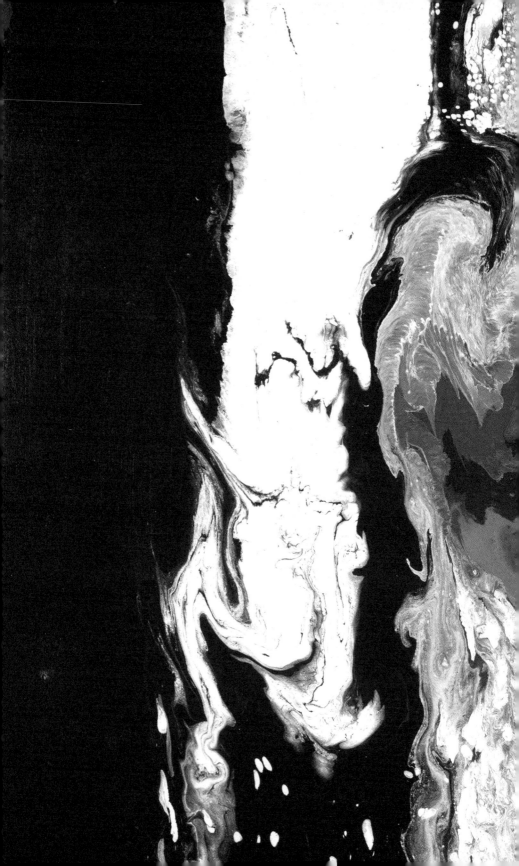

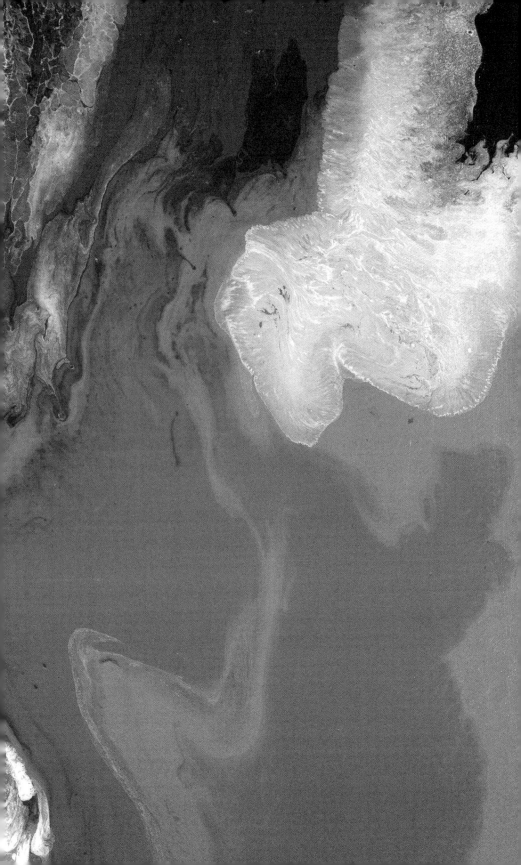

在谈论外交关系的变幻莫测时，我们经常会提到"合纵连横"。战国时代中期，包括宋国在内的八个诸侯国相互竞争，至于它们竞争的目的，往小了说是为了生存，往大了说则是为了一统天下。如果各位在没有任何准备的情况下深度阅读这些故事，可能会迷惑不解，甚至筋疲力尽，因此在这里，笔者想为大家提供两个指南针，让诸位拨云见日，茅塞顿开。

其一，是秦国用人之道的连贯性，秦国的政策虽然经常发生变化，但用人之道却一直很连贯。正是这种连贯性壮大了秦国的力量。从用人的角度读战国故事，你就不必担心迷失方向了；其二，是考虑双方的立场，也就是换位思考的态度。人们在描述弱者之间应当团结一致时，经常用"唇亡齿寒"或"吴越同舟"这两个成语，但这两个成语的内涵却有着质的区别。吴越同舟和狗急了会跳墙是一样的，它们都是一种自然的反应，但唇亡齿寒却需要设身处地为对方考虑，只有拥有积极的意志，人们才会意识到自己的处境，因为人们往往更重视眼前的利益，而忽视遥远的祸患，这是人之常情。不是以一个国家立场为标准去观察其他的国家，而是设身处地站在其他国家的立场上去理解当时的情况，这就是换位思考的态度。

在本书即将结束之际，我们来讨论两个解读战国外交的关键词，即秦国的用人之道和换位思考的方法。

1. 乱世中的用人之道决定着国家版图

曹操为我们提供了乱世之中用人之道的典范。《三国志·魏书·武帝纪》中记载了曹操所发布的求贤令，在乱世之中人才最重要的品德中他把进取心摆在最前面。

> 夫有行之士，未必能进取；进取之士，未必能有行也。陈平岂笃行，苏秦岂守信邪？而陈平定汉业，苏秦济弱燕。由此言之，士有偏短，庸可废乎？有司明思此义，则士无遗滞、官无废业矣。

《史记》中记载了一些战国时代的人事制度，笔者对此进行了考察，发现只有秦国从始至终贯彻了曹操所指出的乱世用人法则。秦国用人只看才能，而且一旦任用就会让他全面负责一件事情。很多人都在分析，为何秦国能成为战国七雄之首，并最终一一打败了其他国家呢？笔者认为用人之道是秦国和其他国家的分水岭。

秦国的用人之道大体上坚持以下三个原则：

第一，不在意人才的出生地；第二，本国任用的人才一定要通过军功来检验；第三，即便有的人不能为秦国所用，也一定不会放弃他提出的好策略。

下面我们就来考察一下在秦国统一天下之前，那些左右秦国政治的人物，并将秦国的用人之道和其余六国进行比较，看看秦国的用人之道是多么广泛和实用。

打个比方说，秦国是一个坚固的剑柄，梦想成为秦国剑锋的有才之士比比皆是，秦国不停地磨砺宝刀，挥舞长剑，因此其他的国家才会心惊胆战。

商鞅是卫国人，成长于魏国，最后入秦。最终魏国因为没有任用商鞅而付出了惨重的代价。商鞅对魏国的情况了如指掌，他自任将军攻打魏国，将吴起与李悝等魏国人的法家理论与经济政策移植到了秦国，虽然他因为性情太过刚直最终被处死，但他的政策却被秦国保留了下来。

魏国人公孙衍既是一位纵横家，也是一位战略家。他和商鞅一样，入秦以后获得了大良造的官职。他的故乡是阴晋，也就是今天的华阴东，当时这里是魏国和秦国的交界处，战略地位极其重要。为了阻止秦国的东进，魏国曾派重兵防守这里。当公孙衍成为秦国将领、率领秦军打败故国后，魏国便将阴晋割让给了秦国，这件事大概发生在公元前330年。当吴起还在魏国时，曾经在这片土地上下了不少功夫，可仅仅半个世纪，这里就被秦国利用魏国人攻占了下来。公孙衍人品卑劣，总是将自己的利益放在国家利益的前面，因此他曾做过一些通敌的事情，可秦国还是任用了他。

后来秦国又任用了张仪，张仪的信义至少比公孙衍要强一些。张仪在去秦国之前，曾到楚国"求职"，并在楚国遭人痛打。当张仪被秦国任用之后，他也跟自己的前辈一样，带兵侵略了故国魏国。人们一般只知道张仪善辩，却并不知道他还是秦国有名的将军，曾经拿下了魏国的多座城池。他还用连横的策略打破了合纵之策，为秦国的东进打下了坚实的基础。张仪虽是外来户，并因此屡遭谗言，可是秦王却坚定地庇护他，将他的政策执行了下去。

与张仪同时代的陈轸出身中原，聪明睿智，自信可以与伍子胥相比。他与张仪曾一同在秦国出仕，但张仪视他为竞争对手，将他排挤到楚国去了。后来陈轸作为楚国的使者出使秦国，秦惠王便向他咨询了一件很头疼的事情："韩、魏交战已经一年多了，您说寡人要不要为它们议和做仲裁呢？"当时陈轸为秦王提出的计策是坐山观虎斗，待两败俱伤，便可以轻而易举地抓住这两只老虎。秦惠王采纳了陈轸的计策，不露声色地煽动韩、魏之争，当双方都精疲力竭、无力恢复的时候，便突然袭击了它们。虽然彼时陈轸已经是别国的臣子，但秦王对他的计策仍然照用不误。

待秦武王登基、张仪退出秦国之后，秦国又任用了楚国下蔡人甘茂。秦武王任用甘茂为左丞相可谓破格之举，因为当时的右丞相是樗里疾，他是秦武王之父秦惠王的弟弟，他曾经攻占了魏国的曲沃、楚国的汉中，无论是出身还是气度都是秦国数一数二的。可秦武王仍然将左丞相的职位赐给了甘茂，而这一职务的权势绝不亚于樗里疾的右丞相，这次破格的人事录用当然会让樗里疾和公族视甘茂为眼中钉。秦武王向甘茂委以重任，命令他攻打韩国的宜阳。甘茂出动了秦国所有的精锐士兵，攻打了五个月的时间，还是没有攻克宜阳，可秦武王并没有因此剥夺甘茂的职位。最终，甘茂攻克了宜阳，立下了大功，取了宜阳守军六万人的首级。

秦武王薨逝以后，政敌不断攻击甘茂，最终甘茂离开了秦国。甘茂熟知秦国的内政，以及崤山以东的地形，秦国对此很恐惧，因此想重新任用甘茂，可山东诸国也深知这一点，便极力阻止甘茂再次入秦。甘茂虽然有极高的利用价值，可真正能激发他的才能的国家只有秦国。甘茂虽然没有回到秦国，但他攻打宜阳的军功依然保留，他的子孙也世世代代为秦国服务。

樗里疾死后，秦国又任用了赵国人楼缓为相。楼缓本在赵国为官，对赵国的情况了如指掌，但赵国的当权者用计谋迫使楼缓下台，楼缓便到秦国去了。楼缓虽不及张仪，称不上顶尖的谋士，但也在为秦国图谋连横，而且楼缓为秦国做出了许多损害赵国利益的事情。长平之战中，赵国大败于秦国之时，也是楼缓主张割地给秦国的。

　　继楼缓之后担任秦国国相的就是穰侯魏冉了，他是宣太后的弟弟。史书中记载宣太后为楚人，也有记载说宣太后的祖先是楚人，宣太后本人也曾说过自己是楚人，她大概是从楚国嫁到秦国王室的。魏冉虽为外戚，却建立了不朽功绩。他作为秦昭王的舅舅，为秦昭王清除了所有威胁王权的人。魏冉成了相国以后，任用了白起，白起在伊阙之战中杀死了二十四万韩魏联军。他虽然是楚国人，却命令白起占领了楚国的首都。

　　他在任用外国出身的人才方面，有自己独到的见解。后来他被免去相国的职务时，接替他的也是一位客卿；在华阳之战时，他起用了胡阳作为白起的左右手；在攻打齐国时，他与客卿灶共同制定了攻齐的战略。胡阳是三晋人氏；灶应当是齐国人，或是熟知齐国地形之人。

　　继魏冉之后担任秦国国相的是范雎，范雎提出了著名的"远交近攻"战略。远交近攻在战时发挥了比任何战略都巨大的威力，这是中国外交史教材中必然会提及的一种战略。范雎也是魏国人，他从根本上改变了客卿在秦国的地位。他虽然也是外来户，但却清除了所有威胁王权的人，魏冉就是他的牺牲品。魏冉在主动隐退时，任用了来自东北方、遥远的燕国策士蔡泽为相国。蔡泽曾经侍奉过秦国的几朝君王，直至秦始皇，还曾经担任使者出使自己的故国燕国。这也就意味着，秦始皇在对付燕国时，也任用了燕国人。

　　秦国的这种政策不断传承，拥立秦始皇的吕不韦是赵国人，他也曾担任秦国的相国，而楚国上蔡人李斯则成了秦国统一过程中的主角。蒙恬是秦始皇时的一位杰出将军，当时人人皆以为宫外的事情应当交给蒙恬处理，可见他很受秦始皇的倚重，他的祖父蒙骜在秦昭王时从齐入秦，成了秦国的上卿，一生攻克了韩、赵、魏数座城池。

通过对《史记·列传》中几位人物的考察，我们可以发现，原本就出身于秦国、建功立业的国相只有樗里疾等几位，剩下的都出身于国外。秦国甚至还打算任用齐国政界的巨头孟尝君为相国，这里为什么呢？当然是为了和东方的齐国联合，攻打夹在齐秦之间的国家。由于孟尝君在齐国举足轻重，而且拥有坚定的国家理念，所以秦国最终未能如愿，可这体现出了秦国对人才的无限渴求。

其他六国在人才任用方面都不及秦国。当然，位置偏远的燕国曾经任用了赵国人乐毅，差点攻陷了辽阔的齐国，可燕国终究只是一个弱国，它的辉煌也只能到此为止。由于韩国也是弱国，所以在人才引进方面很有局限性。而赵国引进的外来人才往往只会耍嘴皮子，并没有真正将他们的忠诚献给赵国，赵国的政事自然只能由王室来管理了。

剩下的四国之中，经常会出现王室姻亲能力超越王室的情况。"战国四公子"中，齐国的孟尝君田文是王族，魏国信陵君魏无忌和赵国的平原君赵胜都是君王的弟弟，只有春申君黄歇不是王族。

当孟尝君以自己的封地为基础，左右着齐国政治时，秦国的客卿正活跃于秦国的政治舞台上。虽说孟尝君有食客三千，可他们都是孟尝君的臣子，并非齐王的人。这就相当于一国有两个君主，因此，齐国的士子都要在齐王和孟尝君之间小心从事。作为秦王的舅舅，魏冉为强化王权做出了不少贡献，但最终他被客卿范雎所排挤，被驱逐出秦国的政治中心，政治生涯也就此结束了；而孟尝君被齐湣王从齐国的政界排挤走之后，不惜代价做出了一些威胁故国的事情。

赵国的平原君比孟尝君正直一些，可他缺乏战略眼光。就因为是君王的弟弟，他成了赵国权倾朝野的人物，导致赵国四十万将士在长平被杀的错误计策就是他提出的。

楚国的春申君在东面有一块自己的封地，面积相当于一个小国。春申君以向东拓展疆域为理由，在吴国旧地修建城池并雄踞在那里，这让楚王非常不安。晚年时，春申君没有放弃对权力的贪恋，在玩弄权术时遭到反击，最终落得一个悲惨的下场。

　　魏国的信陵君很有战略眼光，在苏秦之后，再次促成了合纵，可他存在的本身就让魏王感到不安。他的人品与能力都远远地凌驾于君王之上，而且又供养了太多食客，这是他最大的问题。

　　在战火纷争的战国时代，只有凝聚本国的力量才会对本国有利。可战国四公子的名望却都凌驾在君王之上，这是一个很大的问题，因为他们的能力越大，国家的力量反而越分散。

　　当时有治世之才的人如恒河沙数，而能够任用他们的国家才是真正的赢家。秦国和其他国家的用人方式截然不同：秦国以能力评价人才，并将众多的人才招揽到自己的麾下；其他国家却任人唯亲，即便掌权人能力不足，君王也不会轻易罢免他们。单从记载来看，秦国在用人方面的能力就将其他国家远远地甩在了身后。

2. 吴越同舟，唇亡齿寒

　　"吴越同舟"的意思是：即便像吴国人和越国人这样不共戴天的仇人，如果在同一条船上遇到风浪，也会互相帮助。这也是合纵派的游说家经常挂在嘴边的一个成语。他们还会经常说：分裂会带来灭亡，我们应该团结一心；赵国被攻破，燕国就危险了；三晋灭亡的话，下一个就轮到齐国了。他们喜欢用一个成语来表达这种危机，那就是"唇亡齿寒"。这些说法都相当于承认了秦国是各诸侯国之中绝对的强者。

　　我们在阅读描写战国时代的史书时需要铭记的一点是，这些史书从战国后期到秦汉时期经过了编纂，相当一部分记载都是后世根据结果去凑的，因此史书中才会出现这样的一种倾向，即秦国从战国初期开始就是绝对的强国，剩下的国家都是弱国。因此，人们也很容易认为合纵连横就是战国时代全部的外交政策，实际上并非如此。除了像韩国这样四面与敌国接壤、耕地不足的国家以外，其他国家极有可能都很富强。一个极端的例子就是，人们一直认为燕国绝对是一个弱小国家，可它却差点消灭了与秦国比肩的齐国。

人们习惯性地将战国时代的七个国家称为"战国七雄"，这里我们需要体味的是"七"这个数字。七个国家的聚散离合，会产生多少排列组合呢？仅计算两个国家相互联合的情况，就会产生二十一种排列组合，还有三个国家联合起来对抗其余国家的情况，以及分成三个集团相互角逐的情况。因此，七国之间的联合方式多得不可计算，而操纵这纷繁复杂的情况的人正是纵横家。幸运的是，因为几种倾向的支配，实际上七国联合的情况并没有那么多，其中最具代表性的就是合纵与连横的对决。

合纵与连横之中，又以强秦所主导的连横更加单纯。合纵的内核是"一统天下"的思想。从前商鞅提出了"以战止战"的理论。从理论上来讲，只要存在敌国，战争就会持续下去。因此秦国策士的终极理想便是消灭敌国，消除战争。继商鞅之后的张仪也以统一思想为前提，提出了"秦国主流论"。而孟子和一些反战的思想家也都接受了统一的思想。在墨子活动的时代，天下统一的思想还不是主流，墨子主张不能因为几个大国而牺牲掉小国的利益，而后世的孟子则对统一表示拥护，但他认为"天下统一"应该通过天下的"放伐"来实现。

如果说连横是以统一为前提的，那么合纵就是以割据为前提的。两国或三国的联合都极不容易实现，更不用说要把六国联合起来，这就需要严格的互不侵犯条约，而约定互不侵犯就是对割据的承认。为了维持这种互不侵犯的状况，需要专家来调整六国不断变化的利害关系，这正是苏秦能够佩六国相印的原因。但仅靠部分专家来调整利害关系，很难有连贯性。比如近代以来，各国在目睹了第一次世界大战的惨状之后组建了国际联盟，但国际联盟并没有能够阻止第二次世界大战的爆发，这与战国时代的情况是类似的。

吴越同舟与唇亡齿寒虽然听起来相似，但实际上有着质的不同，可谓天壤之别。如果一条蛇同时攻击两只蟾蜍，那么这两只蟾蜍就会很容易联合起来，这是吴越同舟的情况。可蛇每次都只会捉一只蟾蜍，当这只蟾蜍马上就要被吃掉的时候，即便它大声疾呼"下一个就轮到你了"，剩下的蟾蜍也不敢冲过来与蛇搏斗，因为轮到自己是将来的事情，而与蛇搏斗受伤却是眼下的事情。蛇甚至还这样对其他的蟾蜍进行怀柔："这只蟾蜍死了之后，你们能吃的虫子不是更多了吗？"

当利益近在眼前，而威胁远在天边的时候，人们选择去靠近利益是很自然的。

连横中隐藏着统一的思想，它很单纯，反而不容易瓦解，而且越来越强。相反，以割据和利害关系的调整为前提的合纵太过复杂，有太多的情况需要去处理，因此经营起来很难，瓦解起来却很容易。荀子等思想家准确地把握了当时的这种情况。荀子认为，对于弱国来说，同盟、先发制人都没有意义，只有强大的守备才是正确的选择。可是这反而更难以做到，因为能将国家经营成铜墙铁壁的，只能是与百姓同甘共苦的圣君。很多君主都可以与百姓同甘，但是没有几个能和百姓共苦。而且即便真的有这种君主，谁又能保证这位君主的继承人也会这么做呢？

列国对这种唇亡齿寒的认识表现得极度复杂，这种认识很难升华为战略方针，我们可以通过列国的几个简单例子来把握当时的具体状况，当时六国都拥有自己独特的利害关系，下面我们按照国家大小的顺序来进行考察。

战国时代初期，楚国并不比秦国弱小。在西方的秦国不断壮大的过程中，春秋时代晋国（战国时代的三晋）和楚国的南北对决仍然在继续。春秋时期，楚国经常和西方的秦国联合起来牵制北方的晋国。战国时代初期与中期，楚国也并没有将三晋看作自己的屏障。当秦国攻打三晋之一时，楚国反而将其作为北上的机会。等到楚国将三晋视作屏障之时，这座屏障已经不堪一击了。

楚国的"东方政策"有机会主义的倾向。在楚国占领了吴越之地、获得了东方的大片领土以后，就和齐国接壤了。当它感受到来自西方秦国的压力时，反而加快了攻打东方的速度。而齐国对楚国的东方政策很不满意，楚、齐的利益冲突日渐加重。当燕国差点消灭齐国时，楚国派来的援军反而背叛了齐国，也是出于这种利害关系的冲突。

其次，齐国的实力虽然不足以一统天下，可齐国也有称霸天下的野心。齐威王、齐宣王时代的稷下学堂创造了齐国的霸主理念，最容易满足齐国霸主野心的正是弱小的燕国。从齐国的立场上来看，吞并邻近的燕国比牵制遥远的秦国更加重要，因此齐、燕关系可谓水火不容。对于秦国欺凌三晋的举动，齐国并不认为这会让自己面临唇亡齿寒的危机，反而将其视为一个兼并燕国的机会。

由于三晋（韩、赵、魏）地势错综复杂，它们很难团结一心发挥外交力量。魏文侯与吴起清楚地认识到了这种情况，最早提出了一个远大的构想，即联合三晋，清除秦国在关中的力量，但他们死去以后，魏国失去了河西地区，这个理想也随之破灭了。秦国总是拉拢楚国、齐国，不断蚕食着三晋，这正是三家分晋产生的后果。那么，弱小的燕国有没有将西面的赵国视作自己的屏障呢？当赵国将士长眠在长平时，燕国所采取的战略竟然是攻打衰败的赵国，而这距燕国灭亡只有三十年的时间，燕国上下却依然没有感受到唇亡齿寒的危机。

那么，六国之间的离合聚散，真的不过是六只蟾蜍在大蛇面前的愚蠢举动吗？在笔者看来，事实并非如此。这是一种结果论观点，出现在秦国独占鳌头的优势日益明显之后，这与当时的实际情况存在一定的差距。至少在当时，好几个国家都存在着一统天下的可能性。

倘若齐国占领燕国之后，没有让燕国复国，而是成功兼并了它呢？相反，倘若燕国攻克了齐国硕果仅存的两座城池，又会怎么样呢？甚至是，倘若赵国成功地将匈奴的矛头引向了秦国呢？可见，当时其实存在着数不清的可能性。

笔者并不认为秦国强大的过程单纯是合纵与连横对决的过程，对此，部分读者可能感到有些不满。如今，结果论已成为论史的主流，用单纯的史实归纳，导出结论，会让读者阅读起来比较容易，也是比较流行的做法，但笔者却反对这种倾向。通过透彻的观察，在错综复杂的史实中寻觅历史发展的各种可能，这项工作虽然辛苦，却比将事实硬套在规律上的做法要安全得多。

笔者在讲述这段历史时，并没有偏向其中任何一个国家。要解读战国时代的外交，不能仅仅站在一个国家的立场上，而是要站在所有国家的立场上去观察，而这正是换位思考的态度。

主要国家诸侯在位年表

年份	东周	秦	齐	楚	晋	赵	魏	韩	燕
前460			平公						孝公
前455									
前454					出公				
前453	贞定王	厉共公					桓子		
前452									成公
前451				惠王				康子	
前445						哀公	襄子		
前442									
前440									
前438	考王	躁公							
前433			宣公						
前431									闵公
前428		怀公			幽公				
前425									
前424		灵公		简王		桓子	文侯		
前423								武子	
前415						献侯			
前414	威烈王								
前410		简公			烈公				
前408								景侯	
前407				声王					简公
前404						烈侯			
前401			康公						
前399	安王	惠公		悼王				烈侯	
前395							武侯		
前388					桓公				
前386		出子				敬侯		文侯	

年份	东周	秦	齐	楚	晋	赵	魏	韩	燕
前384				悼王					
前383			康公		桓公				
前380								文侯	
前379	安王		姜齐灭亡田齐开始	肃王		敬侯	武侯		简公
前376		献公	田剡		静公			哀侯	
前375									
前374	烈王				晋国灭亡	成侯			
前370								懿侯	
前369									
前368			桓公						桓公
前362				宣王					
前361		孝公							
前356									
前349								昭侯	
前339	显王								文公
前337									
前334			威王	威王		肃侯	惠王		
前332									
前328									
前325									易王
前324		惠文王							
前320								宣惠王	
前319	慎靓王								燕王哙
前318									
前314				怀王		武灵王			
前311			宣王						
前310		武王							
前307							襄王		
前306								襄王	
前301									
前300	赧王								昭王
前298			湣王						
前295		昭襄王							
前283							昭王	釐王	
前278				顷襄王		惠文王			
前276			襄王						惠王
前272							安釐王	桓惠王	
前271									武成王

年份	东周	秦	齐	楚	晋	赵	魏	韩	燕
前265	赧王	昭襄王	襄王	顷襄王		孝成王	安釐王	桓惠王	武成王
前264									
前262									
前257									孝王
前256	周亡								
前254		孝文王	齐王建	考烈王					
前250									
前249		庄襄王							
前246									
前244		秦王政（秦始皇）				悼襄王	景湣王	韩王安	燕王喜
前242									
前238									
前237				幽王					
前235						赵王迁			
前227				楚王负刍			魏王假	韩国灭亡	
前225						代王嘉	魏国灭亡		
前223				楚国灭亡					
前222						赵国灭亡			燕国灭亡
前221			齐国灭亡						

主要事件

年份	事件
前 328	张仪担任秦国宰相。
前 318	苏秦率领六国联军攻打函谷关，最终失败。
前 316	秦国攻蜀。
前 314	齐国占领燕国，后归还。
前 312	楚怀王与秦国全面开战，但在丹阳、汉中、南阳战役中战败，失去汉中。
前 307	秦国占领宜阳，屠杀六万人。 赵武灵王实行胡服骑射的政策。
前 298	孟尝君实现了第二次合纵，率联军攻打秦国函谷关。秦国请和。
前 293	秦将白起在伊阙打败韩魏联军，屠杀二十四万人。
前 286	齐国灭宋。
前 284	秦、韩、魏、赵的军队攻打齐国，燕将乐毅占领齐国国都临淄。

图书在版编目（CIP）数据

　　春秋战国. 第8卷，合纵连横／〔韩〕孔元国著；高
文丽译. —上海：上海三联书店，2023.5
　　ISBN 978-7-5426-8016-7

　　Ⅰ.①春… Ⅱ.①孔… ②高… Ⅲ.①中国历史-春
秋战国时代-通俗读物 Ⅳ.①K225.09

　　中国国家版本馆CIP数据核字（2023）第027438号

春秋战国·第八卷·合纵连横

著　　者／〔韩〕孔元国
译　　者／高文丽
责任编辑／王　建
特约编辑／时音菠
装帧设计／鹏飞艺术
监　　制／姚　军
出版发行／上海三联书店
　　　　　（200030）中国上海市漕溪北路331号A座6楼
邮购电话／021-22895540
印　　刷／天津丰富彩艺印刷有限公司
版　　次／2023年5月第1版
印　　次／2023年5月第1次印刷
开　　本／960×640　1/16
字　　数／147千字
印　　张／17.75

ISBN 978-7-5426-8016-7/K·710

定　价：52.80元

춘추전국이야기 8 春秋战国 8

Copyright © 2015 by 공원국 孔元国

All rights reserved.

Original Korean edition published by Wisdom House, Inc.

Simplified Chinese copyright © 2023 by 北京凤凰壹力文化发展有限公司

Simplified Chinese language edition arranged with Wisdom House, Inc.

Through 韩国连亚国际文化传播公司

本书中文简体版权归北京凤凰壹力文化发展有限公司所有，并授权上海三联书店有限公司出版发行。未经许可，请勿翻印。

著作权合同登记号　图字：10-2021-442 号